Rasso Knoller
Norwegen

Rasso Knoller

Norwegen

Ein Länderporträt

Ch. Links Verlag, Berlin

Die Deutsche Nationalbibliothek verzeichnet diese Publikation
in der Deutschen Nationalbibliografie;
detaillierte bibliografische Daten sind im Internet über
www.dnb.de abrufbar.

1. Auflage, März 2013
© Christoph Links Verlag GmbH
Schönhauser Allee 36, 10435 Berlin, Tel.: (030) 44 02 32-0
www.christoph-links-verlag.de; mail@christoph-links-verlag.de
Umschlaggestaltung unter Verwendung eines Fotos,
das das kleine Dorf Reine auf der Lofoteninsel Moskenesøy zeigt
(Jörg Dauerer / imagebroker / vario images)
Lektorat: Günther Wessel, Berlin
Satz: typegerecht, Berlin
Druck und Bindung: Druckerei F. Pustet, Regensburg

ISBN 978-3-86153-713-7

Inhalt

Als ich zum ersten Mal diese Landschaft sah, hatte ich
das Gefühl, hier hat Gott selbst Hand angelegt.
Horst Tappert, Norwegenfan und als Fernsehkommissar Derrick
einer der bekanntesten Deutschen in Norwegen

Vorwort

Hätte ich dieses Vorwort vor dem Sommer 2011 geschrieben, hätte ich vermutlich vom glücklichen Norwegen gesprochen, von einem Land, das im Ölgeld badet und dessen größtes Problem darin besteht, das viele Geld so gut wie möglich anzulegen. Ich hätte von dem Land mit den weltweit geringsten Einkommensunterschieden zwischen Arm und Reich geschwärmt, einem Land, in dem die Gleichberechtigung der Geschlechter viel weiter fortgeschritten ist als bei uns und man nicht über Arbeitslosigkeit, sondern Arbeitskräftemangel klagt. Ich hätte vom Nationalstolz der Norweger gesprochen und von ihrer Begeisterung für Fahnen und Trachten. Hätte erzählt, wie jeder jeden duzt und der König mit der S-Bahn fährt. Hätte erklärt, welche besondere Bedeutung Käsehobel und Büroklammer für Norweger haben, und von den feucht-fröhlichen Abiturfeiern erzählt, die dort schon vor den Prüfungen stattfinden.

All dies wird in diesem Buch immer noch Thema sein. Doch die Anschläge vom Sommer 2011 haben das Land verändert. Durch die Mordtaten des Rechtsradikalen Anders Breivik, bei denen 77 Menschen starben, musste man in Norwegen grausam erfahren, dass die »böse Welt« nicht vor den eigenen Landesgrenzen haltmacht. Deswegen wird sich das Buch auch mit den Reaktionen auf den Amoklauf auseinandersetzen und der Frage nachgehen, was sich nach den Bluttaten von Oslo und Utøya in Norwegen geändert hat.

Norwegen war auch schon vor den rechtsradikalen Anschlägen kein Paradies. Schon vorher wählten mehr als 20 Prozent der Norweger eine rechtspopulistische Partei. Dass man in einem Land, das Toleranz und Mitmenschlichkeit ganz oben auf der Werteskala einordnet, mit ausländerfeindlichen Parolen Wählerstimmen gewinnen kann, scheint ein Widerspruch zu sein, den dieses Buch zu erklären versucht.

Auf den ersten Blick wirkt Norwegen nicht wie ein Land, das man Reisenden aus hiesigen Gefilden erklären müsste. Wer durch die Straßen von Oslo oder Bergen spaziert, wird zunächst nichts entdecken, was ihm unverständlich vorkommt. Alles scheint erst einmal wie zu Hause. Doch schaut man genauer hin, entdeckt man schnell, dass Norwegen eben doch ein Land ist, in dem das Leben ziemlich anders als hierzulande abläuft.

Zum Schluss noch zwei Bemerkungen: In einem Leserbrief zu meinem Finnlandbuch aus dieser Reihe hatte mir jemand geschrieben, dass nicht alle Finnen so seien wie in meinem Buch beschrieben. Jeder Mensch sei doch ein Individuum. Das ist zweifellos richtig. Bücher über ein Land und dessen Menschen sind aber nur möglich, wenn man generalisiert. Deswegen gleich vorab: Nicht jeder Norweger ist so, wie in diesem Buch beschrieben. Die Eigenheiten treffen aber doch auf so viele zu, dass sie einem interessierten Beobachter ins Auge fallen. Und noch ein weiterer Hinweis: Ich habe in diesem Buch aus Gründen der Lesbarkeit immer die männliche Form verwendet, auch dann, wenn beide Geschlechter gemeint sind. Wenn ich vom Norweger spreche, ist also in der Regel auch die Norwegerin gemeint.

Jetzt aber möchte ich Sie, liebe Leserinnen und Leser, zu einer Entdeckungsreise durch Norwegen einladen.

Beginnen will ich dieses Buch mit einem Kapitel über das nordische Licht. Denn damit hat vor mehr als 30 Jahren meine Nordlandbegeisterung begonnen. Das nordische Licht ist unvergleichlich, und es hat mich immer wieder nach Finnland, Schweden und vor allem auch nach Norwegen zurückgelockt – im Sommer, wenn die Sonne auch um Mitternacht scheint, und im Winter, wenn das Polarlicht den Himmel erhellt.

Norwegisches Selbstverständnis

Fuchsschweif am Polarhimmel
und Sonne um Mitternacht

Nordnorwegen – Spektakuläre Lightshow inklusive. In diesem
Winter erwartet die NASA das stärkste Nordlicht seit über 50 Jahren.
Buchen Sie daher jetzt Ihre Reise nach Nordnorwegen.
Werbetext von Visit Norway, dem Fremdenverkehrsamt
von Norwegen, aus dem Jahre 2012

19. Januar. 11 Uhr und 8 Minuten. In Hammerfest geht die Sonne
auf – das erste Mal seit dem 22. November. Damals war sie um
11.53 Uhr hinter dem Horizont verschwunden und hatte sich in
eine lange Winterpause verabschiedet.

Erik steht tief im Schnee eingesunken auf der Terrasse seines
Hauses am Stadtrand. Er ist dick eingemummelt in seinen knall-
gelben Parka, eine Mütze auf dem Kopf und dicke Fäustlinge an
den Händen. Erik will die Sonne begrüßen. Fast zwei Monate hielt
sie sich versteckt und auch jetzt gibt sie sich nur für eine Stunde
die Ehre.

Erik ist Krankenpfleger und kommt eigentlich aus Südnorwegen.
Erst seit drei Jahren lebt er in Hammerfest, der nördlichsten Stadt
der Welt. Sie liegt weit jenseits des Polarkreises, rund 1330 Kilometer Luftlinie von Oslo entfernt – eine Strecke, die fast genau der
von Oslo nach München entspricht. Und schon Oslo liegt für deutsche Verhältnisse ganz weit oben im Norden.»Ziemlich dunkel
hier«, versuche ich ein Gespräch mit Erik anzufangen. Der sieht
mich fragend und mit einem Blick an, der mir zeigt, dass ich so gar
keine Ahnung habe.»Wirklich dunkel ist es hier nie«, brummt er
und deutet mit seiner behandschuhten Hand hinaus auf die weite
Schneefläche. Recht hat er. Wenn das winterliche Weiß das Mond-
licht reflektiert, taucht dieser Schein die Landschaft in ein besonderes, mystisches Licht. Wenn dann noch die grünen, blauen oder

roten Flammen des Nordlichts über den Winterhimmel wandern, wird Nordnorwegen zur Bühne für ein grandioses Himmelsspektakel. Diese Aufführungen finden häufig statt. In der Zeit zwischen Oktober und April flirren mehrmals wöchentlich Polarlichter über den Himmel. Für Physiker sind sie nur elektrisch geladene Teilchen des Sonnenwindes. Und eigentlich sind Worte wie Nordlicht, Polarlicht oder *norlys*, wie die Norweger sagen, viel zu prosaisch für die fast irreale Erscheinung. Die norwegischen Nachbarn im Osten, die Finnen, haben ein viel passenderes Wort gefunden. Sie nennen das Nordlicht poetisch »Fuchsschweif«. Einer samischen Legende zufolge entsteht das Nordlicht nämlich dadurch, dass ein Fuchs mit seinem Schwanz über die Schneewehen peitscht, so dass diese Funken – die Nordlichter – sprühen.

Obwohl er eigentlich aus dem Süden kommt, ist Erik in nur wenigen Jahren zum stolzen Nordnorweger mutiert: »Im Winter ist es hier oben wie im Paradies«, schwärmt er. Ob die Dunkelheit, Mondschein hin und Nordlicht her, nicht depressiv mache, frage ich ihn. Erik ist ein ruhiger Mensch, er antwortet immer bedächtig und ohne seine Stimme zu erheben. Sein Blick verrät aber, dass ihn der Nordlandbesucher aus dem Süden mit seinen dummen Fragen nervt und er lieber ungestört die ersten Sonnenstunden des Jahres genießen würde. Das Thermometer zeigt minus 15 Grad, daran kann auch die eben nach langem Schlaf erwachte Sonne nichts ändern. Kälter wird es den ganzen Winter hindurch aber nur selten. Dafür sorgt der Golfstrom, der direkt vor der Haustür fließt und auch verhindert, dass das Meer zufriert. Der Golfstrom ist allerdings auch schuld daran, dass es in Hammerfest an mehr als 200 Tagen im Jahr regnet oder schneit und sich deswegen jetzt im Januar der Schnee meterhoch vor Eriks Haus türmt.

»Mit der Dunkelheit habe ich keine Probleme«, antwortet er schließlich. Wie alle Norweger hat er es sich aber auch zu Hause gemütlich – und vor allem hell – gemacht. Das Licht brennt in allen Zimmern, auch dann, wenn Erik nicht zu Hause ist. Norweger finden das normal. »Das ist gemütlicher so«, sagen sie. Die deutsche Journalistin und Norwegenkennerin Nina Freydag schreibt dazu in ihrem Buch *Elche, Fjorde, Königskinder*: »Denn Licht, Licht ist doch das Schönste auf der Welt! Wo Licht ist, ist ein Norweger glücklich. Ausschalten, wenn man das Zimmer verlässt? Dann wäre es ja dunkel, wenn man wiederkommt!«

Damit man draußen nicht im Dunkeln tappt, gibt es die Straßenbeleuchtung – und die gibt es in Hammerfest schon sehr lange. Als eine der ersten Städte in Europa installierte Hammerfest 1891 eine elektrische Straßenbeleuchtung.

Ohnehin ist Norwegen keineswegs ein Land der Dunkelheit. Ganz im Gegenteil. Vom 12. Mai bis zum 31. Juli gefällt es der Sonne in Hammerfest so gut, dass sie gar nicht mehr untergehen mag. Und dann gibt es dieses unglaubliche Licht. Sanft und weich, als würde es die Dinge nicht einfach beleuchten, sondern sie liebevoll umarmen.

Zum Beweis für die Helligkeit liest man in Reiseführern und Touristenbroschüren oft den Hinweis, dass man problemlos um Mitternacht Zeitung lesen könne. Das stimmt zwar, aber wer möchte schon im norwegischen Sommer die Zeit mit Politik- und Sportnachrichten verschwenden, kann man sich stattdessen doch im fantastischen Blau des nächtlichen Sommerhimmels verlieren. Eine ganz besondere Farbe, die sonst allenfalls Verliebte in den Augen ihrer Angebeteten entdecken.

Im nordischen Sommer lebt jeder eine Spur intensiver als in der übrigen Zeit, und deshalb ist Mittsommer – oder St. Hans bzw. Jonsok, wie die Norweger sagen – auch das wichtigste Fest des Jahres.

Früher, als noch der julianische Kalender galt, fiel die Sommersonnenwende auf den 24. Juni. Am selben Tag feierte man auch die Geburt von Johannes dem Täufer, St. Hans. Seit der Kalenderreform im 18. Jahrhundert ist nun der 21. Juni der längste Tag im Jahr. In Norwegen aber hat man die alten Traditionen beibehalten und feiert Mittsommer weiterhin am 24. Juni. Die eigentlichen Feiern beginnen aber schon am Abend vorher – dem St. Hansaften. Dann werden überall im Land riesige Holzfeuer entzündet, die böse Geister vertreiben sollen – zumindest war das früher so. Böse Geister haben es in der heutigen Zeit ohnehin schwer, und deswegen dient das Feuer inzwischen nur noch als stimmungsvoller Hintergrund für eine Party mit gutem Essen und (viel) Alkohol. Mutige Burschen sprangen früher durch die lodernden Flammen – auch den Teil der Tradition lässt man heute meistens weg.

Ledige Mädchen können an Mittsommernacht praktischerweise auch gleich herausbekommen, ob einer der feschen Burschen auf dem Fest als zukünftiger Ehemann in Frage kommt. Um zu erfahren, wen sie später einmal heiraten werden, müssen sie über sieben Zäune steigen, sieben verschiedene Blumen pflücken und das Sträußchen dann unter ihr Kopfkissen legen. Am nächsten Morgen, wenn sie nach dem langen Fest erschöpft einschlafen, erscheint ihnen der Zukünftige im Schlaf.

In unseren modernen Zeiten erscheint vielen Norwegerinnen an St. Hans der Traumprinz allerdings schon in der Realität. An diesem Tag werden, vermutlich mit alkoholischer Unterstützung, auffällig viele Kinder gezeugt. Der nordische Sommer ist eben in vielerlei Hinsicht eine besonders schöne Jahreszeit.

Zu perfekt, um wahr zu sein

In keinem Land Europas vielleicht wird eine solche Gastfreundschaft geübt wie in Norwegen. Auch auf den entlegensten Bauernhöfen wird der Fremde freundlich aufgenommen, und besonders ist man für sein leibliches Wohl besorgt.
Die Völker der Erde, Leipzig um 1890

Norwegen wirkt manchmal wie der Klassenstreber, der Liebling der Schwiegermutter oder der gut erzogene Nachbarssohn, der immer alten Damen über die Straße hilft. Alles läuft hier perfekt ab. Alle Fahrradfahrer tragen Sturzhelme, in Überlandbussen schnallt man sich brav an, und geraucht wird grundsätzlich nur draußen. Und alles ohne große Diskussion, denn schließlich ist das ja vernünftig. Und vernünftig, das sind die Norweger – obwohl sie das gar nicht so gerne hören.

An einem Basketballfreiplatz mitten in Oslo steht ein Schild: »Wir bitten die Benutzer uns zu helfen, die Anlage sauber zu halten«, heißt es da. Klar, dass, wer so freundlich gebeten wird, gerne »hilft«. Der Sportplatz ist blitzsauber, graffitifrei, nirgendwo liegen leere Flaschen herum, nirgendwo Abfälle. So etwas kenne ich von meiner Heimatstadt Berlin nicht.

»Geholfen« wird auch im Stadtbus. Aus Berlin bin ich es gewohnt, dass die Busfahrer gern mal ohne anzuhalten an einer Haltestelle vorbeifahren, wenn der Bus zu voll ist. Die wartenden Fahrgäste bleiben dann eben draußen. Als ich kürzlich in einem überfüllten Stadtbus in Oslo unterwegs war und draußen noch ein halbes Dutzend Fahrgäste stand, hielt der Busfahrer an und machte, bevor er die Tür öffnete, folgende Durchsage: »Wir müssen jetzt alle mithelfen und etwas zusammenrücken.« Anders als zu Hause murrte niemand, alle »halfen« und rückten zusammen – die wartenden Fahrgäste fanden problemlos Platz. Das wiederum ist dem norwegischen Snillismus geschuldet – *snill* bedeutet »nett«, und auch das sind sie, die Norweger. Unfreundlichkeit gehört nicht zu ihrem Alltagsmodus. Offenbar haben die Norweger ihre Streitlust zu Wikingerzeiten bereits völlig ausgelebt, denn man könnte sie fast als harmoniesüchtig bezeichnen.

Nun gut, ich habe noch in keinem norwegischen Wohnzimmer als geheimer Beobachter gesessen – ich nehme an, dass es dort auch nicht anders zugeht als überall auf der Welt und dass dort die ganz normalen Konflikte zwischen Mann und Frau, Kind und Eltern und Herr und Hund stattfinden.

Aber in der Öffentlichkeit sind alle *snill*. Ich kann mich wirklich nicht erinnern, auch nur ein einziges Mal einen schreienden Norweger erlebt zu haben. Wenn man sich doch einmal beschweren muss, geschieht das ruhig und freundlich. Freundlichkeit im Umgang miteinander macht das Leben einfacher – das haben die Norweger kapiert, etwas, das sich in Deutschland noch nicht überall rumgesprochen hat.

Auf du und du mit dem Chef

Stolz und Biederkeit zeichnen die ländliche Bevölkerung aus. Jedermann wird mit »Du« angeredet.
Meyers Konversationslexikon von 1890

Was *Meyers Konversationslexikon* schon 1890 schrieb, gilt auch heute noch. Jeder im Land wird geduzt – mit Ausnahme von Mitgliedern des Königshauses. Norweger sprechen sich entspannt mit dem Vornamen an oder aber in Ausnahmefällen, wenn es eine Spur förmlicher sein soll, mit dem Nachnamen. Je nachdem, für welche Variante man sich entscheidet, würde man den gegenwärtigen Ministerpräsidenten also mit einem lockern »Du, Jens« oder mit »Du, Stoltenberg« anreden. Das »Herr« jedenfalls bliebe auf jeden Fall weg. Auch wenn es sich für deutsche Ohren etwas sonderbar anhört, das »Du« samt Nachnamen gilt in Norwegen keineswegs als unhöflich.

In den 1990er Jahren habe ich als Auslandskorrespondent in Oslo gearbeitet. Einmal im Jahr wurde ich zusammen mit meinen Kollegen von der damaligen Ministerpräsidentin Gro Harlem Brundtland zu einem Abendessen eingeladen. Dabei wurden die Themen des aktuellen politischen Geschehens besprochen. Insofern nichts Besonderes. Treffen wie dieses finden vermutlich in jeder Hauptstadt der Welt statt – mit Ausnahme von Pjöngjang und Teheran vielleicht.

Einmal nach einem solchen Abend war ich am Morgen danach in der Innenstadt von Oslo einkaufen. Über Nacht war es kalt geworden, und ich war auf der Suche nach Handschuhen. Im Kaufhaus hörte ich, wie mich jemand ansprach.»Hej, Rasso«, begrüßte mich eine Frau. Ich drehte mich um und sah, dass die Ministerpräsidentin hinter mir stand. Sie bedankte sich, dass ich an dem Essen teilgenommen hätte, und sagte, sie sei auf »dem Weg zur Arbeit«. Ich bedankte mich umgekehrt für die Einladung und wünschte Gro noch einen »schönen Tag«. Dann machte sie sich davon, vermutlich in Richtung Parlamentsgebäude. In der Hand hielt sie eine kleine Einkaufstüte. Sie hatte offensichtlich ihre Shoppingtour schon beendet.

Dass die Ministerpräsidentin auf dem Weg zur Arbeit noch kurz etwas einkauft, ist für einen Deutschen ein fast absurder Gedanke. Kaum vorstellbar, dass man beim Einkaufen in Berlin Helmut Kohl hätte begegnen können oder zusammen mit Angela Merkel am Wühltisch steht. Noch unwahrscheinlicher, dass einer der beiden ohne Leibwächter unterwegs sein würde, und ganz ausgeschlossen, dass sich der Bundeskanzler oder die Bundeskanzlerin an den Namen eines völlig unbekannten Auslandsjournalisten erinnern würden.

Wie dem auch sei – Norwegen ist ein Land mit extrem flachen Hierarchien. Hans-Joachim Schilde, der als Rundfunkkorrespondent in Norwegen arbeitete, beschrieb in seinem Buch *Norwegen,* wie der Ministerpräsident und der Hausmeister gemeinsam in der Sauna des norwegischen Parlaments saßen, der Außenminister und sein Fahrer daneben und wie sie sich dort von Mann zu Mann über die kleinen Probleme des Lebens unterhielten. Sie duzten einander, und dem Ministerpräsidenten wurde aufgrund seiner

Position kein besonderer Respekt gezollt. Hausmeister und Fahrer waren nicht besser und nicht schlechter als das hochrangige Politpersonal.

In der Sauna des Reichstags war ich zwar nie dabei – die folgende Geschichte habe ich dagegen selbst belauscht. Irgendwann zu Beginn der 1990er Jahre war der damalige deutsche Außenminister Klaus Kinkel in Oslo zu Gast. Als sein Amtskollege und Gastgeber Thorvald Stoltenberg, übrigens der Vater des heutigen Ministerpräsidenten, im Wagen vorgefahren wurde, verabschiedete sich sein Fahrer mit der Frage: »Du, Thorvald, wann glaubst du denn, dass du fertig bist mit dem Treffen?«

Aus deutscher Sicht klingt eine solche Frage anmaßend. Der Fahrer wagt es, den Minister nach seinem Zeitplan zu fragen. Aus norwegischer Sicht ist sie aber nur logisch. Denn der Fahrer muss seine Termine ebenso koordinieren wie der Außenminister, und niemand sagt, dass die Termine des einen wichtiger sind als die des anderen.

Ich vermute, dass man bis zum Sommer 2011 auch den aktuellen Ministerpräsidenten Jens Stoltenberg bei einem Stadtspaziergang hatte treffen können. Mit Stoltenbergs Vater Thorvald konnte man sich jedenfalls jederzeit zum Mittagessen im Restaurant verabreden – und der Außenminister erschien dann immer mit guter Laune, aber nie mit Bodyguards.

Was für die Politik gilt, trifft auf andere Arbeitsbereiche gleichermaßen zu. Überall sind die Hierarchien wesentlich flacher als bei uns – und jeder duzt jeden, beispielsweise die Putzfrau den Vorstandsvorsitzenden.

Natürlich gibt es auch in Norwegen ein Oben und ein Unten. Auch dort nimmt der Hausmeister nicht an Vorstandssitzungen teil, und auch dort bestimmt der Pförtner nicht über die Ausgaben eines Unternehmens. Trotzdem ist die Diskussionskultur eine völlig andere. Konsens ist wichtig. Alle sollen letztendlich mit einer Entscheidung leben können. Und oft wird dann so lange diskutiert, bis das tatsächlich der Fall ist. Das ist eine schöne Sache – aber auch eine zeitaufwendige. Entscheidungen fallen selten von heute auf morgen, auch nicht von heute auf übermorgen. Wenn es um Großprojekte geht, kann diese Konsenssuche gut und gern mal ein Jahrzehnt dauern … Oder länger. Warum das so ist, versteht man vielleicht etwas besser, wenn man das nächste Kapitel gelesen hat.

Das Gesetz des Jante – oder: Wenn alle gleich sind

Bei uns ist »Jante« zu einem Begriff einer norwegischen Eigenheit
geworden: kleinlich, gehässig und engstirnig. Die bornierte
Mittelmäßigkeit, die sich über Unternehmungslustige mokiert.
Andreas Hompland (geb. 1946), norwegischer Journalist

Wer mein *Länderporträt Finnland* aus dieser Reihe gelesen hat,
dem wird das folgende Kapitel bekannt vorkommen. Das hat einen
ganz bestimmten Grund: Das Jantegesetz gilt nämlich im ganzen
Norden, also in Finnland und Norwegen gleichermaßen.

Das Jantegesetz ist kein Gesetz im eigentlichen Sinne, sondern
eine Art Verhaltenskodex. Es besagt in groben Zügen, dass keiner
glauben soll, er sei aufgrund seiner sozialen Position etwas Besseres als der andere. Es trägt sicher auch dazu bei, dass – wie im vorigen Kapitel beschrieben – in den skandinavischen Gesellschaften
Hierarchien extrem flach sind.

»Erfunden« hat das Jantegesetz der dänische Schriftsteller Axel
Sandemose in seinem Roman *Ein Flüchtling kreuzt seine Spur*, der
1933 erschien. Benannt ist das Gesetz nach der fiktiven dänischen
Stadt Jante. Es gilt aber nicht nur dort, sondern in allen Städten
und Dörfern des Nordens.

Interpretiert man es positiv, steht es für Bescheidenheit und Ge-
rechtigkeit, die Fähigkeit zur Selbstkritik und Selbstreflexion. Alle
sind gleich, jeder bekommt dasselbe, jeder hat die gleichen Rechte.
Eigentlich eine schöne Vorstellung, auf der auch die skandinavische Idee des Wohlfahrtstaats beruht.

Negativ hingegen ist eines: Das Jantegesetz beschreibt auch eine
Diktatur des Durchschnitts. Wo es keine »Schlechteren« gibt, darf
es auch keine »Besseren« geben. Deswegen soll niemand klüger
oder schöner sein als der andere. Zumindest darf er es nicht zeigen. Ganz vorbildlich handelte in diesem Sinne die Miss Univer-
sum von 1992. Als sie in ihren kleinen Heimatort in Mittelnorwegen zurückkehrte, erzählte sie in sämtlichen Interviews, dass sie
sich überhaupt nicht verändert habe und nun ihren norwegischen
Jugendfreund heiraten wolle. So etwas mögen die Norweger. Erfolgreich im Ausland, das darf man sein – schließlich soll jeder
wissen, wie toll die Norweger sind – zu Hause wird dann aber Bescheidenheit erwartet.

Millionäre gibt es auch in Norwegen, und arme Menschen auch. Trotzdem: Die Schere zwischen Arm und Reich öffnet sich hier nicht so weit wie in anderen Ländern. Wer reich ist, der zeigt es zumindest nicht. Ein russischer Millionär würde vermutlich die Champagnerkorken nur so knallen lassen und mit Geld um sich schmeißen, und ein deutscher sich zumindest einen Porsche oder ein anderes Luxusauto vor die Tür der Villa stellen. Ein norwegischer Millionär fährt stattdessen brav mit der Straßenbahn zur Arbeit, denn der Nachbar soll bloß nicht denken, er wäre wegen seines Reichtums arrogant geworden.

Damit jeder trotzdem erfahren kann, was der andere verdient, sind alle Steuerdaten für jedermann im Internet einsehbar. Einfach die Seiten des Finanzamts aufrufen – und schon sieht man, wie es um den Nachbarn finanziell steht. Früher konnte man derlei Recherchen jederzeit anstellen. Seit einigen Jahren muss man sich dafür allerdings ein wenig beeilen. Die Steuerdaten können jetzt nur noch drei Wochen nach Zustellung der Bescheide mit minimalem Aufwand abgerufen werden. Danach muss sich der Interessent mit seiner Personennummer einloggen, um Einblick in einen Steuerbescheid zu erhalten. Datenschutz auf Norwegisch.

Was die Reichen und Berühmten des Landes verdienen, ist in der Regel sogar in der Boulevardpresse nachzulesen. Die Einkommen der Spitzenverdiener und Promis werden jedes Jahr groß und breit auf den Seiten der Zeitungen veröffentlicht. Für deutsche Politiker, die sich schon seit Jahren darum herumwinden, ihre Nebeneinkünfte offenzulegen, sieht so vermutlich die Hölle aus.

Norwegische Politiker sind aber noch anderen ungeschriebenen Regeln des Jantegesetzes unterworfen. Wer in Fernsehdiskussionen besserwisserisch auftritt, wie es die beiden deutschen Exbundeskanzler Schröder und Kohl so gerne taten, hätte in Norwegen keine Chance. Demonstrativ zur Schau getragene Selbstsicherheit wird nicht als Führungsstärke angesehen, sondern schlicht als Arroganz.

Wer auf seinen Visitenkarten mit dem Doktortitel prahlt oder gar seinen Magistertitel in gedruckter Form vor sich herträgt, erntet keine Bewunderung, sondern stillen Spott. Niemand lässt sich von einem Doktortitel auf dem Papier beeindrucken. Eher denkt man: »Der muss es ja nötig haben, seinen Titel so vor sich herzutragen.« Österreicher, die sogar den Magister stolz auf ihrer

Visitenkarte vermerken, sollten sich vor einer Geschäftsreise in den Norden lieber einen neuen Satz Karten drucken lassen. Natürlich wissen die Norweger um den Kulturunterschied und werden es deswegen bei einem innerlichen Schmunzeln belassen, wenn ihnen der Herr Magister seine Karte überreicht. Aber eigentlich wirkt das auf die Norweger so, als würde uns jemand eine Visitenkarte in die Hand drücken, auf der er stolz hat drucken lassen, dass er einmal Klassensprecher in der Unterstufe war.

Wenn man in Norwegen einen neuen Job annimmt, wird man in der Regel herzlich aufgenommen und schnell ins Team integriert. Das »Du« hilft dabei mit. Allerdings sollte sich der Neue erst einmal davor hüten, gleich irgendwelche Verbesserungsvorschläge vorzubringen. In Deutschland mag das als engagiert gelten, vielleicht sogar als besonderer Einsatz für die Firma. In Norwegen denkt man eher: Für wen hält sich der Kerl eigentlich? Da ist er gerade erst ein paar Monate in der Firma, und schon glaubt er, alles besser zu wissen.

Eine Bestimmung des Jantegesetzes lautet nämlich: »Du sollst nicht glauben, dass du uns etwas beibringen kannst.« Wer trotzdem einen Vorschlag einbringen will, macht das besser nicht im Hauruckverfahren, sondern zum Beispiel mit der folgenden Frage: »Weißt du, ich habe da eine ganz doofe Idee, die wirklich nichts Besonderes ist, aber könnten wir darüber nicht eventuell mal in der nächsten Teamsitzung reden?«

Konsens ist überall in Nordeuropa das Zauberwort, und deswegen fallen Entscheidungen manchmal sehr langsam. »Wir sind hier eine Demokratie«, hatte die Fremdenführerin in der Osloer Oper ihre Führung begonnen, um zu erklären, warum die Planungen für das Gebäude ein paar Jahrzehnte in Anspruch genommen haben. Wenn zu viele »Gleiche« mitreden, dauert gut Ding eben manchmal eine lange Weile.

Während man in den meisten anderen Ländern danach strebt, der Beste zu sein, bemüht man sich in den nordischen Ländern, so wenig wie möglich aus der Menge herauszustechen. Gleichheit steht für die Norweger ganz oben auf der Liste der guten Eigenschaften. So gilt als großes Kompliment, wenn man jemandem sagt, dass er ein ganz normaler Typ sei. Damit macht man ihm garantiert eine Freude, egal ob er Handwerker, Professor oder König ist.

Entsprechend genau wird das Einhalten auch kontrolliert: »Neid und Missgunst sind die schielenden Geschwister einer Auffassung, wonach keiner mehr ist oder mehr haben darf als ein anderer. Da Gleichheit geradezu eine Leidenschaft der Norweger ist, ist es nur folgerichtig, dass sie auch ein neidfreudiger Haufen sind«, so beschreibt die deutsch-norwegische Journalistin Ebba D. Drolshagen die negativen Seiten des Jantegesetzes.

Norge er best

Es ist typisch norwegisch, gut zu sein.
Die damalige Ministerpräsidentin Gro Harlem Brundtland
in ihrer Neujahrsansprache 1992

Norwegen ist nur ein kleines Land, doch nach Überzeugung all seiner Einwohner das weltweit beste. »Norge er best« – Norwegen ist am besten. Den Spruch hört man in Norwegen oft. Allerdings kommt der norwegische Nationalstolz nicht in der schreienden Fratze des Nationalismus daher – aufzwingen will der Norweger seine Werte niemandem. Er ist einfach nur glücklich und zufrieden, dass er im »besten aller Länder« leben darf. Dass dem so ist, wird ihm von den verschiedensten Institutionen auch immer wieder bestätigt. Im Index der menschlichen Entwicklung, dem Human Development Index der UNO, liegt Norwegen Jahr für Jahr ganz vorn. In dem Report werden 187 Länder in den Bereichen Gesundheit, Bildung und Einkommen verglichen.

Damit wir hierzulande mal so richtig neidisch werden können: Deutschland liegt in der Regel im guten europäischen Mittelfeld, zwischen Rang 10 und 20.

Beim Pro-Kopf-Einkommen führt Norwegen selbstverständlich die Statistik ebenso an wie bei den niedrigsten Arbeitslosenquoten. Dass die OECD lobt, kaum jemand käme besser durch die aktuelle Weltwirtschaftskrise als Norwegen, verwundert da nicht. Dass man so gut dasteht, ist vor allem dem Öl geschuldet – aber nicht nur. Andere Ölkrösusse wie beispielsweise Saudi-Arabien müssen sich im Human Development Index viel weiter hinten einordnen – die Saudis rangieren trotz ihres Ölreichtums nur auf Rang 56.

Ein König für alle

Ich bin auch der König der Kommunisten.
(König Haakon VII., als er 1929 ohne Zögern die
bei den Reichstagswahlen siegreiche Arbeiterpartei
mit der Regierungsbildung beauftragte)

1991 bestieg der heutige König Harald V. den Thron. Und wie jeder Chef, der einen neuen Job antritt, stellte er sich seiner Belegschaft – dem norwegischen Volk – erst einmal vor.

Samt seiner Gemahlin Königin Sonja machte er sich 1992 und 1993 zu zwei langen Reisen durch sein Reich auf. Bei der zweiten Reise war ich als junger Journalist mit dabei. Gut, nicht ich allein, sondern alle in Oslo stationierten Auslandsjournalisten gingen mit auf die Fahrt in den Norden des Landes. Da das damals aber höchstens zehn bis zwölf Kollegen waren, war es doch eine fast familiäre Reise, auf der wir dem Königspaar erstaunlich nahekamen. Die königliche Gesellschaft war im Zug unterwegs, und für die Journalisten wurde einfach ein Wagen hinten angehängt.

Aus Deutschland kommend – einem Land, in dem der Abstand zwischen Oben und Unten deutlich größer ist als im Norden –, war ich überrascht angesichts der geringen Distanz zwischen König und Volk. Ohne von einer Armada an Leibwächtern flankiert zu werden, spazierte das Königspaar durch die Dörfer und Städte. Immer wieder kam es zu Gesprächen am Wegesrand, die allein schon von ihrer Dauer her weit über ein unverbindliches »Hallo« hinausgingen. Hin und wieder machten Königs auch zum Kaffeetrinken Station bei irgendwelchen Bauern- oder Fischerfamilien. Natürlich waren diese Termine arrangiert, der Besuch des Königspaars vorher abgesprochen. Was am Kaffeetisch gesprochen wurde, kann ich nicht sagen. Denn wie es sich gehört bei solchen Einladungen, musste die Presse vor der Tür warten. Doch ein schneller Smalltalk scheint auch das nicht gewesen zu sein. Nicht selten verschwand das Königspaar für eine Stunde und mehr hinter der Tür eines Bauernhauses oder einer Fischerkate.

Mit symbolischen Aktionen wie der, als er während der Olympischen Winterspiele in Lillehammer bei allen Wettkampfbesuchen die Uniform der freiwilligen Olympiahelfer trug, erobert König Harald V. immer wieder aufs Neue die Herzen seiner Landsleute.

Während das englische Königshaus von einem Skandal zum anderen schlittert und der spanische Monarch und der schwedische Kollege ins Gerede kamen, weil sie es mit der ehelichen Treue nicht so genau nahmen, absolviert das norwegischen Königspaar seine Pflichten weitgehend skandalfrei. Von konservativer Seite handelte sich Kronprinz Haakon zwar Kritik ein, weil er mit Mette-Marit nicht nur eine Bürgerliche heiratete, sondern auch eine Frau, die ein Kind von einem anderen Mann mit in die königliche Ehe brachte. Für die meisten Norweger war das aber nur ein weiteres Zeichen dafür, wie volksnah ihr Königshaus doch ist. Nicht anders als in einer ganz normalen norwegischen Patchwork-Familie hat Mette-Marit natürlich auch noch weiterhin zum Vater ihres Sohnes Kontakt, und nicht anders als jeder tolerante Norweger das tun würde, hat der Kronprinz seinen Vorgänger auch zur Hochzeit eingeladen. Und zur Einschulung des Kleinen waren dann alle drei dabei – Mette-Marit, der leibliche Vater und der Kronprinz. Mehr Volksnähe geht nicht. Oder doch: Die Einschulung fand nämlich nicht in irgendeiner Eliteschule statt, sondern in einer Grundschule um die Ecke. Das war übrigens nicht nur bei den »angeheirateten«, sondern auch bei richtigen Königskindern so. Prinzessin Ingrid Alexandra wurde im August 2010 in der Jansløkka-Schule im Osloer Stadtteil Asker eingeschult. Und auch deren Papa, Kronprinz Haakon, hatte in seiner Jugend eine ganz normale Schule besucht.

Spätestens seit dem legendären Fernsehinterview, das die deutsche Journalistin Sandra Maischberger 2002 mit dem Kronprinzenpaar führte, ist Mette-Marit sowieso *everybodys darling*. Damals zeigte sie nämlich, aus welchem Holz sie geschnitzt ist und dass bei ihr Pflichterfüllung vor Jammern geht. Während der Aufnahmen, die an einem warmen Maitag stattfanden, wurde die Wange der Prinzessin nämlich so heftig von der Sonne und einem fehlerhaften Scheinwerfer angestrahlt, dass sie sich Verbrennungen zweiten Grades zuzog. Doch anstatt sich während des Interviews über den Pfusch des deutschen Fernsehens zu beschweren, zog Mette-Marit das Gespräch mit königlicher Würde durch. Frau Maischberger war hinterher untröstlich. Der norwegische Hof ließ verlauten, dass so was schon mal passieren könne und man den Fernsehleuten keine Schuld gäbe. Mette-Marit musste eine geplante Deutschlandreise absagen, hinter vorgezogenen Vorhängen im Schloss bleiben und ihre Wange regelmäßig mit Kortisonsalbe einreiben.

Der Vorfall ereignete sich nur wenige Tage vor dem National-feiertag am 17. Mai, dem für alle Norweger wichtigsten Tag des Jahres. Ich erinnere mich noch gut, wie das ganze Land angespannt die täglichen Gesundheitsbulletins aus dem Königshaus verfolgte. »Würde die Prinzessin bis zum 17. Mai wieder gesund sein?«, das war die große Frage. Am Nationalfeiertag steht nämlich die könig-liche Familie auf dem Balkon des Schlosses und winkt ihren Un-tertanen zu, die dann in einem schier endlosen Zug unter ihr vor-beiziehen. Und natürlich wünschte sich jeder Norweger, dass ihm auch die schöne Mette-Marit zuwinkt. Aber mit Verbrennungen im Gesicht in der Frühjahrssonne zu stehen, das wäre nicht ge-gangen. Doch auch diesmal war die Prinzessin heldenhaft – sie hat den Norwegern zugewinkt ... und mir auch.

Im Winter 2012 trat die Kronprinzessin dann stark erkältet zu einem Interview mit der Zeitung *Die Welt* in Hamburg an. Dass man trotz Erkältung seine königlichen Pflichten erfüllt, mag nor-mal sein – bemerkenswert fand ich aber, wie Mette-Marit anreiste. Wie immer, und in diesem Fall trotz Krankheit, im Linienflugzeug. Manch deutscher Minister könnte sich da ein Beispiel nehmen.

Norwegen ist ein altes Königreich. Lange Zeit gehörte das Land aber zu Dänemark und Schweden, und deswegen saßen fast 600 Jahre dänische und schwedische Monarchen auf dem norwegi-schen Thron. Nach langer Pause bekam Norwegen erst 1905 wie-der einen eigenen König.

Der letzte »richtige« norwegische König, Håkon V., war 1319 verstorben, und Nachfahren des alten Königsgeschlechts gab es keine mehr. Deswegen machte man sich im Ausland auf die Suche nach einem geeigneten Kandidaten. Das Problem war nun, dass man zumindest einen Skandinavier auf dem norwegischen Thron wollte. Schweden und Dänemark aber waren die alten »Chefs«, und deswegen hatte man große Bedenken, einem Prinzen aus die-sen Ländern den Thron anzutragen. Doch es blieb keine Wahl; schließlich fragte die norwegische Regierung beim schwedischen Königshaus an. Dort aber war man noch beleidigt, da sich Nor-wegen eben erst unabhängig von Schweden erklärt hatte. So gab es aus Stockholm eine Absage. Nun wendeten die Norweger auf der Suche nach einem König ihren Blick nach Süden und fragten den dänischen Prinzen Carl. Der war der zweite Sohn des dänischen Königs Christian IX. und wäre zu Hause in der Erbfolge sozusagen leer ausgegangen. Carl hatte deswegen durchaus Interesse an dem Job im Nachbarland. Um deutlich zu machen, dass er mit seiner Regentschaft an die norwegischen Traditionen anknüpfen wollte, nahm er einen neuen Namen an und bestieg als Haakon VII. den Thron. Und er begann Norwegisch zu lernen – denn bei der Ankunft in seinem Reich sprach er die Sprache seiner Untertanen nicht. Bald zeigte sich, dass der Däne auf dem norwegischen Thron ein Glücksgriff war. Der Monarch unternahm ausgedehnte Reisen durch sein »neues Reich« und trat dabei volksnah und bescheiden auf – ein Markenzeichen, das das norwegische Königshaus bis heute für sich reklamieren kann.

Sogar die Linken akzeptierten Haakon als ihren König, nachdem der 1929 ohne großes Aufheben die Arbeiterpartei mit der Regierungsbildung beauftragt hatte, die die Wahlen gewonnen hatte. Spätestens seit diesem Zeitpunkt betrachten die Norweger ihre Monarchie als eine Klammer, die das ganze Land vereint.

Mit dem Einmarsch von Hitlers Truppen im Zweiten Weltkrieg kam dann die Feuerprobe für Haakon. Er bestand sie mit Bravour. Lieber verzichtete er auf seinen Thron und ging zusammen mit der Regierung ins Londoner Exil, als sich in den Dienst der Deutschen zu stellen. Von England aus leitete er zusammen mit der Exilregierung den Widerstand. Sein Sohn Olav – der spätere Olav V. – wurde 1944 zum *forsvarssjef*, zum Verteidigungschef, der Widerstandsregierung ernannt. Die Aufgabe, die man dem Kronprinzen übertrug, war keineswegs nur repräsentativer Natur. In seiner Funktion koordinierte er den militärischen Widerstand aus dem Ausland. Nach dem Krieg kehrten König und Kronprinz im Triumphzug nach Oslo zurück

König Olav V., der 1957 den Thron bestieg, war für seine volksnahe und sympathische Art bekannt. Das erzählt auch Rut Brandt, die inzwischen verstorbene Frau des ehemaligen Bundeskanzlers, in ihrer Autobiografie *Freundesland*. Sie schreibt: »König Olav hatte zum Mittagessen auf dem Schloß geladen. Ich hatte die Anweisung erhalten, einige Schritte hinter dem König zurückzubleiben, wenn wir zu Tische gingen. Aber er kümmerte sich nicht um die Etikette. Er wandte sich um, lächelte und sagte: ›Kommen Sie, kommen Sie, kommen Sie!‹«

Olav war ein begeisterter Skiläufer. Über ihn wird erzählt, dass er im Winter oft mit der S-Bahn zu den Loipen am Holmenkollen hinausgefahren ist. Und natürlich hat der König für die Fahrt ganz normal ein Ticket gelöst. Bis hierhin erzählt die Anekdote von der Bescheidenheit norwegischer Könige. Doch sie geht noch weiter. Als ein amerikanischer Reporter von der Geschichte erfuhr, fragte er den König besorgt, ob es nicht sehr gefährlich sei, wenn er mit der S-Bahn fahre. Olav antwortet darauf: »Nein, nicht wenn man wie ich vier Millionen Leibwächter hat.«

Flaggenwahn im Königreich

Beim Frühstück um halb acht fielen mir schon die vier großen Balkonflaggen am Nachbarhaus auf. Jeder Bewohner hat eine große Flagge am eigenen Balkon befestigt, dazu noch die Flagge fürs Haus. Das Hissen der eigenen Hausflagge habe ich auf meine eigene Art zelebriert und mich dabei erwischt, wie ich einige Zeilen der norwegischen Nationalhymne vor mich hin summend mein Schokomüsli aß.

Der Schweizer Urs erzählt in einem Blog von seinem Jahr in Norwegen

Ein Norweger ohne Fahne ist kaum vorstellbar. Entweder zieht er sie an der Fahnenstange vor seinem Haus in die Höhe, lässt sie aus dem (ebenfalls unvermeidbaren) Rucksack wehen oder steckt sie, wie der bayerische Kabarettist und studierte Skandinavist Gerhard Polt feststellte, auf Brote. Er sagt: »Die Norweger, die Dänen und die Schweden machen auch diese schönen belegten Brote, Smörgasar. Und fast überall haben sie da Fahnen oben drauf, die Skandinavier lieben Fahnen, überall, wo man hinkommt, sind diese Fahnen.«

Ja, sogar der Weihnachtsbaum wird mit kleinen Nationalflaggen geschmückt.

Auch mein erstes Norwegenerlebnis hatte mit einer Fahne zu tun. Als ich nach Oslo umzog und mit vollgepacktem Auto vor dem Haus ankam, das ich angemietet hatte, zeigte mir mein Vermieter keineswegs zuerst die Zimmer. Nein, seine Schritte führten schnurstracks zum Fahnenmast im Garten. Dort erklärte er mir dann ausführlich, wie ich die Flagge korrekt am Mast zu hissen habe. Nach der praktischen Einweisung – der gute Mann war völlig irritiert, dass ich noch nie in meinem Leben einen Fahnenmast bedient hatte – bekam ich auch etwas theoretischen Hintergrund. Ich erfuhr, dass ich die Fahne nur dann am Mast hinaufziehen dürfe, wenn ich an meinem Wohnort weilte. Also genau wie im Königshaus, wo man ebenfalls an der am Mast wehenden Fahne erkennen kann, dass der Monarch in der Stadt ist.

Natürlich dürfe ich meine Fahne auch mal alleinlassen und zum Einkaufen oder Arbeiten fahren, sagte der Vermieter, aber eines müsse ich sicherstellen – und da wurde er bestimmt: »Wenn es dunkel wird, muss die Fahne runter.«

Dass die Einweisung ins Fahnenhissen keinen Aufschub duldete, erklärt sich daraus, dass ich an einem 30. April in Norwegen ankam. Und der 1. Mai ist einer der vielen offiziellen Flaggentage. Bereits einen Tag nach meinem Einzug musste flaggentechnisch alles klappen.

Die Tatsache, dass überhaupt ein Fahnenmast im Garten steht, mag einen deutschen Leser überraschen. Für Norweger dagegen ist ein Haus ohne Fahne nicht denkbar.

Trachten tragen

Die alten, nach Landesteilen sehr verschiedenen Trachten
sind jetzt nur noch spärlich zu sehen.
Meyers Konversationslexikon von 1890

In einem Buch über Frankreich, Italien oder Deutschland wäre ein Kapitel über Trachten eher überflüssig. In einem Norwegenbuch aber darf ein solches Kapitel keinesfalls fehlen. Dort nimmt man das Trachtentragen nämlich ernst. Die *bunad*, so heißt die Tracht auf Norwegisch, ist kein Modekleidungsstück wie mitunter bei uns, sondern gelebte Tradition. Fantasietrachten, wie sie unsere B-Promis beim Besuch eines Bierzeltes auf der »Wies'n« tragen, sind verpönt. Überhaupt ist die Tracht ein ganz besonders Kleidungs-stück, das von seinem Träger einen besonderen Respekt fordert. Besoffen in Tracht – auf dem Oktoberfest Normalität –, das wäre in Norwegen der absolute Tabubruch.

Norweger und Norwegerinnen tragen nicht einfach irgendeine Tracht, die ihnen gefällt, sondern ausschließlich die Tracht aus der eigenen Heimatregion. Tracht steht in Norwegen keineswegs im Verdacht, altbacken oder konservativ zu sein. Sie ist ein Kleidungsstück für jedermann und viele Gelegenheiten.

Im Internet habe ich auf der Seite der Deutsch-Norwegischen Freundschaftsgesellschaft folgende beeindruckenden Zahlen gefunden: 2001 wurden in Norwegen Trachten für umgerechnet zirka 90 Millionen Euro gekauft – macht also pro Norweger, egal ob Baby oder Rentner, 18 Euro. Die Summe verwundert nicht, wenn man auf der Seite weiter liest: »Für die Anschaffung einer Tracht mit allem Drum und Dran kann man von einigen Tausend bis zu 50 000 Kronen investieren.« Und 50 000 Kronen sind mal eben schlappe 6500 Euro. Besonders Frauentrachten sind teuer und werden oft von einer Generation zur nächsten weitervererbt. Heute hängt bei 75 Prozent aller Norweger eine Tracht im Schrank, in der Mehrzahl bei Frauen, aber die Männer holen auf.

Die norwegische Soziologin Margunn Bjørnholt hält die Begeisterung für die Tracht für ein typisch norwegisches Phänomen und bringt als Begründung gleich eine ganze Reihe von Argumenten. Am interessantesten scheint mir die These, dass Norwegen eine junge Nation sei und Trachten während der Unionszeit mit Schweden – also von 1814 bis 1905 – als Zeichen des Unabhängigkeitsstrebens getragen wurden. Wie die Fahne, so bietet auch die Tracht eine Möglichkeit, Nationalstolz zu zeigen.

Trotzdem war die Tracht nach dem Zweiten Weltkrieg in Norwegen »vom Aussterben bedroht«. Sie galt damals weniger als ein Symbol des Nationalstolzes, sondern dokumentierte den Gegensatz zwischen Stadt und Land.

Im Norwegen von heute läuft man natürlich nicht einfach so mit Tracht durch die Stadt. Die *bunad* ist ein Kleidungsstück für besondere Anlässe. Wenn man hierzulande im Anzug erscheinen würde, legen Norweger Tracht an – an Geburtstagen, zu Hochzeiten, zu großen Firmenjubiläen oder dem Nationalfeiertag am 17. Mai.

Rote Russen in Norwegens Straßen

Im Mai sieht man in Norwegen rot ... oder blau. Zwischen dem
1. und dem 17. Mai, dem Nationalfeiertag, ziehen sie durch die
Straßen, überall sind sie zu sehen – junge Menschen in roten oder
blauen Latzhosen. Die »Roten«, die *rødruss*, sind Abiturienten an
einem »normalen« Gymnasium, die »Blauen«, die *blåruss*, legen
ihr Abitur an einer Handelsschule ab.

In einer wochenlangen Orgie feiern die jungen Norweger ihren
Schulabschluss – allerdings bevor sie ihn überhaupt gemacht haben. Denn kurioserweise feiert man dort das Abitur vor den Prüfungen. Und zwar so exzessiv, dass mancher den bereits gefeierten
Abschluss gar nicht schafft. Gut, dass die Norweger großzügig sind
und man die Abiturprüfung wiederholen kann – und die Russezeit
ebenso.

Jetzt mag mancher Leser an die eigene Abiturfeier denken und
sich auch an einen veritablen Rausch erinnern. Wer glaubt, damit
einem norwegischen Russ imponieren zu können, täuscht sich
aber gehörig, denn die meisten jungen Nordländer erleben die
Tage und Nächte zwischen dem 1. und 17. Mai im Dauerdelirium.

Ein wichtiger Bestandteil der Russefeiern sind die *knuteregler*,
Aufgaben, die ein Russ erfüllen muss. Und die nimmt man ernst.
Sie werden vor dem Schuljahr von einer *russekommission* festgelegt und drehen sich hauptsächlich um Sex und Alkohol. Wer die
Aufgaben löst, darf entweder einen Knoten in seine Mützenschnur
machen, eine Trophäe in die Schnur knoten oder seine Latzhose
mit unterschiedlichen Auszeichnungen verzieren. Die Mütze, die
lue, ist nach der Latzhose das zweite wichtige Requisit eines Russ.

Eingeführt wurden die Studentenmützen nach einem Besuch
deutscher Studenten zu Beginn des 20. Jahrhunderts. Die Norweger fanden deren Mützen cool und fingen deswegen ein Jahr später
ebenfalls an, Mützen zu tragen.

Die ersten Trophäen hat Emil, zukünftiger Abiturient aus Oslo,
schon gesammelt.

Um den Kronkorken an seine Latzhose pinnen zu dürfen,
musste er innerhalb von 24 Stunden allein einen ganzen Kasten
Bier trinken. »Kein Problem«, sagt Emil und erzählt, dass sein älte-
rer Bruder vor zehn Jahren den Kasten in nur sechs Stunden hatte
leeren müssen. »Das waren noch ganz andere Anforderungen.«

Heute wird man sogar »politisch korrekt« in den Russeregeln gewarnt: »Diese Prüfung kann lebensgefährlich sein. Du solltest sie nicht machen, wenn du keine Erfahrung mit Alkohol hast.«

Viel schwerer aber als einen Kasten Bier an einem Tag zu trinken dürfte es sein, die Regel Nummer 20 einzuhalten. Sie fordert nämlich umgekehrt, während der gesamten Russezeit nüchtern zu bleiben. Eine fast unmögliche Aufgabe, denn Alkohol wird einem Russ nahezu minütlich angeboten.

Wer es trotzdem schafft, dieser Versuchung zu widerstehen, wird mit dem Kronkorken einer Soloflasche belohnt. Solo ist die bekannteste norwegische Limonade. Mit so einer Auszeichnung kann man bei seinen Kumpels allerdings genauso wenig Eindruck schinden wie mit einer kleinen Kerze, die man normalerweise zum Schmücken von Geburtstagstorten verwendet. Wer die an seiner Mützenschnur festgebunden hat, gibt sozusagen öffentlich zu, dass er während der gesamten Russezeit keine einzige Schulstunde verpasst hat. Eigentlich eine Schande. Aber immerhin haben so auch die Gewissenhaften und Braven die Chance, ein paar Trophäen an Mützenschnur oder Latzhose anzubringen.

»17 unterschiedliche Sexualpartner an 17 Tagen« – das war eine Prüfung, die früher die *knuteregler* den norwegischen Abiturienten auferlegten. Heutzutage reicht es schon, Sex mit zwei Personen zu haben, vorausgesetzt, man kann deren Mobiltelefonnummer und schriftliche Bestätigung über den »Vollzug« vorweisen. Dann darf man sich ein einzelnes Kondom an die Latzhose heften. Ein süßes kleines Spielzeugfeuerwehrauto verdient sich, wer Sex mit einer Frau während deren Menstruation hatte. Man beachte den Zusammenhang. Ganz Mutige können sich eine Plastikzunge ans Revers heften. Dafür muss man einen Lehrer an der Fahnenstange im Schulhof festbinden und mindestens eine Minute lang einen Kriegstanz vor ihm aufführen. Und die vermutlich allerschwerste Aufgabe für Jugendliche wird mit einer Taste einer PC-Tastatur belohnt. Wer die will, darf während der gesamten Russezeit kein einziges Mal seinen Facebook- oder Twitteraccount benutzen.

Auf die Trophäen, die man sich mittels Sex verdient, verzichtet Emil weitgehend. Er ist frisch verliebt. Doch allein das sichert ihm schon einen roten Farbstift, den er an der Mützenschnur festbinden darf. Laut Regel 59 ist das die Belohnung für eine Liebesbeziehung, die während der Russezeit beginnt. Für diejenigen, die sich den sexuellen Herausforderungen der Russezeit stellen wollen, hat die *russekommission* – das Feierparlament der Jugendlichen – den Ratschlag: »Sex nur mit Kondom«.

Die Packung Kondome, die an Emils Hose angeheftet ist, hat aber nichts mit der angeratenen Vorsicht zu tun. Sie war die Belohnung dafür, dass er sie in einem Drogerieladen gekauft hat und dabei seinen Wunsch dem Verkäufer ausschließlich pantomimisch dargelegt hat. Besonders toll soll Emils schauspielerische Leistung aber nicht gewesen sein. Als »richtig scheiße« kritisiert sie Erik. Trotzdem drückte sein Kumpel, der als »offizieller Beobachter« beim Einkauf dabei war, ein Auge zu. Emil durfte die Packung kaufen und an seiner Latzhose festmachen.

Ansonsten hält sich Emil aber ohnehin lieber an die alkoholischen Prüfungen und Mutproben. Eine ganze Unterrichtsstunde lang hat er schon unter der Schulbank gesessen. Dafür gab es ein Lineal als Belohnung. Das hört sich einfach an, aber die »Auszeichnung« gibt es nur, wenn man jede Aufforderung des Lehrers konsequent ignoriert. Andererseits – viel zu verlieren hatte Emil nicht. Hätte ihn der Lehrer hinausgeschmissen, hätte er sich immerhin ein Stück Pappe an die Mütze knüpfen dürfen. Als Beweis für einen Unterrichtsverweis.

Die meisten Lehrer haben es aber ohnehin schon aufgegeben, ihren Abiturjahrgang in den ersten Maiwochen disziplinieren zu wollen. Ein solches Vorhaben wäre erstens hoffnungslos und würde zweitens dem norwegischen Verständnis der Russezeit widersprechen. Anfang Mai haben die norwegischen Abiturienten Narrenfreiheit. Wer in dieser Zeit die Polizei anrufen würde, weil eine Horde wild gewordener Jugendlicher in seinem Vorgarten herumgrölt, würde auf wenig Verständnis stoßen. Auch die Polizisten waren schließlich einmal jung, und auch sie sind damals in roten (oder blauen) Latzhosen betrunken und grölend durch die Stadt gelaufen. Und auch sie haben sich damals Kronkorken, Kondome und andere Auszeichnungen an die Latzhose geheftet.

An seine Russezeit erinnert sich jeder Norweger gern. Vielleicht deswegen, weil das die einzigen Wochen sind, in denen sich die sonst so vernünftigen Norweger richtig austoben dürfen. In dieser Zeit machen sie dann auch mal Dinge, die die Weltgesundheitsorganisation nicht gutheißen und von denen die eigene Regierung abraten würde.

Irgendwie nimmt das ganze Land an den Russefeiern teil. Nicht aktiv, aber immerhin ist jeder irgendwie interessierter Beobachter, bei dem dann verklärte Erinnerungen hochkommen. Die Lokalzeitungen berichten täglich und oft auf mehreren Seiten von den Festen und Saufgelagen. Im Prinzip ist dann alles wichtig, was ein Russ macht – für zweieinhalb Wochen sind die Abiturienten die wichtigsten Menschen in ihrem Dorf oder ihrer Stadt.

Im letzten Jahr habe ich in einer westnorwegischen Regionalzeitung einen ganzseitigen Artikel gelesen, in dem es darum ging, dass zwei weibliche Russ einen Kindergarten besucht haben. »Und weiter?«, werden die meisten jetzt fragen. Nichts weiter. Allein, dass zwei 18-jährige Mädchen in roten Latzhosen beim örtlichen Kindergarten vorbeigeschaut haben, war der Zeitung einen langen Text wert. Die Weltpolitik wurde in dieser Ausgabe der Zeitung übrigens nur auf einer Seite abgehandelt. Man muss eben Prioritäten setzen können.

Russefeiern gibt es schon seit Anfang des 20. Jahrhunderts. Erst waren das ganz normale Schulabschlussfeiern, in den 1940er Jahren kamen dann die ersten *knuteregler* auf, und allmählich wurden die Russefeiern zu einem Ereignis von landesweiter Bedeutung. Inzwischen sind sie auch zu einem riesigen Geschäft geworden. Ein durchschnittlicher Russ gibt etwa 10 000 Kronen, umgerechnet etwa 1400 Euro, für die Feierei aus. Bei derzeit etwa 42 000 Absolventen pro Jahr lässt sich da so manche Krone verdienen. Dabei sind die Kosten für einen Bus oder ein Auto noch nicht einmal mit eingerechnet. Wer wirklich cool sein will, schließt sich mit Freunden zusammen und kauft ein *russebil* oder einen *russebus*.

Neben Hose und Mütze ist das Auto oder der Bus das dritte wichtige Zubehör für eine gelungene Russezeit. Natürlich in der jeweils passenden Farbe – also rot oder blau. Gerade weil sich nicht jeder einen Bus leisten kann, hat der sich in den letzten Jahren zu einem wirklichen Statussymbol entwickelt. Die Jugendlichen führen einen regelrechten Wettkampf darum, wer beim Umzug am Nationalfeiertag mit dem tollsten Bus unterwegs ist. Da wird dann schon Monate vor dem eigentlichen Fest gemalt und geschraubt. Am wichtigsten ist aber, dass der Bus eine richtig laute HiFi-Anlage hat. Der Handel mit *russebiler* ist ein einträgliches Geschäft und für viele Autohändler die einzige Chance, eine alte Rostlaube noch einmal zu verkaufen.

Wenn die Kinder der Reichen feiern, sitzt oft ein angemieteter DJ im *russebuss* an der Anlage und ein Chauffeur am Steuer. Emil und seine Kumpels können da nicht mithalten. Ihren Bus fahren sie selbst – aber nicht besonders oft. Das Gefährt hat nämlich schon einige Abiturientenjahrgänge erlebt und ist inzwischen ziemlich altersschwach. Mit den herausgeputzten Fahrzeugen der Konkurrenz kann er es nicht mehr aufnehmen. Zum Feiern ist aber auch Emils Bus bestens geeignet. Und die Musikanlage, die er zusammen mit seinem Kumpel Erik in den Bus eingebaut hat, muss ohnehin keinen Vergleich scheuen. »Bis zum Umzug am 17. Mai muss der Bus noch durchhalten«, sagt Emil und klopft dabei, wie ein Autoverkäufer, der einen Kunden von der Rostfreiheit des Wagens überzeugen will, seinem Bus liebevoll aufs Blech.

Es gibt inzwischen zahlreiche Firmen, die sich aufs Russegeschäft spezialisiert haben. Im Internet kann man bei Ihnen alles aus einer Hand kaufen. Die Hose für 499 Kronen, knapp 70 Euro, die Mütze für günstige 15 Euro, Unterwäsche, T-Shirts und Fleecejacken – alles natürlich im speziellen Russedesign. Aufkleber und Aufnäher gibt es auch und Kondome in allen Packungsgrößen. Und die *russekort* kann man sich auch gleich drucken lassen.

Die *russekort* ist eigentlich nichts anderes als eine Visitenkarte mit Foto. Der Name steht drauf, meistens die Telefonnummer und immer ein möglichst dummer Spruch. Eigentlich nichts Besonders. Doch eine Russekarte macht einen Abiturienten zum Star bei den jüngeren Schülern. Ebenso wichtig wie für die »Großen« ihre Feiern sind, ist es für die »Kleinen«, möglichst viele Russekarten zu sammeln. Überall, wo ein *rød*- oder *blåruss* auftaucht, wird er sofort von den Kindern umringt, die eine *russekort* von ihm fordern. Die Karten werden dann wie Sammelbilder von Fußballern getauscht. Weil jeder Russ ständig am Verteilen seiner Karten ist, werden Russekarten auch nur in Großpackungen verkauft – 1000 Stück sind die kleinste erhältliche Größe.

Wenn ein Russ seine eigene *russekort* an seine Latzhose geheftet zur Schau trägt, hat das übrigens nichts mit übertriebener Eitelkeit zu tun, sondern mit Regel Nummer 43. Sie besagt: »Wer eine seiner Russekarten zerreißt und dann aufisst, darf ein anderes Exemplar an seiner Hose befestigen.«

Weil inzwischen alles so teuer ist, geht nichts mehr ohne Sponsoren. So macht der örtliche Lebensmittelmarkt auf dem *russebus*

Reklame, oder der Metzger finanziert dem Sohn seines Stammkunden die Russekarten. Auf dem Bus von Emil und seinen Kumpels prangt das Logo eines Autohändlers. Trotzdem hat der Abiturient zwei Jahre lang in einer Wurstbude gejobbt, um genügend Geld zum Feiern zu haben. »Das war manchmal ganz schön stressig«, sagt Emil, »aber es hat sich gelohnt.« Schließlich ist man nur einmal im Leben Russ.

Das Wort Russ hat übrigens nichts mit Russland zu tun, sondern kommt, wie es sich für Abiturienten gehört, aus dem Lateinischen. Aus den letzten Buchstaben des Ausdruckes *Cornua depositurus* – frei übersetzt »sich die Hörner abnehmen« – entstand der Begriff Russ. Warum aus dem einen »s« schließlich zwei wurden, darüber gibt es die unterschiedlichsten Theorien. Eine besagt, dass man das zweite »s« angefügt habe, um keine Verwechslung mit dem Wort *rus* aufkommen zu lassen. Das bedeutet im norwegischen »Rausch« – genau deswegen hätte es aber eigentlich ausgezeichnet gepasst.

Früher musste man, um studieren zu dürfen, eine Aufnahmeprüfung ablegen. Sobald die Prüfung vorüber war, wurde den jungen Prüflingen von den Studenten höherer Semester ein Horn auf der Stirn festgebunden. Das blieb dann so lange an seinem Platz, bis die Prüfungsergebnisse mitgeteilt wurden, und so lange wurden die Jungen auch von den Alten gehänselt und verspottet. Wenn sie bestanden hatten, wurde ihnen das Horn abgenommen. Ab dann waren sie richtige Studenten – deswegen sprach man eben »vom Hörner abnehmen«, wenn man die Studienberechtigung erworben hat. Ich kann mir zwar ehrlich gesagt nur schwer vorstellen, dass halb Norwegen mit einem Horn auf der Stirn durch die Gegend gelaufen sein soll. Aber da ich diese Information einem seriösen Buch über norwegische Studentenbräuche entnommen habe, gehe ich mal davon aus, dass es genauso war.

Der etwas andere Nationalfeiertag

Ja, wir lieben dieses Land, wie es zerfurcht und vom Wetter gegerbt
aus dem Wasser emporsteigt, mit den tausend Heimen. Lieben es
und denken an unseren Vater und Mutter und an die Nacht der Sage,
die Träume auf unsere Erde niedersenkt.
Die ersten Zeilen der norwegischen Nationalhymne, gedichtet
von dem Schriftsteller Bjørnstjerne Bjørnson (1832–1910)

Fahnen und Trachten bestimmen das Bild am Nationalfeiertag.
Wobei die Norweger dann nicht einfach Fahnen tragen, nein, sie
tauchen ihr ganzes Land in ein rot-weiß-blaues Fahnenmeer.

Der norwegische Patriotismus besitzt aber keine aggressiven
Züge. Die Parade am 17. Mai ist denn auch keine Demonstration
militärischer Stärke, sondern ein Kinderumzug. Kinderlächeln
statt Panzer also. Alle Schulen sind beim Umzug dabei, und natürlich gibt auch jedes Schulorchester das Beste. An diesem Tag
wird jedes Kind zu einem kleinen Norweger: pakistanische Ein-
wandererkinder, kleine türkische Jungs oder asiatisch aussehende
Mädchen – sie alle steckten noch vor wenigen Jahren am 17. Mai
in einer norwegischen Tracht. Inzwischen gehen allerdings immer
mehr Einwanderer in ihren eigenen Nationaltrachten bei dem
Umzug mit.

Beim größten Umzug, dem in Oslo, defiliert das Volk Fahnen
schwenkend an den Mitgliedern des Königshauses vorbei, die wiederum Hände schwenkend vom Balkon aus zurückwinken.

Ich muss zugeben, ich würde es ein wenig beängstigend finden, wenn 500 000 Deutsche am 3. Oktober mit der schwarz-rot-
goldenen Fahne in der Hand am Amtssitz des Bundespräsidenten
vorbeiziehen würden. Die Norweger schaffen es aber, ihren Nationalstolz in ein harmloses Gewand zu kleiden – ein so harmloses,
dass selbst Ausländer wie ich Jahr für Jahr, eine Norwegenfahne in
der Hand, an der Königsloge vorbeispazieren.

Dass Stolz auf das eigene Land nichts mit Ablehnung oder gar
Hass auf »die anderen« zu tun hat, beweisen die Norweger auch regelmäßig bei Sportveranstaltungen. Da werden die eigenen Leute
zwar begeistert nach vorne gebrüllt, doch Applaus hat sich immer
auch der Gegner verdient. Bei den Olympischen Spielen in Lillehammer ging kein Zuschauer nach Hause, bevor nicht auch der

letzte Olympionike im Ziel war. Und der bekam dann genauso viel Beifall wie der Sieger. Na gut, ein klitzekleines bisschen weniger vielleicht – denn damals war der Erste in der Regel ein Norweger.

Über Lillehammer und wie das Märchen der Olympischen Winterspiele ein ganzes Land verändert hat, erzählt das nächste Kapitel.

And the decision is Lilly Hämmar

Es war einmal die Stadt Lillehammer, die so klein und unscheinbar war, dass sie niemand außerhalb der Grenzen des Königreiches Norwegen kannte. Die Stadt lag am Rande eines schönen Tales, in der Nähe hoher Berge, und im Winter fiel dort viel Schnee.

Die Bürger des kleinen Königreiches waren begeisterte Sportler, sobald der erste Schnee gefallen war, kramten sie ihre Skier heraus und liefen damit durch den Wald. Einige der Skiläufer liefen so oft und so lange, dass sie schließlich zu den besten der Welt gehörten.

Man schrieb das Jahr 1981, als in der kleinen Zeitung der kleinen Stadt ein kleiner Artikel erschien. In ihm schrieb der Präsident des Olympischen Komitees des kleinen Königreiches, dass Lillehammer am besten von allen Städten der Welt für die Austragung Olympischer Winterspiele geeignet sei. In der kleinen Stadt war man sehr stolz wegen dieses Artikels, und weil man das Skifahren so sehr liebte, wollte man gerne Olympiastadt werden.

Schon bald setzten sich die Honoratioren zusammen und schmiedeten erste Pläne. Sie prüften und rechneten und zählten immer wieder das Geld im Stadtsäckel. Doch wie sie auch zählten und rechneten und prüften, das Geld reichte nicht. Deshalb machten sie sich schließlich auf den Weg in die Hauptstadt des Königreiches, um dort den König und den Ministerpräsidenten um Unterstützung zu bitten. Die überlegten und überlegten, prüften und rechneten und kamen schließlich zu dem Ergebnis, dass man der kleinen Stadt beim Erreichen des großen Zieles helfen müsse. 1985 stellte die Regierung das nötige Geld für eine Olympiabewerbung zur Verfügung, und die glücklichen Stadtväter schrieben im Herbst 1986 einen Brief an das Olympische Komitee. Darin stand, dass die kleine Stadt gerne die Olympischen Winterspiele 1992 ausrichten würde und alle Sportler der Welt zu sich einladen möchte.

Doch wahrscheinlich wurde dieser Brief auf seinem Weg nach Lausanne von einer bösen Hexe verzaubert, denn nicht Lillehammer, sondern Albertville, eine Stadt in einem großen Land viel weiter im Süden, wurde als Olympiastadt ausgewählt. Man war zwar traurig in der kleinen Stadt, doch man vergrub den Kopf nicht lange im Schnee. Mit frischem Mut machte man sich bald wieder ans Werk. Man plante und rechnete, und beim zweiten Mal hatte man noch einen viel besseren Vorschlag als beim ersten Mal.

Es war das Jahr 1988, und im fernen Korea trafen sich mächtige Herren aus aller Welt, um darüber abzustimmen, wer die Olympischen Winterspiele 1994 austragen sollte. Viele Städte wollten der Veranstalter sein. Sofia in Bulgarien und Anchorage in Alaska, aber am gefährlichsten war die Konkurrenz aus dem Nachbarland Schweden. In diesem etwas größeren Königreich hatte sich eine etwas größere Stadt um die Austragung der Olympischen Winterspiele beworben. Auch dort gab es viele gute Skifahrer. Auch dort hatte man sich einen guten Plan ausgedacht.

Als schließlich Sofia und Anchorage ausgeschieden waren, stimmten die mächtigen Herren ein letztes Mal ab, und als man die Stimmen auszählte, ergab sich, dass die kleine Stadt am Rande des schönen Tales 45 Stimmen erhalten hatte, die etwas größere Stadt aus dem größeren Nachbarkönigreich aber nur 39 Stimmen. Dann trat der mächtigste der mächtigen Herren ans Mikrofon und sagte: »The decision is Lilly Hammar.« Weil auch er vorher noch nie etwas von der kleinen Stadt im kleinen Königreich gehört hatte, konnte er den schwierigen Namen nicht richtig aussprechen. Doch das machte nichts. In der kleinen Stadt hatte man ihn sehr gut verstanden, und an diesem Tag lagen sich alle Bürger des kleinen Königreichs in den Armen und freuten sich. Einige sollen sogar geweint haben.

Die Zeit ging ins Land, und 1994 war die kleine Stadt zwar immer noch klein, inzwischen aber gar nicht mehr unbekannt. Viele Sportler aus aller Welt kamen hierher und feierten ein riesengroßes Sportfest … und die Bürger des Königreiches feierten mit ihnen.

Die Vergabe der Olympischen Winterspiele an Lillehammer war für viele Norweger wirklich wie ein Märchen. Besonders, weil man in der entscheidenden Abstimmung gegen Östersund, eine Stadt aus Mittelschweden, die Oberhand behielt. Über das besondere Verhältnis zu Schweden aber erzählt ein anderes Kapitel.

Die Olympischen Winterspiele 1994 hatten auf Norwegen einen ähnlichen Einfluss wie die Fußballweltmeisterschaft 2006 auf Deutschland. Mehr als zwei Wochen feierten die Norweger ihre Gäste und sich selbst. Unter strahlender Wintersonne herrschte 16 Tage lang gute Laune.

Angeblich haben die norwegischen Fans während der Olympischen Spiele als Erste der Welt damit begonnen, sich die Landesfarbe ins Gesicht zu malen. Olympische Spiele verpasst? Eigentlich kein Problem, denn jedes Jahr im März herrscht bei den Holmenkollenspielen vor den Toren Oslos ein fast olympisches Spektakel.

Mit der Thermoskanne in die Berge

Wir sind ein religiöses Volk, das nicht in die Kirche geht.
Die norwegische Volksreligiosität wird unter freiem Himmel
ausgeübt. Norweger gehen sonntags auf Tour, und das ist
etwas ganz anderes als ein Spaziergang.
Der norwegische Journalist Andreas Hompland (*1946)

Norweger sind gern draußen. Und zwar zu jeder Jahreszeit. Im Sommer wandert man durch die Berge – mit dem Rucksack auf dem Rücken und von Hütte zu Hütte. *På hytta*, »auf der Hütte«, da sind die Norweger am liebsten. Und da soll es dann auch möglichst einfach zugehen. Niemanden stört es, wenn es Wasser nur aus dem Brunnen gibt, die Toilette eine Bretterbude ist und man die Nacht in einem Bettenlager mit zehn anderen Wanderern verbringt. Ein bisschen Abenteurer, ein wenig Roald Amundsen, Fridtjof Nansen oder Thor Heyerdahl steckt wohl in jedem Norweger.

An Sommerwochenenden sind deswegen draußen, in den Bergen, oft mehr Menschen unterwegs als im Zentrum der Hauptstadt. Die Oberwanderin des Landes ist übrigens Königin Sonja. Sie ist regelmäßig mit Rucksack und Wanderschuhen in ihrem Königreich unterwegs. Ebenso wie im Sommer machen es die Norweger auch im Winter, nur dass sie dann mit Skiern von Hütte zu Hütte ziehen. Dass dann in den norwegischen Bergen Temperaturen um minus 20 Grad eher die Regel als die Ausnahme sind, stört niemanden. Schlechtes Wetter hält richtige Norweger nicht von einem Ausflug in die Natur ab.

Eine Thermoskanne mit heißem Tee, Kaffee oder gerne auch heißer Schokolade steckt sowieso in jedem norwegischen Tourenrucksack. Thermoskanne und Norweger gehen von Geburt an eine enge Symbiose ein, die ein Leben lang anhält. Und ein Picknick im Freien – dick eingemummelt in Daunenjacken – ist bei Minustemperaturen besonders schön. Und natürlich kann man im Winter draußen auch zelten. Na gut, dass machen nicht alle, aber doch so viele, dass es eine Erwähnung wert ist.

Einer der beliebtesten Wettbewerbe während der Olympischen Winterspiele in Lillehammer 1994 war der 50-Kilometer-Skilanglauf. Für die Plätze entlang der olympischen Wettkampfstrecke brauchte man kein Eintrittsgeld zu bezahlen. Die besten Plätze – an den Steigungen oder Orten, die einen guten Überblick boten – waren besonders gefragt. Um sich diese zu sichern, wanderten die Fans schon am Vorabend hinaus in den Wald und bauten dort ihre Zelte auf. Dass das Thermometer in der sternklaren Nacht auf weit unter minus 20 Grad fiel, störte niemanden. Solange ein Norweger eine Thermoskanne dabeihat, kann er jede Temperatur überstehen.

Ich selbst habe das Rennen damals übrigens auch gesehen. Allerdings bin ich erst pünktlich zum Start gekommen und war am Ende trotzdem total durchgefroren. Die norwegischen Zuschauer dagegen haben noch den ganzen Tag entlang der Strecke weitergefeiert.

Wer hat's erfunden?

Skifahren ist in Norwegen weder eine Modewelle noch ein internationaler Wirtschaftszweig. Mehr als alles andere ist es Nationalsport und der Norweger liebste Art, ihre atemberaubende und unberührte Gebirgslandschaft zu genießen. In diesem Land, in dem die Leidenschaft für die eigene Geschichte und Kultur so groß ist, ist das Skilaufen eine der meistgepflegten Traditionen.
Aus dem Internetauftritt von Visit Norway,
dem Fremdenverkehrsbüro des Landes

Bei den Winterspielen von 1994 stellte Norwegen das erfolgreichste Team, und auch wenn man alle Siege aller Winterspiele zusammenzählt, stehen die Norweger im Medaillenspiegel ganz oben. Ihnen selbst erscheint das nur logisch, denn nach eigenem Selbstverständnis haben sie das Skifahren erfunden.

Den ältesten Ski – ein ein Meter langes, zehn Zentimeter breites und 4500 Jahre altes Brett – hat man in einem Moor bei Hoting gefunden. Das ist unangenehm für die Norweger, denn Hoting liegt in Mittelschweden, und mit Schweden steht Norwegen doch in ewiger Konkurrenz. Und gerade was das Skifahren angeht, liegt den Norwegern viel daran, den größeren Nachbarn auszustechen. Die Norweger können zwar mit einer in Stein geritzten Abbildung eines Skifahrers gegenhalten. Doch die ist bedauerlicherweise 500 Jahre jünger als der Fund von Hoting.

Vor kurzem hat man auch in Russland einige Fragmente eines Skis gefunden – ganz sicher ist man sich da zwar noch nicht. Doch falls der Fund verifiziert werden kann, wäre der nochmals 4000 Jahre älter als der schwedische. Das macht die Norweger zwar immer noch nicht zu den Erfindern des Skilaufens. Doch immerhin – das ist in Norwegen viel wert – könnten dann auch die Schweden die Erfinderleistung nicht mehr für sich in Anspruch nehmen.

Dafür können die Norweger einen Skigott vorweisen. Ull heißt der, und in den Liedern der Edda, einer Sammlung von Heldensagen, steht über ihn geschrieben: »Ull, ein Sohn der Sif, Stiefsohn Thors, ist ein so guter Bogenschütze und so geschickt als Skiläufer, dass niemand mit ihm wetteifern kann.« Was die Erfindung des modernen Skilaufs betrifft, haben die Norweger aber ohnehin die Nase vorn. Den hat nun wirklich einer von ihnen erfunden – Søndre Norheim aus der Provinz Telemark.

Wäre er in der heutigen Zeit und am Meer geboren, wäre er vermutlich Tag und Nacht mit dem Surfbrett unterwegs. Aber Søndre Norheim erblickte 1825 in dem kleinen Dorf Morgedal in den norwegischen Bergen das Licht der Welt. Genau genommen war Søndre ein richtiger Tunichtgut. Sobald es zu schneien begann, hatte er nämlich keine Zeit mehr zum Arbeiten. Seine Eltern mussten dann ohne seine Hilfe den Hof versorgen. Ständig war der junge Søndre mit seinen Skiern unterwegs. Doch die damals üblichen bindungslosen Skier waren vielleicht gut genug für Omas und Opas, nicht aber für die »Kids von heute« wie den jungen Søndre. Denn sobald *action* angesagt war, verlor man die Bretter. An rasante Abfahrten war mit diesen Dingern gar nicht zu denken.

Søndre dachte nach und begann zu tüfteln. Er experimentierte an seinen alten Holzbrettern herum und entwickelte schließlich eine Bindung, die um die Ferse ging. Mit der neuen Seilzugbindung – die er aus Weidenruten bastelte – verlor er die Skier auch beim Springen nicht mehr. Dadurch revolutionierte er das Skifahren. Søndre Norheim kreierte aber auch einen neuen Fahrstil – auf ihn geht der in den vergangenen Jahren wieder in Mode gekommene Telemarkschwung zurück, mit dem man halb kniend und ganz elegant den Berg hinabkurvt.

Als 1868 in Oslo das erste landesweite Skirennen ausgetragen wurde, war Norheim schon 42 Jahre alt. Das machte aber nichts: Er war allen anderen Läufern im Land haushoch überlegen, so dass er gegen die viel jüngere Konkurrenz mit riesigem Abstand siegte.

Verdensbest i Norge

Nabelschau, das mögen die Norweger. Sie machen sich ständig darüber Gedanken, was einen richtigen Norweger ausmacht, was ihn so besonders macht und wie sich ein Norweger von allen anderen Menschen unterscheidet. Und weil sie in solchen Diskussionen ihre Weltläufigkeit auch gern mal verlieren und dann nicht mehr über den norwegischen Tellerrand hinausschauen, kommen dabei manchmal auch etwas sonderbare Dinge zutage. Ich kann mich beispielsweise an eine Diskussion in den Boulevardzeitungen erinnern, in der es darum ging, wie Norweger ihre Eier öffnen. Dabei kam dann heraus, dass sie das Ei schneidig mit dem Messer »köpfen«. Flugs wurde behauptet, das sei typisch norwegisch, denn nirgends auf der Welt werde das ebenso gemacht. Na gut, dann sind meine Mutter und mein Freund Stefan eben Norweger.

Kvikk lunsj, die »norwegische Keksschokolade fürs Wandern«, ist auch so etwas, das die Norweger für typisch norwegisch, ja weltweit einmalig halten. Wenn man ihnen dann sagt, dass es Keksschokolade auch in anderen Ländern gibt, nehmen sie das noch hin – ohne allerdings ihre Meinung von der Einmaligkeit der norwegischen Keksschokolade zu ändern. Erwähnt man dann allerdings, dass es im Nachbarland Schweden ein ganz ähnliches Produkt unter dem Namen *Kex* gibt, können die Norweger für kurze Zeit auch mal ihre gute Laune verlieren.

Des Öfteren habe ich in norwegischen Zeitungen einen Begriff gelesen, den es eigentlich gar nicht geben dürfte: »*Verdensbest i Norge*« – heißt nämlich wörtlich übersetzt »am weltbesten in Norwegen«. Nun ist Norwegen zwar der Nabel der Welt, aber eben doch nicht allein auf der Welt, und so trägt der Begriff eine gewisse Unlogik in sich. Obwohl ich in den meisten Texten, in denen der Begriff verwendet wurde, die Selbstironie nicht hatte herauslesen können, hoffe ich, dass sie zumindest versteckt vorhanden war. Benutzt wird der Begriff immer dann, wenn ein Norweger eine besonders gute Leistung erbracht hat und so sein Norwegertum deutlich gezeigt hat.

Aber auch ein Nicht-Norweger wird mitunter schnell adoptiert und dessen Leistungen zumindest teilweise als die eigenen angenommen. Vorausgesetzt natürlich, derjenige hat eine besondere Verbindung zu Norwegen. *Halvnorsk* – »halbnorwegisch« war beispielsweise Hauptkommissar Derrick, sprich Horst Tappert. Er war riesiger Norwegenfan und besaß in Norwegen eine Fischerhütte und ist dort der beliebteste Fernsehkommissar aller Zeiten. *Halvnorsk* ist auch der deutsche Biathlet Sven Fischer, der eine Zeit lang mit einer norwegischen Biathletin befreundet war und seitdem sogar Norwegisch spricht. Das Lob, *halvnorsk* zu sein, kann aber auch normalen Leuten wie mir zuteilwerden, und zwar dann, wenn sie etwas machen, das die Einheimischen als besonders norwegisch einschätzen. Wenn ich mit der Norwegenfahne in der Hand zum Skispringen am Holmenkollen hinauffuhr, am 17.-Mai-Umzug teilnahm oder meinen Weihnachtsbaum mit kleinen norwegischen Fähnchen schmückte, dann war auch ich *halvnorsk*. Eine Art Ritterschlag für Ausländer.

Ein Norweger zu sein verpflichtet aber auch. Man beobachtet die eigenen Leute streng, wenn es darum geht, dass sie sich auch »norwegisch« verhalten. Ein einheimischer Sportler beispielsweise, der im Wettkampf unfair auftritt, bekommt schnell den Tadel ab, sich »unnorwegisch« benommen zu haben.

Büroklammer, Käsehobel und Spraydose

Bjørklund, der norwegische Hersteller der folgenden Käsehobel,
rühmt sich, der weltweit erste Hersteller von Gerätschaften dieser
Art zu sein – sie übertreffen denn auch jede Erwartung, die sich an
einen ordentlichen Käsehobel stellen lässt: Nicht nur Geometrie,
Wölbung und Stärke der Hobelblätter sind in jahrzehntelanger
Optimierung aufeinander abgestimmt, sondern auch Schnittbreite
und Schliff der Klingen – das kann man nicht besser machen.
Aus dem Werbetext eines Versandhauses
für hochwertiges Wohn- und Küchenzubehör

Die Büroklammer ist fast eine Art nationales Symbol. Jeder Norweger ist davon überzeugt, dass einer der Ihren den kleinen Ge-
genstand erfunden hat. Johan Vaaler aus Oslo hat 1899 die Büroklammer zum Patent angemeldet. Doch schon mehr als 30 Jahre
vorher hatte ein Amerikaner ein ähnliches Produkt erfunden, und
bereits neun weitere Jahre zuvor hatte eine englische Firma mit der
Herstellung der Klammern begonnen. Beide Produkte hatten zwar
noch keine allzu große Ähnlichkeit mit Büroklammern, die heute
handelsüblich sind. Sie waren aber bereits wesentlich praktischer
als Vaalers Erfindung. Dessen Klammer war rund und musste
umständlich zusammengepresst werden, wenn sie ein paar Blätter
festhalten sollte. In Serienproduktion gingen Vaalers Klammern
deswegen nie.

Büroklammern, wie wir sie heute kennen und nutzen, sind eine
österreichische Erfindung. Sie wurden 1919 von dem Österreicher
Heinrich Sachs entworfen.

Das alles könnte einem nun eigentlich völlig egal sein. Doch für
die Norweger hat die Tatsache, dass die Büroklammer überhaupt
erfunden wurde, gewissermaßen nationales Gewicht. Denn das
kleine nützliche Ding ist für sie – warum auch immer – zum Symbol ihres Erfindergeistes geworden. Auf keine Erfindung – außer
vielleicht die des Käsehobels – sind die Norweger so stolz wie auf
diese. Und so erklärt sich auch, warum die Büroklammer während
der Zeit der deutschen Besatzung im Zweiten Weltkrieg das Sinn-
bild des norwegischen Widerstands war. Das am Revers getragene
Büroutensil zeigte die Verbundenheit mit König und Regierung
und war ein Zeichen für das »Zusammenhalten« der norwegischen

Nation. Irgendwann merkten dann auch die deutschen Besatzer, was die Klammer am Kragen zu bedeuten hatte. Fortan war das Büroklammer-Tragen verboten. Trotzdem blieb die Büroklammer bis zum Kriegsende das Symbol des Widerstands. Ein sieben Meter hohes Denkmal auf dem Campus der Wirtschaftsschule von Sandvika erinnert an die angebliche norwegische Erfindung, und die norwegische Post ehrte den norwegischen Erfindergeist 1999 auf einer Briefmarke – ironischerweise zeigen sowohl Denkmal als auch Briefmarke die Büroklammer, die der Österreicher Sachs erfunden hat, und nicht Vaalers Modell.

So, jetzt aber der Trost für die Norweger: Die andere Erfindung, auf die sie so stolz sind, der Käsehobel nämlich, stammt tatsächlich von einem der Ihren. Der Tischlermeister Thor Bjørklund aus Lillehammer hat ihn 1925 erfunden und schon 1927 zusammen mit seinen Söhnen die Serienproduktion begonnen.

Thor Bjørklund & Sønner wurde schnell zu einer erfolgreichen kleinen Firma, der Käsehobel setzte zum Siegeszug um die Welt an. Doch der Erfolg leitete gleichzeitig das Ende der Firma ein, denn nun begannen auch Unternehmen in Billiglohnländern, Käsehobel herzustellen. Gegen deren Konkurrenz konnten sich die Norweger auf Dauer aber nicht behaupten. Als die Traditionsfirma 2008 Konkurs anmelden musste und an ein Großunternehmen verkauft wurde, hatte sie bis dahin mehr als 50 Millionen Käsehobel produziert.

Und dann ist da ja auch noch der Ingenieur Erik Andreas Rotheim, der anno 1926 die Sprühdose erfand. Wie es sich für einen Norweger gehört, hatte er bei seiner Erfindung das Skifahren im Kopf. Er überlegte sich nämlich, wie er Skiwachs einfacher auf seinen Brettern verteilen könnte, und erfand schließlich eine Dose, die zusätzlich zum eigentlichen Wirkstoff verflüssigte bzw. komprimierte Gase enthielt. Der Überdruck im Behälter setzte den Anwendungsstoff nach Öffnen des Verschlusses zügig frei. Dass die Treibgase in den Spraydosen Jahrzehnte später als Klimakiller in Verruf gerieten, ist eine andere Geschichte.

Pizza und Frikadellen, Schafskopf und Laugenfisch

Das Essen ist gar nicht so verschieden bzw. nicht allzu
gewöhnungsbedürftig. Pizza wird hier meist mit Hackfleischbelag
gegessen, manche mögen's dann auch mit Ketchup oder Salz
drauf, oder Salat und Salatdressing. Halt alles übereinander.
Ich find norwegische Pizza echt nicht so lecker.
Austauschschülerin Wiebke in einem Norwegenblog

Norwegen ist ein reiches Land. Norwegen war aber lange Zeit ein
armes Land. Ersteres merkt man, wenn man die Preise auf den
Speisekarten der Restaurants studiert, das zweite, wenn man die
Liste der typischen Gerichte durchgeht. Die sind nämlich einfach
und kalorienreich – perfekt für Fischer und Bauern. Das Gesagte
trifft auch auf das norwegische Nationalgericht zu – nein, nicht die
Pizza, obwohl die auch in Norwegen überaus beliebt ist.

Würde man einen Norweger fragen, was das Nationalgericht
seiner Heimat ist, würde er vermutlich *fårikål* sagen. Das bedeutet wörtlich übersetzt Lamm in Kohl, und genau das ist es auch.
Noch genauer – ein Eintopf aus Lamm und Kohl. Würde man
dann dieselbe Person fragen, wann sie das letzte Mal *fårikål* gegessen
sen hat, würde sie bestimmt lange überlegen müssen. Regelmäßig
auf dem Speiseplan steht das Gericht nur bei den Allerwenigsten.
Doch wenn es auf den Tisch kommt, dann stets mit Kartoffeln als
Beilage – so wie jedes andere norwegische Gericht auch. Egal ob
Fisch oder Fleisch, ohne *poteter* bekommt der Norweger sein Essen nicht hinunter. Und wenn es unbedingt mal etwas anderes sein
soll als gekochte Kartoffeln, kann man ja immer noch Kartoffel-
brei essen. Der wiederum wird meist zu Elchbraten oder Rentier-
geschnetzeltem gereicht.

Wobei ich den Eindruck habe, dass die Norweger Elche noch
lieber jagen als essen. Wenn man im Herbst im Land unterwegs ist,
sind die Wälder voll mit Männern, die grelle Reflexionsbänder an
ihren Hüten tragen und mit dem Gewehr im Anschlag durch die
Wälder stiefeln. Spaziergänger, denen ihr Leben lieb und wert ist,
wagen sich dann nur mit Signalwesten in den Wald.

Die Zeit der Elchjagd ist in Norwegen, wie in den Nachbarländern Schweden und Finnland auch, eine Art kollektiver Männer-
urlaub. Die Faszination, die Elche auf deutsche Touristen ausüben,

können Norweger nicht nachvollziehen. Für sie ist der Elch einfach eine besonders große Hirschart – Elchbullen können bis zu 600 Kilogramm schwer und 2,20 Meter, gemessen von Huf bis Schulter, hoch werden – und diese Hirschart liefert hervorragendes Fleisch.

Der Elch ist auch schuld daran, dass »Weißwarenverkäufer« in Norwegen ausgezeichnete Geschäfte machen. Viele Familien haben nämlich gleich zwei oder drei Kühltruhen im Haus – und zwar einzig deswegen, um nach Ende der Jagdsaison das Elchfleisch für den Rest des Jahres zu konservieren.

Bevor jetzt jemand vom Weiterlesen abgehalten wird, weil er Appetit bekommt, schreibe ich doch lieber mal einen Absatz über *smalahove*. Obwohl vermutlich 99 Prozent aller Norweger dieses Gericht noch nie gegessen haben, wird es in fast jedem Reiseführer erwähnt. Da will auch ich nicht zurückstehen. *Smalahove* ist ja in der Tat typisch norwegisch und wurde früher – Sie erinnern sich, Norwegen war arm und man warf nichts vom geschlachteten Tier weg – auch oft gegessen. *Smalahove* ist in Salzlake eingelegter, getrockneter und danach gekochter Schafskopf. Bevor man ihn serviert, schneidet man ihn in der Mitte auseinander – teilt ihn in zwei gleich große Portionen. Gegessen habe ich diese Delikatesse zwar noch nicht, aber immerhin schon gesehen. Es sieht schon sonderbar aus, wenn ein Schafskopf vor einem auf dem Teller liegt, appetitlich präsentiert mit heraushängender Zunge, vollem Gebiss und glotzenden Augen.

Wer jetzt immer noch nicht abgeschreckt ist, der sollte Ende September in die westnorwegische Stadt Voss fahren. Dort findet jedes Jahr ein Gourmetfestival statt, bei dem es vor allem um *smalahove* geht. Da kann man die Spezialität ausgiebig verkosten. Damit mir aber niemand vorwerfen kann, ich würde als Autor meine Leser nicht warnen, noch ein Zitat, das ich auf der Website eines deutschen Touristen gefunden habe, der *smalahove* gegessen hat. Er schreibt kurz und bündig: »Hab's einmal probiert und es hat mich fast zerrissen.«

Ebenfalls in den Bereich der eher exotischen Genüsse fällt der *lutefisk*, der Laugenfisch. Dazu wird Trockenfisch in Ätznatron eingelegt, wieder ausgespült und gekocht. Dabei verwandelt sich der Fisch in eine gallertartige gelbe Masse. Zu *lutefisk* trinkt man traditionell reichlich Aquavit – vermutlich, weil man den Fisch nur so hinunterbekommt.

Lutefisk ist ein traditionelles norwegisches Weihnachtsgericht – inzwischen wird er aber nur noch in Familien gegessen, die es mit den Traditionen wirklich ernst nehmen – oder Essen mit einer Mutprobe verwechseln. Bei den meisten Norwegern kommt an diesem Festtag ganz harmloser Weihnachtsschinken, *juleskinke*, auf den Tisch. Oder man isst Schweine- oder Lammrippchen mit Steckrüben und – natürlich – Kartoffeln.

Wer dann noch nicht satt ist, gönnt sich Reisbrei, *riskrem*, zur Nachspeise. Allerdings nicht, ohne vorher den Nissen ihren Anteil zu geben. Nissen sind kleine Wichtel, übernatürliche Wesen, die im Stall des Hofes leben und dort dem Bauern helfen. Sie sind ständig gut gelaunt und führen nichts Böses im Schilde – außer sie bekommen an Weihnachten keinen Brei. Dann werden sie zickig und spielen dem Bauern ein Jahr lang böse Streiche.

Frikadellen, das sind die eigentlichen Könige der norwegischen Küche. Keine Speise kommt so oft auf den norwegischen Tisch wie *kjøttkaker* – meist mit einer dicken braunen Soße serviert. Die macht das Gericht zwar nicht unbedingt besser, gehört aber halt irgendwie dazu. *Kjøttkaker* gibt es auch noch in der Fischversion, und sie heißen dann *fiskekaker*.

Lefser und *lømper* sind kein norwegisches Liebespaar und auch nicht die beiden Außenstürmer der Fußballnationalmannschaft. Es sind zwei typisch norwegische Brotsorten. *Lefser* sind dünne, haltbare Flachbrote, die man vor dem Verzehr mit Wasser bestreicht – danach schmecken sie wie frisch zubereitet. *Lømper* sind dünne Kartoffelbrotfladen, die man auch oft zu Wurst, *pølse*, serviert bekommt – das Standardgericht aller norwegischen Imbisskioske und die Lieblingsspeise aller Fußballfans.

Brot gehört ansonsten nicht gerade zu den Stärken der norwegischen Küche. Am häufigsten wird eine Mischbrotart, *kneippbrød*, gegessen, ebenfalls beliebt ist Weißbrot, *loff*. Ebenso wie die schwedischen Nachbarn essen auch die Norweger gerne Knäckebrot. Die norwegische Version heißt *flatbrød* und ist papierdünn. In alten Zeiten wurde nur wenige Male im Jahr gebacken, und deswegen war das Wichtigste am Brot die lange Haltbarkeit – Geschmack kam erst an zweiter Stelle.

Am Milchregal hat man große Auswahl. *H-melk* wird von vielen Touristen mit der deutschen H-Milch verwechselt. Dabei steht das norwegische H für *hel*, und *helmelk* bedeutet Vollmilch. An der

Käsetheke trifft man wieder auf einen ganz besonderen Norweger, nämlich *geitost*, den Ziegenkäse. Man macht ihn relativ leicht unter den anderen Käsesorten aus – es ist der braune und harte Klotz. Von einem Fachmann habe ich mir erklären lassen, dass *geitost* genaugenommen gar kein Käse ist. Käse wird nämlich aus Milch hergestellt, *geitost* aber aus Molke, einem »Abfallprodukt«, das bei der Käseproduktion übrig bleibt. *Geitost* schmeckt eigentümlich süß und wird in Norwegen in riesigen Mengen verzehrt. Ausländische Gaumen brauchen meist einige Zeit, bevor sie sich an den Geschmack gewöhnt haben. Vor einigen Jahren hat ein norwegischer Radiosender seine Hörer befragt, was denn nun das Allernorwegischste an Norwegen sei. Damals wurden weder der König, die Fjorde noch das Skifahren auf Rang eins gewählt, sondern der Ziegenkäse. Norwegischer als *geitost* geht es also nicht. Speziell für den *geitost* wurde übrigens der norwegische Käsehobel erfunden. Der Käse ist nämlich so schwer zu schneiden, dass man mit dem normalen Küchenmesser Schwierigkeiten bekommt. Auf den Käsehobel sind die Norweger, ich sagte es schon, besonders stolz.

Sehr norwegisch ist auch *rømmegrøt*, ein dicker und kalorienreicher Brei aus saurer Sahne und Mehl. Er wird mit Zimt und Zucker serviert, manchmal mit Rosinen – immer aber mit Butterfett beträufelt. Früher wurde *rømmegrøt* dem Gast zur Begrüßung serviert. Da die Höfe weit auseinander lagen, hatte jeder Besucher, der an die Tür klopfte, einen langen Marsch oder Ritt hinter sich – und entsprechend ausgehungert war er dann. Bevor man zum eigentlichen Anlass des Besuchs kam, wurde deswegen erst einmal etwas Nahrhaftes gegessen, und da war eine Kalorienbombe wie *rømmegrøt* genau das Richtige.

Zu *rømmegrøt* gönnen sich die Norweger, wie zu allen anderen schwerverdaulichen Speisen auch, gerne einen Aquavit. Doch weil es bei Getränken nicht nur um den Geschmack, sondern auch um Politik geht, bekommt das Thema Alkohol an anderer Stelle in diesem Buch ein eigenes Kapitel.

Matpakke und Mellomleggspapir

Das *matpakke*, das Essenpaket, ist die norwegische Version unseres Pausenbrots.

Die Mutter hat es uns früher gemacht: zwei Scheiben Brot, ein Scheibe Salami oder Käse dazwischen und fertig. Dann das Ganze in den Ranzen, schnell noch den Scheitel geradegezogen und einen Abschiedskuss auf die Stirn gedrückt, und los ging es in Richtung Schule.

In Norwegen sieht das Pausenbrot schon optisch ein wenig anders aus – dort hat man nämlich lieber mehr drauf und weniger drunter. Deswegen hat man das *mellomleggspapir* erfunden, ein dünnes Pergamentpapier in Brotscheibengröße, das sozusagen die zweite Brotscheibe ersetzt.

Das Rezept für zwei Pausenbrote mit Käse lautet in Deutschland: Brot, Gouda, Brot, Brot, Gouda, Brot. In Norwegen aber: Brot, *geitost, mellomleggspapir* und noch einmal Brot, *geitost, mellomleggspapir*.

Das *mellomleggspapir* ist auch so eine Sache, auf die die Norweger furchtbar stolz sind. Müsste ein Norweger ein *matpakke* beschreiben, würde er die Worte *geitost* und *mellomleggspapir* besonders hervorheben. Damit auch jeder merkt, dass Norweger auch in der Pausenbrotfrage Einmaliges geleistet haben.

Das meiner Meinung nach wirklich Norwegische am *matpakke* übersehen die Norweger aber. Ganz ehrlich, so etwas Besonderes sind Ziegenkäse und Packpapier nun auch wieder nicht. Wer aber so alles ein *matpakke* isst, das sagt schon mehr über den Charakter eines Volkes aus.

Hierzulande steckt man Kindern das Pausenbrot in den Schulranzen, und früher haben es Arbeiterfrauen ihren Männern mitgegeben auf die Baustelle, in die Fabrik oder ins Bergwerk. Und Bauern nahmen ihre Brote mit aufs Feld. Das eine war eine finanzielle Frage, die Männer sollten von ihrem spärlichen Lohn nichts fürs Essen ausgeben, das andere eine praktische. Der mittägliche Nachhauseweg vom Feld wäre einfach zu lang gewesen. *Matpakkes* dieser Art gab und gibt es auch in Norwegen.

Das Besondere ist aber, dass dort jedermann mit der Butterbrotdose loszieht. Egal ob Manager oder Hausmeister, (fast) keine Aktentasche ohne *matpakke*. Ich glaube, dass das etwas mit dem norwegischen Wunsch nach Gleichheit zu tun hat. Keiner soll glauben, etwas Besseres zu sein. Auch beim Essen nicht. Wenn alle das Gleiche essen, kann kein Neid aufkommen. Und deswegen sitzt an einem schönen Sommertag der Abteilungsleiter zur Mittagszeit ebenso mit dem *matpakke* auf dem Schoss auf einer Parkbank und knabbert am Käsebrot wie seine Sachbearbeiter.

Und für noch etwas steht das *matpakke*: den norwegischen Protestantismus und die Neigung, nichts zu übertreiben und immer vernünftig zu sein. Ein Brot mit Ziegenkäse macht satt und ist gesund. Es schmeckt auch nicht schlecht, aber keiner kann behaupten, dass es Luxus wäre. Einem Ziegenkäsebrotesser kann man wahrlich nicht den Hang zur Völlerei unterstellen.

Doch die Zeiten ändern sich: Inzwischen gönnen sich selbst Traditionalisten eine Gurken- oder Tomatenscheibe zwischen Käse und *mellomleggspapir*. Ja, und ich gebe zu, inzwischen finden sich in den norwegischen *matpakkes* auch schon Brote mit Leberwurst, Salami oder Truthahnschinken.

Langsam wird die *matpakke*-Tradition ausgehöhlt. So mancher Manager verbringt die Mittagspause inzwischen beim Edelitaliener, und die Angestellten treffen sich beim Hamburgerbrater. Aber noch ist das *matpakke* nicht tot, noch steht es für Gleichheit auch beim Essen und kämpft weiter seinen tapferen Kampf für die Ideale des norwegischen Wohlfahrtstaats, in dem keiner mehr wert ist als der andere.

Glückliche Norweger

Es gibt reiche Länder und glückliche Länder.
Norwegen ist beides, und diese Kombination ist selten.
Der ARD-Korrespondent Tilman Bünz in seinem Buch
Wer die Kälte liebt (2008)

Die Einkommensunterscheide zwischen Arm und Reich sind in Norwegen so gering wie in keinem anderen Land der Welt. Norwegische Forscher sehen darin auch den Grund dafür, dass in ihrem Land das Vertrauen der Menschen zueinander so groß ist wie nirgendwo sonst. Die Untersuchung, die das ergeben hat, ist zwar schon etwas älter – sie stammt vom Ende der 1990er Jahre –, aber grundsätzlich hat sich vermutlich am Ergebnis seitdem nichts geändert. Damals jedenfalls wurden in 65 Ländern Menschen befragt, wie sehr sie anderen vertrauten. Der Aussage »man kann den meisten Menschen trauen« stimmten nirgends so viele Menschen zu wie in Norwegen. Auf dem Land schließen die Menschen auch heute ihre Tür nicht ab, wenn sie das Haus verlassen, und der Schlüssel fürs Ferienhaus wird in der Regel unter dem Fußabstreifer am Eingang oder im Blumentopf am Treppenabsatz »versteckt«.

Das Vertrauen in die anderen hört aber nicht beim Nachbarn auf. Auch den Politikern vertraut man. Ganz anders als hierzulande geht niemand davon aus, dass Politiker von starkem Eigeninteresse gesteuert sind. Klar gibt es auch in Norwegen Menschen, die sich nicht für Politik interessieren. Aber Politikverdrossenheit, weil man Politikern misstraut, kennt man nicht. Die Gegenposition – der Staat sind die Politiker, das Volk sind wir – gibt es in Norwegen nicht. Jeder Norweger sieht sich als Teil des Staates. Darin liegt auch ein Grund für die starke Identifikation der Menschen mit ihrem Land.

Umso mehr, weil der öffentliche Sektor weitgehend korruptionsfrei ist – das darf sich das Land Jahr für Jahr bestätigen lassen. Im Weltkorruptionsindex von Transparency International liegen die Norweger immer ganz weit vorn – zurzeit auf Rang 7. Noch ehrlicher ist man aber bei den nordischen Nachbarn. Ganz vorn im Ranking liegen die Finnen und auf Rang 4 die Schweden. Deutsche Beamte sind nicht mehr ganz so tadellos, denn sie werden von Transparency International auf Rang 13 notiert.

Glück lässt sich nur schwer messen, und man kann sicher zweifeln, ob jeder ehrlich antwortet, wenn er gefragt wird, ob er glücklich sei. Aber einmal vorausgesetzt, das wäre so, dann läge Norwegen auch in dieser Statistik ziemlich weit vorn. 94 Prozent der befragten Norweger ordneten sich selbst irgendwo zwischen »einigermaßen glücklich« und »sehr glücklich« ein, nur sechs Prozent bezeichneten sich als »nicht glücklich«.

Gastfreundlich – aber nicht zu sehr

Der Nationalismus der Norweger ist von täuschend harmloser Art.
Sie wollen niemanden überfallen. Aber sie wollen die Schätze ihres
Landes auch nicht unbedingt teilen.
Der ARD-Korrespondent Tilman Bünz in seinem Buch
Wer das Weite sucht (2012)

Norwegen ist ein reiches Land – das reichste in Europa. Trotzdem
hat man es auch hier nicht so sehr mit dem Teilen. Ausländer sieht
man lieber als (wieder heimkehrende) Gäste denn als Mitbürger.

Bis Mitte der 1960er Jahre blieben die Norweger im Wesent-
lichen unter sich. Sicher gab es da den einen oder anderen Bot-
schaftsangestellten, ein paar Männer, die sich in eine norwegische
Schönheit verliebt hatten und dann im Land geblieben waren, oder
einige Kriegsflüchtlinge. Aber das war es dann auch. Arbeitskräftemangel im Lande zwang die Regierung aber in den 1970er Jahren
dazu, im Ausland – vor allem in Pakistan – um Arbeiter zu werben. Man kennt die Geschichte aus Deutschland: Beliebt waren
die Ausländer auch in Norwegen nur, solange man sie brauchte.
Danach neidete man ihnen die Sozialleistungen des Staates, ver-
gaß dabei aber, dass sie durch Arbeitskraft und Steuern ihren Teil
zum norwegischen Wirtschaftswunder beigetragen haben. Auch
die Angst vor Asylsuchenden wuchs. Bei all den Konflikten auf
der Welt würde bald halb Afrika vor der norwegischen Haustür
stehen, so die Befürchtung. Und daher schloss man die Tür dann
lieber schnell zu.

Bereits 1996, einige Jahre bevor Deutschland ein ähnliches Gesetz verabschiedete, führte man deswegen die sogenannte Dritt-
staatenregelung ein. Danach darf in Norwegen nur derjenige Asyl
beantragen, der auf direktem Wege, also nicht über einen Dritt-
staat, ins Land gekommen ist. Wenn man sich die Weltkarte an-
schaut, stellt man schnell fest, dass das gar nicht so einfach ist.

Heute sind etwas mehr als fünf Prozent der in Norwegen lebenden Menschen Ausländer. Die meisten von ihnen kommen allerdings aus Schweden und Dänemark. Und in den letzten Jahren
vor allem aus Polen. Sie sind weiß und europäisch und gelten daher nicht als »wirkliche« Ausländer. Genauso wie die etwa 25 000
Deutschen, die in Norwegen leben.

Ist man erst einmal im Land, unterstützt der Staat die Neuzu-wanderer, die *innvandrere*. Egal ob jemand für immer oder nur ein paar Jahre nach Norwegen zieht, egal ob Kriegsflüchtling oder deutscher Journalist, jeder ist *innvandrere*. Auch ich hatte als *inn-vandrere* zum Beispiel Anrecht auf einen Norwegischkurs. Dass ich schon Schwedisch sprach und mich deswegen hätte problem-los verständigen können, spielte keine Rolle – der Norwegischkurs stand mir zu. Und der war kostenlos – sehr kostenlos sogar. Ich erinnere mich noch daran, dass mein Sprachlehrer völlig irritiert war, als ich mit einem eigenen Notizheft zum Kurs auftauchte. Fürsorglich schloss er es vor meinen Augen, überreichte mir dann das vom Staat bezahlte Heft und sagte: »Natürlich bekommst du das Notizheft umsonst.« Er sagte das in einem Ton, als sei es eine Beleidigung für ihn und das ganze Land, wenn ein »Einwande-rer« davon ausgeht, Norwegen könne sich die Notizhefte für seine Sprachschüler nicht leisten. Und ach ja, auch die Bleistifte gab es selbstverständlich kostenlos.

Wer jetzt glaubt, Norwegen sei ein Paradies, in dem nur gute Menschen leben und in dem Ausländerfeindlichkeit ein Fremd-wort ist, der sollte die folgenden Seiten lesen, auf denen er etwas über ein anderes Norwegen erfährt.

Fortschrittspartei im Rückwärtsgang

Die Einwanderer in Norwegen müssen Norwegisch lernen.
Das sollten auch die Spanier in Spanien tun, wenn sie
mit Norwegern arbeiten wollen.
Carl I. Hagen, von 1978 bis 2006 Vorsitzender der Fortschrittspartei

Ironischerweise nennt sich die am meisten rückwärts gewandte Partei Norwegens Fortschrittspartei, Fremskrittspartiet. Von Fort-schritt ist im Programm der Rechtspopulisten nur wenig zu spüren. Ausländer- und vor allem Islamfeindlichkeit, garniert mit etwas EU-Kritik, sind ihre Hauptpunkte. Außerdem wollen die Rechten – und das kommt natürlich bei den meisten Menschen gut an – das aus der Ölförderung gewonnene Geld großzügig unters Wahlvolk verteilen und es anders als die meisten übrigen Parteien nicht für die kommenden Generationen ansparen. Besonders die *innvand-*

rere sind der Fortschrittpartei ein Dorn im Auge – davon gibt es ihrer Ansicht nach in Norwegen viel zu viele.

13 Prozent der norwegischen Bevölkerung sind Einwanderer, in Oslo sind es sogar über 28 Prozent. Nach norwegischer Definition sind das Menschen, die entweder selbst außerhalb Norwegens geboren sind oder deren Elternteile beide aus dem Ausland zugewandert sind. Die meisten Einwanderer sind inzwischen norwegische Staatsbürger, der Ausländeranteil im Land beträgt etwa sechs Prozent.

Auch Olav und Märta waren Einwanderer. Er ist in England, sie in Schweden zur Welt gekommen. Ihr Sohn Harald ist in Oslo geboren, spricht perfekt Norwegisch, gilt aber in der Statistik immer noch als Einwanderer. Die Eltern und ihr Sohn haben sich aber gut integriert in die norwegische Gesellschaft. Olav hatte in seiner neuen Heimat auch gleich eine gute Stelle gefunden. Er arbeitete lange als König, seine Frau im selben Betrieb als Königin. Und der Sohn fing auch in derselben Firma an – auch er hat inzwischen eine Stelle als König gefunden.

Zum König bringen es zwar nur die wenigsten Einwanderer. In der Regel aber ist die zweite Einwanderergeneration sehr gut in die Gesellschaft integriert. Trotzdem sind es auch diese Menschen, gegen die die Fortschrittspartei zu Felde zieht.

International ins Rampenlicht geriet die Fremskrittspartiet, weil Anders Breivik, der Attentäter vom Juni 2011, lange Zeit lokaler Funktionär der Partei war. Breivik ist zwar der gewalttätigste, aber beileibe nicht der einzige Anhänger der Rechten. Die Fremskrittspartiet ist mit knapp 23 Prozent der Wählerstimmen zurzeit mit geringem Rückstand auf die regierenden Sozialdemokraten die zweitstärkste Partei. Zwar gingen die Umfragewerte nach Breiviks rechtsradikal motivierten Anschlägen kurzzeitig zurück, plötzlich war es nicht mehr politisch korrekt, sich als Anhänger der Fortschrittspartei zu outen.

Inzwischen aber sind die Rechten in den Umfragen wieder ganz vorne mit dabei. Zeitweise kommen sie auf Werte von über 30 Prozent und liegen damit vor den Sozialdemokaten. Damit kann Norwegen den zweifelhaften Rekord für sich in Anspruch nehmen, mit Ausnahme von Ungarn die größte rechtspopulistische Partei in Europa zu haben.

Ganz so schlimm sei das nicht, sagt der Osloer Politikwissenschaftler Ottar Hellevik. Trotz der hohen Umfragewerte für die Rechten will er in einer Untersuchung festgestellt haben, dass die Demokratie in der Zeit nach den Anschlägen nur noch stärker geworden ist. Gut, im Vergleich zur NPD, den Anhängern Le Pens in Frankreich, der ungarischen Fidesz oder gar der dortigen Jobbik-Partei kommt Norwegens Rechte recht harmlos daher. Das macht sie aber nicht weniger gefährlich. Gerade weil die Rechtspopulisten wie die netten Nachbarn von nebenan auftreten, sammeln sie bis weit hinein ins bürgerliche Lager Wählerstimmen ein.

Gegründet wurde die Partei 1973 von Anders Lange – und der nannte sie auch gleich nach sich selbst und packte dazu noch das ganze Parteiprogramm in den Namen. So hieß die Partei am Anfang: »Anders Langes Partei für die deutliche Reduzierung von Steuern, Abgaben und staatlichen Eingriffen«.

Lange, der bereits ein Jahr, nachdem er die Partei gegründet hatte, starb, war eine schillernde Persönlichkeit. Ursprünglich Anhänger von Hitler und Mussolini, kämpfte er nach dem deutschen Einmarsch in Norwegen im Widerstand. Später dann war er Bauer, Vorsitzender des norwegischen Hundezüchtervereins sowie Herausgeber der *Hundeavisen*, der Hundezeitung. Obwohl Hunde im Allgemeinen als unpolitisch gelten, verwandelte er das Blatt innerhalb kürzester Zeit in ein politisches Organ mit stark antikommunistischer Tendenz.

Angeblich soll Langes Partei damals auch vom südafrikanischen Apartheidsregime finanziert worden sein. Indizien dafür gab es. Beweise aber keine, verwunderlich wäre es aber nicht gewesen, denn Anders Lange war bekannt für seine rassistischen Äußerungen und seine Sympathie für das südafrikanische Regime. Nach Langes Tod wurde die Partei umbenannt und erhielt ihren heutigen Namen.

Im Laufe der 1980er Jahren wanderte die Partei immer weiter nach rechts, aus einer Protestpartei, die vor allem gegen Steuern und staatliche Bevormundung opponierte, wurde eine fremdenfeindliche, rechtspopulistische Partei. Geschickt schürte man Ängste, dass das kleine Norwegen bald von Ausländern, vor allem von Moslems, überschwemmt werden würde.

Der nächste Rechtsruck war dann 1994 fällig. Die Partei spaltete sich, die etwas liberaleren Mitglieder traten aus. Damals befand sich die Fremskrittspartiet aber schon auf Erfolgskurs. Der neue

Parteivorsitzende Carl I. Hagen, eine Art norwegischer Haider, verstand es mit Charisma und Rednertalent, breite Bevölkerungsschichten zu faszinieren. 1987 führte er die Partei zum ersten großen Wahlerfolg – mit Hilfe eines gefälschten Briefes. Damals zitierte Hagen in seinen Wahlreden aus einem Brief, den er angeblich von einem radikalen islamischen Einwanderer bekommen hatte. Der Briefschreiber ließ sich darin – wieder angeblich – ausführlich darüber aus, dass Norwegen bald in islamischer Hand sein werde und Kirchen durch Moscheen ersetzt würden. Obwohl sich der Brief schnell als Fälschung herausstellte, hatte sich die antiislamische Stimmung schon in den Köpfen festgesetzt, und Hagens Partei fuhr bei den Regionalwahlen einen großen Wahlerfolg ein: Zwölf Prozent aller Norweger wählten die Rechten, die damit ihren Stimmenanteil verdreifachten.

Doch das war erst der Anfang. Bei den zwei Jahre später stattfindenden Parlamentswahlen kamen sie schon auf 13 Prozent der Stimmen, bei den Wahlen 2001 auf fast 15 Prozent. Damit war die Mitte-Rechts-Minderheitsregierung von Kjell Magne Bondevik auf ihre Unterstützung angewiesen. Als quasi Regierungspartei wurde Hagens Truppe hoffähig. 2005 zog die Fortschrittspartei dann als zweitstärkste Partei ins Parlament ein. Diese Position konnte sie vier Jahre später mit 22,9 Prozent, dem höchsten Stimmenanteil, den sie je bei Reichstagswahlen gewonnen hatte, bestätigen.

Kaum vorstellbar, was passiert wäre, wenn nicht ein rechtsgerichteter Norweger, sondern ein Islamist den Massenmord im Sommer 2011 begangen hätte.

Als Autor eines Buches sollte man seinen Lesern eigentlich Erklärungen bieten können. Doch die Frage, warum gerade in einem Land wie Norwegen fast jeder dritte Wähler für eine ausländerfeindliche Partei stimmt, kann ich nicht eindeutig beantworten. Klar, da ist die irrationale Angst eines kleinen Landes, von Ausländern überrollt zu werden, und die Furcht einer reichen Nation, den eigenen Wohlstand mit allzu vielen teilen zu müssen.

Wirkliche Erklärungen sind das aber nicht. Denn Norwegen präsentiert sich gern als Vorzeigedemokratie. Toleranz steht ganz oben auf der Liste der typisch »norwegischen« Eigenschaften. Nach Breiviks Morden ging das halbe Land auf die Straße – aber nicht etwa um in wütendes Rachegeschrei auszubrechen, sondern um Solidarität mit den Opfern und Unterstützung für das bestehende

Gesellschaftssystem zu zeigen. Als Ministerpräsident Jens Stoltenberg in einer Rede kurz nach dem Attentat sagte: »Unsere Antwort
auf Gewalt ist noch mehr Demokratie, noch mehr Menschlichkeit,
aber nicht noch mehr Naivität. Das sind wir den Opfern schuldig«,
sprach er damit seinen Landsleuten aus dem Herzen. Weltweit
wurden die Norweger für ihre Besonnenheit nach den Mordtaten
gelobt, mehr noch, bewundert für ihre Einigkeit im Kampf gegen
antidemokratische Tendenzen.

Doch wie passen Demokratie und Ausländerfeindlichkeit zusammen?

Wer in den Hochburgen der deutschen Rechten unterwegs ist,
der merkt das sofort. Die Nazis machen sich bemerkbar: mit
ausländerfeindlichen Parolen an den Wänden, Aggression gegen
politisch Andersdenkende oder Gewalt gegen Menschen mit anderer Hautfarbe. In Norwegen passiert all dies nicht. Wie schon
erwähnt, kann man NPD und Fremskrittspartiet weder in ihrem
Auftreten noch in der Radikalität ihrer Forderungen vergleichen.
Und doch schüren sie mit denselben Themen Angst und haben
einen ähnlichen ideologischen Hintergrund.

Obwohl man das in Norwegen nie im täglichen Leben spürt,
wählen dort deutlich mehr Menschen die Rechtspopulisten als
in Deutschland. Selbst in ihren Hochburgen in Mecklenburg-
Vorpommern können die deutschen Neonazis von norwegischen
Wahlergebnissen nur träumen.

Als einzige Begründung, warum dem so ist, fällt mir ein, dass
in Norwegen keine demokratische rechte Partei existiert, die einen
Gegenentwurf zur herrschenden Sozialdemokratie anbietet. Dem
Namen nach gibt es zwar auch konservative Parteien, doch was deren Programm angeht, könnten sie damit locker bei der deutschen
SPD unterschlüpfen. Parteien wie CDU und CSU, die auch den
rechten Rand des Parteienspektrums integrieren können, findet
man in Norwegen – mit Ausnahme der Fortschrittspartei – nicht.

Im nächsten Kapitel werde ich deswegen einen kurzen Blick auf
die norwegische Parteienlandschaft werfen.

Von rechts bis links – alles Sozialdemokraten

Im Prinzip sind sich alle großen norwegischen Parteien mit Ausnahme der Fortschrittspartei einig: Sie stehen hinter dem sozialdemokratisch geprägten nordischen Wohlfahrtsstaat. Weil dieser Grundkonsens da ist, sind Minderheitsregierungen in Norwegen problemlos möglich und auch der Normalfall. Vor jeder Abstimmung sucht sich die Regierung im *Storting*, dem norwegischen Parlament, neue Mehrheiten. Anders als hierzulande missbraucht in Norwegen keine Oppositionspartei Sachfragen zur Schwächung der Regierung. Minderheitsregierungen sind also beileibe kein aus einer Notlage heraus geborenes wackeliges Konstrukt. Konsensfindung ist nicht nur im Privatleben, sondern auch in der Politik das oberste Ziel. Dafür, dass im norwegischen Parlament Meinungsunterschiede immer in einer Verständigung enden, sorgt auch das Gesetz. Es schließt nämlich eine vorzeitige Auflösung des *Stortings* und damit verbundene Neuwahlen aus.

Die sozialdemokratische Arbeiterpartei ist die größte Partei des Landes und erhält seit 1927 bei jeder Reichstagswahl die meisten Stimmen. Somit war sie auch über lange Jahre quasi die natürliche Regierungspartei. Von 1945 bis 1961 hatte sie ohnehin die absolute Mehrheit, danach standen sozialdemokratische Ministerpräsidenten 19 Jahre lang an der Spitze von Minderheitsregierungen. Nur ganz selten war die Arbeiterpartei nicht an der Regierungsbildung beteiligt.

Mit einem roten S und einem grünem V im Parteilogo zieht die Sosialistisk Venstreparti, die Sozialistische Linkspartei, in den Wahlkampf. Damit dokumentiert sie auch ihre politische Ausrichtung – gleichzeitig rot und grün will die SV sein. In Fragen des Umweltschutzes liegt man deswegen auch mit der Arbeiterpartei häufig im Clinch: Während diese Öl- und Gasförderung auch im hohen Norden betreiben will, hat die Sozialistische Linkspartei das Ziel, die nordnorwegische Natur zu schonen. Die Partei wurde 1975 gegründet, siedelt sich links der Arbeiterpartei an und sieht sich als Anwalt der schwächeren Gruppen der Gesellschaft. Eine EU-Mitgliedschaft lehnt die SV ab, da diese Brüssel zu bürgerfern regiere und eine neoliberale Wirtschaftsordnung fördere. Bei den Stortingwahlen schwankt der Stimmenanteil der Sozialistischen Linkspartei in der Regel zwischen fünf und zehn Prozent. Die in

Norwegen gültige 4-Prozent-Sperre hat die Partei seit ihrer Gründung aber jedes Mal überwunden.

Und wo sind jetzt die Parteien am rechten Spektrum? Vom Namen her ist das die Høyre, denn das heißt »rechts«. Die Konservative Partei wurde 1884 gegründet, ist damit die zweitälteste Partei im Land und war lange Zeit auch die zweitstärkste – diesen Rang hat sie aber momentan an die Fortschrittspartei verloren.

Doch selbst die bürgerliche Høyre betreibt eigentlich sozialdemokratische Politik – Schröder und Steinbrück könnten sich von den norwegischen Konservativen so manches abschauen. Außer in der Frage der Steuern. Da hat die Høyre, wie jede bürgerliche Partei im Land, einen eindeutigen Standpunkt: Der Steuersatz muss gesenkt werden.

Die Christliche Volkspartei, die bei Parlamentswahlen meist um die fünf Prozent der Stimmen gewinnen kann, bietet eine kuriose Mischung aus sozialpolitisch linken und moralkonservativen Ansichten. Im Gegensatz zu unseren C-Parteien nimmt sie das C sehr wörtlich und vertritt ein streng christliches Weltbild. Einerseits ist man strikt gegen Homoehe und Abtreibungen, andererseits aber ebenso entschlossen Anwalt der ärmsten Schichten.

Ursprünglich war die Zentrumspartei die Partei der Bauern. Um deren Interessen zu vertreten, wurde sie 1920 unter dem Namen Bauernpartei gegründet. Auch heute gewinnt sie auf dem Land deutlich mehr Stimmen als in den Großstädten. Als Interessenvertreter der Bauern tritt sie in extremer Gegnerschaft zur EU auf. Im Gegensatz zu unseren Landwirten sind die Norweger in Umweltfragen aber eher grün eingestellt.

Dann gibt es da noch die liberale Venstre. *Venstre* heißt zwar wörtlich übersetzt »links«. Aber das war die heute bürgerliche Partei allenfalls, als sie 1884 gegründet wurde. Damit ist sie die älteste Partei des Landes. Allerdings scheint sie inzwischen ein bisschen altersschwach geworden zu sein. Meist bleibt sie an der 4-Prozent-Hürde hängen und zieht nur mit wenigen Wahlkreiskandidaten ins Parlament ein.

Die Grünen sind in Norwegen eine Splitterpartei. Bei den letzten Parlamentswahlen erzielten sie ihr bisher bestes Ergebnis: 0,3 Prozent.

Geben für die Fremden in der Fremde

Wenn es darum geht, notleidenden Menschen zu helfen, ist Norwegen ganz vorne mit dabei – vorausgesetzt, die Notleidenden bleiben zu Hause und klopfen nicht an der norwegischen Haustür. Ein Prozent des Bruttonationaleinkommens (BNE) fließt in die Entwicklungshilfe.

Das BNE ist gleichbedeutend mit dem im Inland erzielten Einkommen aus Erwerbstätigkeit und Vermögensbesitz. Es gilt als zentraler Einkommensindikator einer Volkswirtschaft und als Grundlage für die Berechnung der Entwicklungshilfe. Großzügig und großkotzig haben sich die Industrieländer 2001 im Rahmen ihrer Millenniumskampagne verpflichtet, eben diese 0,7 Prozent in die Entwicklungshilfe zu stecken. Wort gehalten haben aber nur Norwegen, Schweden, Luxemburg, Dänemark, die Niederlande und Belgien.

Deutschland liegt mit 0,37 Prozent im Mittelfeld der 22 Geberstaaten. In Zeiten der Weltwirtschaftskrise sparen die meisten Länder erst mal an der Entwicklungshilfe. Nicht so Norwegen, wobei man ehrlicherweise zugeben muss, dass Norwegen in Sachen Krise etwas außerhalb der Welt steht. Dank des Öls boomt dort die Wirtschaft auch weiterhin.

Norwegen nach Breivik

Ihr werdet unsere Demokratie und unsere Ideale für eine bessere Welt nicht zerstören. Wir sind eine kleine, aber eine stolze Nation. Niemand wird uns mit Bomben zum Schweigen bringen.
Ministerpräsident Jens Stoltenberg in seiner Rede
unmittelbar nach den Anschlägen in Oslo und auf Utøya

Oslo im September 2012. Ich bin das erste Mal seit dem 22. Juli 2011 wieder in der norwegischen Hauptstadt. Damals hatte der rechtsradikale Fanatiker Anders Breivik im Zentrum des Regierungsviertels eine Bombe gezündet – ein Anschlag, bei dem acht Menschen ums Leben kamen. Kurz danach erschoss er auf der Insel Utøya, auf der das traditionelle Jugendlager der sozialdemokratischen Arbeiterpartei stattfand, 69 Menschen – meist Kinder und Jugendliche. Seit dem Zweiten Weltkrieg waren nicht mehr so viele Norweger an einem Tag durch ein Gewaltverbrechen ums Leben gekommen wie an diesem 22. Juli. Das Land stand unter Schock – ähnlich wie die USA nach dem 11. September 2001.

Die Herbstsonne scheint über Oslo. Wie immer, wenn ich dort-hin komme, mache ich mich als Erstes auf den Weg zum Hafen. Ich will das Geschrei der Möwen hören, die Boote im Wind schau-keln sehen und die frische Meeresluft einatmen. Wenn ich dann an der Mole sitze und eine Tüte fangfrische Garnelen esse, bin ich angekommen. Das ist auch diesmal so – in diesem September, 14 Monate nach Breiviks schrecklicher Mordtat.

Auf dem Weg zum Hafen laufe ich am Schloss und am Außen-ministerium vorbei. Das Schloss wird nach wie vor von einem einzelnen Wachsoldaten der königlichen Garde bewacht. In seiner historischen Uniform ist er ohnehin eher Fotomotiv als Wach-mann. Und vor dem Außenministerium sorgt nur Haakon VII. für Schutz. Allein die Statue des ersten norwegischen Königs der Neuzeit bewacht das Ministerium. Problemlos könnte man hier ein randvoll mit Sprengstoff gefülltes Auto vor dem Eingang ab-stellen. Angst davor hat offenbar niemand. Auch die meisten nor-wegischen Spitzenpolitiker sind ein Jahr nach dem Anschlag wei-terhin ohne Bodyguards unterwegs. Die Nähe zwischen dem Volk und der politischen Führung wurde auch durch Breiviks Tat nicht aufgelöst. Die Parteien hatten damals dem Versuch widerstanden, durch gegenseitige Schuldzuweisungen Kapital aus den Anschlä-gen zu ziehen. Selbst die rechtspopulistische Fremskrittspartiet, der Breivik als Mitglied angehörte, war in diese Abmachung ein-geschlossen. Aus dem Anschlag auf die Demokratie wollte keine Partei Profit schlagen.

Die Menschen sind freundlich wie eh und je, die Stimmung ist entspannt. Bei der Einreise an der Grenze gab es keine verschärf-ten Kontrollen. Doch was hatte ich eigentlich erwartet? Ein Land in Angst und Schrecken, das unter Verfolgungsfantasien leidet wie die USA nach dem 11. September?

Ich bin mit meiner Freundin Mona in einem Restaurant am Hafen zum Kaffee verabredet. Ich sehe sie das erste Mal nach dem 22. Juli wieder. Ob sich Norwegen seit der Bluttat verändert habe, will ich wissen? »Nein«, kommt die Antwort spontan. Dann über-legt sie und sagt: »Doch, wir sind näher zusammengerückt.« Damit liegt Mona ganz auf einer Linie mit Ministerpräsident Jens Stoltenberg, der unmittelbar nach Breiviks Morden gesagt hatte, man werde auf dessen Taten reagieren, indem man eine noch demokratischere und tolerantere Gesellschaft schaffen werde. Norwegens Umgang mit der Katastrophe hat die ganze Welt beeindruckt.

Anders Breivik hat einen ganz normalen Prozess bekommen. Einen, wie er jedem norwegischen Staatsbürger zusteht. Die Trauer im Land schlug zu keinem Zeitpunkt in Hass um, nie wurden Rufe nach Rache und Vergeltung laut.

Breivik selbst war viele Jahre in der Jugendorganisation der rechtspopulistischen Fortschrittspartei aktiv, einer Partei, die islam- und ausländerfeindliche Standpunkte vertritt und die nach den Wahlen 2009 mit fast 23 Prozent der Wählerstimmen als zweitstärkste Partei in den norwegischen Reichstag einzog. Vor diesem Hintergrund stellt sich die Frage, wie die Reaktionen ausgefallen wären, wenn die Attentate nicht das Werk eines islamfeindlichen Norwegers, sondern das eines norwegenfeindlichen Islamisten gewesen wären. Hätte das Land auch dann seine Bewährungsprobe bestanden?

Der größte Aufreger während des Prozesses war der Streit darüber, ob Breivik zurechnungsfähig ist oder nicht. Zwei Psychologenteams hatten den Mörder untersucht und waren zu unterschiedlichen Ergebnissen gekommen. Das Gericht – zwei Berufs- und drei Laienrichter – hielt Breivik für schuldfähig und stellte damit sowohl die Öffentlichkeit als auch Breivik selbst zufrieden.

Viele Norweger hatten befürchtet, dass Breivik, falls er in die Psychiatrie eingewiesen werden sollte, irgendwann als geheilt entlassen werden könnte und somit seiner Strafe entgehen würde. Breivik wiederum lag daran, dass sein wirres »politisches Manifest« ernst genommen wird, und setzte deswegen alles daran, als schuldfähig zu gelten.

Der Massenmörder wurde schließlich zu 21 Jahren Gefängnis und anschließender Sicherheitsverwahrung verurteilt. 21 Jahre, das ist die Höchststrafe, die in Norwegen ausgesprochen wird, lebenslang wandert dort normalerweise niemand in den Knast. Das Land gehört zu den weltweit rund 20 Staaten, die eine lebenslange Haftstrafe abgeschafft haben. Auch ein Mörder muss irgendwann die Chance auf einen Neuanfang haben, glaubt man in Norwegen. Normalerweise kommt dort jeder Gefangene nach spätestens

21 Jahren frei. Für Anders Breivik gilt das aber nicht. Aufgrund der Schwere seiner Tat und der Wiederholungsgefahr hat das Gericht nach Ablauf seiner Strafe für ihn eine Sicherheitsverwahrung vorgesehen,

Das Regierungsgebäude, das bei Breiviks Anschlag schwer beschädigt wurde, ist mit Plastikplanen verhängt. Wie ein Verband hängen sie über dem schwer verwundeten Bauwerk. Die Bombe hatte den hässlichen Zweckbau aus den 1960ern in seinen Grundfesten erschüttert. Bevor hier wieder ein norwegischer Regierungschef seinen Geschäften nachgehen kann, werden Jahre vergehen. Jetzt, mehr als ein Jahr nach dem Anschlag, hat man eine Mauer um das Gebäude gezogen, die Zufahrt zusätzlich mit Pollern gesichert und einen Wachmann vor den Eingang gestellt.

Ein paar Schritte weiter liegt das Gebäude der Arbeiterpartei, der Partei, der Breiviks Anschlag eigentlich galt. Er wollte ihren Ministerpräsidenten Stoltenberg und Gro Harlem Brundtland töten, die ehemalige Parteivorsitzende, langjährige Ministerpräsidentin und noch heute international angesehenste Politikerin des Landes.

Nur wenige Stunden bevor Breivik auf Utøya sein Massaker startete, hatte sie dort einen Vortrag gehalten. Allein die Tatsache, dass Breivik mehr Zeit zur Ausführung seines Anschlages im Osloer Zentrum brauchte, rettete Brundtland das Leben. Obwohl also die Arbeiterpartei das Hauptziel der Mordtat war, ist auch deren Gebäude bis zum heutigen Tag nicht besonders gesichert.

In den Buchhandlungen mache ich mich weiter auf Spurensuche. Irgendwie hatte ich erwartet, dass ich zuhauf Literatur über Breivik und die Morde vom Sommer 2011 finden würde. Doch die Suche gestaltet sich schwierig. Auch in Norwegen steht der Sadomasochismus ganz oben auf den Bestsellerlisten. Der Softporno *Shades of Grey* führt im Herbst 2012 wie fast überall in Europa die Verkaufsstatistiken an. Außerdem scheint man in Norwegen gerade den Zweiten Weltkrieg aufzuarbeiten. Bücher über Hitler, Goebbels und Co. füllen die Regale. Besonders das Thema der norwegischen Kollaboration mit der deutschen Besatzungsmacht steht hoch im Kurs.

Literatur über Breivik ist dagegen offenbar nicht sehr gefragt. Außer einem Buch eines norwegischen Journalisten, der den Tathergang minutiös nachzeichnet, und eines Psychologen, der sich eingehend mit Breiviks Problemen im Elternhaus befasst, findet man vor allem Bücher von Betroffenen. Megaseller sind die aber alle nicht. In den Buchhandlungen stehen sie ganz unten in den Regalen, auf den Bestsellerlisten tauchen sie nicht auf.

Der Mann, der mit seinem Motorboot die ersten Kinder von der Insel Utøya rettete, hat ein Buch geschrieben, ebenso ein Junge, der das Massaker überlebt hat, dessen Freundin aber von Breivik erschossen wurde. Und ein Mädchen hat seine Erlebnisse unter dem Titel *Jeg lever, pappa* – »Ich lebe, Papa« – festgehalten.

Breivik wird von den Norwegern weniger wichtig genommen, als er sich das gewünscht hatte. Das mag einen freuen, kann aber auch bedeuten, dass die Norweger ein unangenehmes Thema verdrängen, sich keine belastenden Gedanken machen wollen über den Zustand ihres kleinen, glücklichen Landes.

Als einer von wenigen hatte der ehemalige Ministerpräsident Thorbjørn Jagland in einem Zeitungsartikel darauf hingewiesen, dass Breiviks Mordtaten einen »gesellschaftlichen Hintergrund« hätten. Genau dieser Fragestellung ist man in Norwegen bisher jedoch kaum nachgegangen. Man befasst sich nicht mit dem »Phänomen Breivik«, hinterfragt nicht die Hintergründe der Tat. Ein Buch, das sich politisch mit den Taten vom Juli 2011 auseinandersetzt, sucht man vergebens. Man sieht die Taten Breiviks ausschließlich als Werk eines Einzelnen und muss sie deswegen nicht hinterfragen. Vielleicht haben die Norweger aber auch nur Angst, dass sie bei näherem Hinsehen etwas entdecken könnten, das ihnen nicht gefällt. Bis zum 22. Juli 2011 war ihr Heimatland für viele das Paradies auf Erden. Und an diesem Selbstbild soll sich auch nach Breiviks Morden nichts ändern.

Nach der Verurteilung Breiviks im August 2012 meldete sich erneut Ministerpräsident Jens Stoltenberg zu Wort. Er sagte: »Es ist eine große Leistung der Menschen hier, dass er (gemeint war Breivik) – obwohl er so viele Leben genommen und so viele Menschen verwundet hat – damit gescheitert ist, die norwegische Gesellschaft zu ändern.«

Der Ministerpräsident hat insofern recht, als sich durch Breiviks Anschläge das Land nicht negativ verändert hat. Norwegen ist weiterhin eine tolerante Demokratie, in der sich Regierung und Regierte näherstehen als in den meisten anderen Ländern der Welt. Eine hysterische Reaktion – eine Art kollektiver Verfolgungswahn – wie ihn die USA nach dem 11. September durchmachten, blieb Norwegen erspart.

Aber: Norwegen ist durch Breiviks Tat auch zu keinem besseren Land geworden. Die deutsche Journalistin Rebekka Borsch, die seit neun Jahren in Norwegen lebt, sagte in einer Radiosendung des NDR: »Es ist nicht so, dass die Gesellschaft jetzt offener und toleranter geworden ist oder dass die Fremdenfeindlichkeit weniger geworden ist. Die Gesellschaft tendiert jetzt wieder zum Normalzustand.«

Die rechtspopulistische Fortschrittspartei ist, nach einem kleinen Tief unmittelbar nach den Anschlägen, wieder populär wie eh und je. Bei den nächsten Wahlen kann sie erneut mit deutlich über 20 Prozent der Stimmen rechnen. Umgekehrt ist die Popularität von Ministerpräsident Jens Stoltenberg wieder auf das Niveau von vor den Anschlägen gesunken.

Die Norweger sind eben doch keine besseren Menschen – manchmal vielleicht nur ein wenig gelassener als andere.

Norweger und Deutsche

Das Traumland des Kaisers

Es zieht mich mit magischen Fäden zu diesem Volk. Es ist das Volk,
welches sich im steten Kampfe mit den Elementen aus eigener Kraft
durchgearbeitet hat, das Volk, welches in seinen Sagen und seiner
Götterlehre stets die schönsten Tugenden, die Mannentreue und
Königstreue, zum Ausdruck gebracht hat.
Kaiser Wilhelm II.

Der deutsche Norwegentourismus hat eigentlich mit Kaiser Wilhelm II. angefangen. Der brach zwischen 1898 und 1914 mit seiner
Yacht »Hohenzollern« und seinem ganzen Gefolge Jahr für Jahr
zu mehrwöchigen Reisen in die Fjordwelt Norwegens auf. Erst
der Ausbruch des Ersten Weltkriegs beendete die Reisen des Kaisers. Die Nachricht vom Beginn des Krieges erhielt Wilhelm II.
übrigens auch während einer Norwegenreise. Am 25. Juli 1914
legte seine Yacht gerade am Sognefjord an, der deutsche Monarch
besuchte dort seinen Freud, den Maler Hans Dahl. Seine Majestät saß mit Dahl gerade beim Nachmittagstee im Kviknes Hotel
in Balestrand, als ihm sein Sekretär die Nachricht überbrachte.
Wilhelm verabschiedete sich daraufhin von seinem Freund und
reiste ab. Er sollte nie mehr ins Land seiner Träume zurückkehren. Dahl vermerkte auf der Unterseite des Stuhls handschriftlich:
»Am Nachmittag des 25. Juli zwischen 5 und 5.30 Uhr verabschiedete sich Kaiser Wilhelm. Um 6 Uhr fuhr er mit der Hohenzollern
weg, als er hörte, dass der Krieg zwischen Österreich und Serbien
ausgebrochen sei.«
   Der Grund, warum es den Kaiser immer wieder in den Norden
zog, war zum einen die Schönheit des Landes. Wie Touristen von
heute, schwärmte er für die engen Fjorde, die Wasserfälle, die hohen Berge. Norwegen war für den deutschen Kaiser aber auch die

»Wiege der Germanen«, die nordische Mythologie beflügelte seine Fantasie. Wilhelm sah sich als eine Art Beschützer aller Germanen. Damit war er der Zeit nur wenig voraus. 30 Jahre später stilisierten auch die Nazis die Norweger als Idealtypen des Germanentums.

Genau genommen hätten die Reisebüros der damaligen Zeit dem Monarchen regelmäßig hohe Beträge überweisen müssen für die Reklame, die er für Norwegen machte. Erst reisten die Adeligen auf den Spuren des Kaisers in den Norden, bald schon folgte das reiche Bürgertum. Die Reedereien, die die Kreuzfahrten anboten, machten damals ganz offensiv mit dem Kaiser Werbung. Die meisten Deutschen, die damals in den Norden reisten, wollten auf den Spuren ihres Kaisers wandeln und übernahmen kritiklos Wilhelms Begeisterung für den Norden. Trotzdem kamen die ersten deutschen »Gruppenreisenden« nicht nur des schönen Landes wegen.

Viele Reiseveranstalter legten damals die Reiseroute ihrer Schiffe so, dass die auf ihrem Weg mindestens einmal der kaiserlichen Yacht begegneten. Wilhelm II. zeigte sich dabei leutselig, schrieb bereitwillig Autogramme und lud sogar manchmal den einen oder anderen Touristen zu einem Rundgang auf die »Hohenzollern« ein.

Die aufkeimende norwegische Tourismusindustrie profitierte enorm von den Besuchen des Kaisers. Bald entstanden entlang seiner Reiseroute die ersten Hotels, und die Händler machten gute Geschäfte mit Andenken, die das Konterfei des deutschen Monarchen zeigten.

Wilhelm II. ist auch heute noch beliebt in Norwegen – zumindest so, wie das ein Deutscher bzw. ein deutscher Kaiser dort sein kann. Einmal natürlich, weil er das Land durch seine Reisen bekannt gemacht hat, dann aber auch, weil er den Wiederaufbau der Hafenstadt Ålesund tatkräftig unterstützte. Im Januar 1904 brannte dort die gesamte Innenstadt nieder. Sofort organisierte der Norwegenfan Wilhelm Hilfe. Er schickte vier deutsche Kriegsschiffe mit Hilfsgütern auf den Weg und unterstütze den Wiederaufbau der Stadt. Aus Dankbarkeit für die Hilfe ist eine der Hauptstraßen Ålesunds nach Kaiser Wilhelm benannt.

30 Jahre nach den Touristen, die auf den Spuren des Kaisers unterwegs waren, kamen die Schiffe der Naziorganisation »Kraft durch Freude« (KdF) in die Fjorde. Doch der Kaiser war immer

noch Werbe-Ikone für die Norwegenkreuzfahrten. Jetzt fanden die Fahrten unter dem Motto »Nun sind wir alle Kaiser« statt. Die nordische Mythologie faszinierte auch die Nazis, und der Norweger war für sie der Idealtyp des Germanen. Offenbar gefielen die Menschen in Norwegen den Nazis aber nur äußerlich. Deren innere – und damals schon demokratische – Werte waren Hitlers Mannen aber wohl suspekt. Landausflüge und Kontakt mit der norwegischen Bevölkerung sahen die Reisepläne der Schiffe nicht vor.

In der letzten Augustwoche 1939 war die »Wilhelm Gustloff« auf dem Weg in die norwegischen Fjorde, als sie aus Berlin den Befehl zur sofortigen Umkehr erhielt. Der Überfall auf Polen stand unmittelbar bevor, und bis dahin sollten alle Schiffe »feindliche Gewässer« verlassen haben. Die abgebrochene Norwegenfahrt der »Wilhelm Gustloff« war schließlich die letzte Reise eines KdF-Schiffs.

Am 30. Januar 1945 wurde die »Wilhelm Gustloff« mit über 10 000 Flüchtlingen an Bord in der Ostsee von russischen Torpedos versenkt, über 9000 von ihnen kamen ums Leben.

Großer Dichter, dummer Mann

Ich bin es nicht wert, von Adolf Hitler laut zu sprechen und sein Leben und Tun lädt auch nicht zu sentimentaler Regung ein. Er war ein Krieger, ein Krieger für die Menschheit und ein Verkünder des Evangeliums vom Recht für alle Völker. Er war eine reformatorische Gestalt von höchstem Rang, und sein historisches Schicksal war es, in einer Zeit beispielloser Rohheit wirken zu müssen, der er schließlich zum Opfer fiel.
Knut Hamsun in einem Nachruf auf Hitler in der Zeitung *Aftenposten* am 7. Mai 1945

Ein sympathischer Mensch war Knut Hamsum nicht. Jähzornig, rechthaberisch und stur. Seine Manuskripte schrieb er in einer eigenen Dichterhütte, weil ihm Frau und Kinder lästig waren. Er lebte in seiner eigenen Welt, und da war nicht viel Platz für andere.

Knut Hamsun war aber auch einer der größten Schriftsteller Norwegens, einer der größten Europas, ein Jahrhunderttalent. Seine Bücher entfalteten eine Wucht und Kraft wie nur wenige. 1920 wurde er, als zweiter Norweger nach Bjørnstjerne Bjørnson, dem

Mann, der auch den Text der norwegischen Nationalhymne geschrieben hat, mit dem Literaturnobelpreis geehrt.

Knut Hamsun war nicht nur Griesgram und Genie, sondern wegen seiner politischen Äußerungen eine der umstrittensten Persönlichkeiten des Landes. Erwähnt man seinen Namen, löst das in Norwegen auch heute noch leidenschaftliche Diskussionen aus.

Seinen Platz in einem Kapitel über »Norweger und Deutsche« hat er sich als großer Deutschlandfan verdient. Allerdings war er das während der Nazizeit, als es unter ausländischen Künstlern sonst nur wenige Unterstützer Hitlerdeutschlands gab.

Hamsuns Weg zum Nobelpreis war lang und voller Rückschläge. 1859 in ärmlichen Verhältnissen als Sohn eines Schneiders geboren, schlug er sich zunächst als Landstreicher, Schusterlehrling und Bauarbeiter durch. Wie viele Figuren in seinen späteren Romanen führte er ein ruheloses Wanderleben. 1882 bis 1885 und nochmals 1886 bis 1888 lebte er in Amerika. Anders als viele norwegische Einwanderer fand er dort aber nicht sein Glück. Im Gegenteil: Er scheiterte auf ganzer Linie und kehrte frustriert und mit einem tiefsitzenden Hass auf alles Angelsächsische in seine Heimat zurück. 1889 fasste er seine Amerikaerlebnisse in dem Buch *Fra det moderne Amerikas aandsliv* (auf Deutsch erst 1981 unter dem Titel *Amerika – Kritische Schriften* erschienen) zusammen. Darin wird erstmals seine antidemokratische Haltung erkennbar, sein Glaube an den starken Einzelkämpfer, der sich über alles hinwegsetzt.

Hamsun lebte als Außenseiter, der den täglichen Kampf ums Überleben führte, am Rande der Gesellschaft. Wenn er morgens aufstand, konnte er nicht sicher sein, dass er abends satt ins Bett steigen konnte.

Diese Erfahrungen schildert er eindrucksvoll in seinem Roman *Hunger,* in dem er das Leben eines erfolglosen Schriftstellers in Christiania, dem heutigen Oslo, beschreibt. *Hunger* war Hamsuns erster großer literarischer Erfolg. Mit diesem Buch hörte für ihn selbst die Zeit des Hungerns auf – die Tantiemen erlaubten ihm ein Leben in gesicherten Verhältnissen. Danach schlossen sich der von Nietzsche beeinflusste Roman *Mysterien* (1892) und die beiden Liebeserzählungen *Pan* (1894) und *Victoria* (1895) an. Inzwischen war der junge Rebell in den Olymp der norwegischen Schriftsteller aufgestiegen und hatte sich den Platz neben den von ihm hart kritisierten Größen Ibsen und Bjørnson gesichert.

In seiner literarisch schwachen Dramentrilogie *An des Reiches Pforten* (1895) bekundete Hamsun erstmals seine Sympathie für das Herrenmenschentum. Später, in seinem mit dem Nobelpreis belohnten Roman *Segen der Erde* preist er das naturverbundene Leben eines Bauern in Nordnorwegen. Obwohl sicher nicht als nationalsozialistische Propaganda geschrieben, wurde das Buch von den deutschen Nationalsozialisten für ihre Blut-und-Boden-Ideologie benutzt – und missbraucht.

Wie stark sich Hamsun mit den Ideen der Nazis identifizierte, zeigte sich endgültig 1940. Nach dem Einmarsch der deutschen Wehrmacht in Norwegen stellte er sich als einziger bedeutender norwegischer Künstler auf die Seite der Besatzungsmacht. In zahlreichen Zeitungsartikeln forderte er seine Landsleute auf, den Widerstand gegen Deutschland aufzugeben und an dessen Seite in den Krieg zu ziehen. Als Lieblingsautor der Nazis wurde er vor allem in Deutschland viel gelesen. Von hier flossen auch die meisten Tantiemen. Die deutschen Leser sicherten Hamsun seinen Reichtum.

Bis zum Schluss stand er mit Nibelungentreue an der Seite Nazideutschlands. Meldungen über deren Gräueltaten, die ihm durchaus zugetragen wurden, ignorierte er.

Nach Hitlers Selbstmord im Mai 1945 verfasste Hamsun, den Niedergang der Nazis vor Augen, noch einen trotzigen Nekrolog auf »seinen Führer«. Nach Ende des Zweiten Weltkriegs wurde Hamsun wegen seines Verhaltens in der Nazizeit vor Gericht gestellt und zu einer hohen Geldstrafe verurteilt.

Die Norweger räumten seine Bücher aus den Regalen, sein Rechtfertigungsbuch *Auf überwachsenen Pfaden* (1949) las in seiner Heimat kaum jemand. Diese Lebensabrechnung des neunzigjährigen Hamsun zeichnet sich nicht nur durch große Ehrlichkeit aus, sondern lässt auch noch einmal sein literarisches Genie erkennen.

Viele Jahre nach dem Krieg wurde dann bekannt, dass sich Hamsun bei Josef Terboven, dem »Reichskommissar für die vom Deutschen Reich besetzten norwegischen Gebiete« und sogar bei Hitler persönlich für die Freilassung norwegischer Partisanen eingesetzt hatte. In dem Prozess gegen sich erwähnte das Hamsun nicht – »mildernde Umstände« wollte der starrköpfige alte Mann auf keinen Fall.

Norwegische Soldaten in Deutschland

Die jungen Rekruten, die in Norddeutschland gedient hatten, waren die besten Botschafter, die sich Deutschland wünschen konnte.

Odd Lund, ehemaliger Soldat der Tysklandsbrigade

Ihren ersten Auslandseinsatz nach dem Krieg hatten norwegische Soldaten in Deutschland. Zwischen Januar 1948 und Frühjahr 1953 leisteten annähernd 50 000 junge Norweger in der *Tysklandsbrigade* ihren Militärdienst. Zunächst in Garnisonen im Harz und dann in Schleswig-Holstein. Viele ältere Menschen können sich noch an die norwegischen Uniformen im Stadtbild von Husum, Flensburg, Schleswig oder Kiel erinnern.

Noch vor Ende des Zweiten Weltkrieges hatte die norwegische Exilregierung mit den Briten über Waffenlieferungen für die Zeit nach Kriegsende verhandelt. Die machten dafür zur Bedingung, dass sich die Norweger mit ihren Truppen an der Besatzung Deutschlands beteiligen müssten.

Der damalige norwegische Verteidigungsminister Jens Christian Hauge kommentierte damals den Einsatz seiner Truppen: »Unsere Truppen sind nicht in Deutschland, um die Deutschen zu besiegen. Das wurden sie schon. Wir sind auch nicht in Deutschland, um Rache zu nehmen. Wir mussten bittere Verluste hinnehmen, doch wir wollen uns nicht rächen. Was sollen unsere Truppen dort tun? Wir sagen, sie sind da, um den Frieden zu zementieren.«

Die weltpolitische Situation änderte sich indessen schnell. Kaum war der Zweite Weltkrieg beendet, drohte eine neue kriegerische Auseinandersetzung. Im Kalten Krieg ging es schon bald nicht mehr darum, Deutschland zu besetzen, sondern den Westteil des geteilten Landes vor einem Angriff der Sowjetunion zu schützen.

Der ehemalige Verbündete der alliierten Westmächte war innerhalb kürzester Zeit zum Hauptgegner geworden. Da jedem in Norwegen klar war, dass man sich alleine niemals gegen einen Angriff der Roten Armee würde wehren können, trat das Land 1948 dem neu gegründeten westlichen Verteidigungsbündnis NATO bei.

Wie angespannt damals die Weltlage war, zeigt auch, dass die norwegischen Truppen 1948 vom Harz nach Schleswig-Holstein verlegt wurden. Falls die Sowjets ihr Land angreifen würden, hätten sie so schneller nach Norwegen zurückbeordert werden können.

1953 zogen die Norweger ihre Soldaten endgültig aus Deutschland ab. Die Tysklandsbrigade hatte ihre Aufgabe erfüllt. Für das deutsch-norwegische Verhältnis war aber etwas anderes wichtiger. Die jungen Rekruten nahmen ein Deutschlandbild mit in ihre Heimat, das sich deutlich von dem unterschied, das die Nazis während der brutalen Besetzung Norwegens geprägt hatten. Kåre Willoch, lange Jahre Vorsitzender der Konservativen Partei und von 1981 bis 1986 norwegischer Ministerpräsident, hatte 1948 selbst in der Tysklandsbrigade gedient. Er sagt: »Die meisten norwegischen Soldaten der Deutschlandbrigade reisten mit einem sehr menschlichen Bild des einfachen Deutschen und seiner bitteren Leiden und Erfahrungen nach Hause, und die meisten norwegischen Soldaten hatten eine viel versöhnlichere Haltung gegenüber den Deutschen gefunden.«

Mitunter gingen die Kontakte aber auch noch etwas über das rein Freundschaftliche hinaus. Eine aus heutiger Sicht skurrile Debatte entbrannte in Norwegen um die »Kondomfrage«. Die regierende Arbeiterpartei ließ nämlich vor ihrem Deutschlandeinsatz Kondome an die jungen norwegischen Soldaten verteilen. Es sei »nationale Pflicht«, sich vor Geschlechtskrankheiten zu schützen, hieß es offiziell von der Armeeleitung. Die Christliche Volkspartei sah das anders und sammelte 40 000 Unterschriften gegen die Kondomaktion. Für sie waren die Verhüterli gewissermaßen die offizielle Aufforderung zur Unmoral.

Ob die Kondome Schuld trugen oder einfach doch nur die Macht der Gefühle – viele norwegische Soldaten kehrten 1953 nicht alleine in ihre Heimat zurück. Sie hatten inzwischen geheiratet und traten zusammen mit ihren deutschen Ehefrauen die Rückreise an.

Deutsche Wohnmobilinvasion

Ein besonderes Kapitel in den deutsch-norwegischen Beziehungen nehmen die Wohnmobilfahrer ein, und deswegen sollen sie auch ein solches bekommen.

Gleich vorweg: Beliebt sind sie nicht. Was die holländischen Wohnwagenfahrer für die Deutschen, sind die deutschen Wohnmobilisten für die Norweger.

Jedes Jahr vor der Sommerreisesaison sind die Zeitungen voll mit Texten über deutsche Wohnmobiltouristen, die Radiostationen bringen lange Sendungen über sie und die Kabarettisten greifen dann ihr Lieblingsthema »geizige Deutsche« wieder auf.

Nur ein paar Beispiele:

Im Frühsommer 2011 brachte eine regionale Rundfunkstation eine Sendung mit dem Titel »Bist du genervt von deutschen Wohnmobilen?« Ein knappes Jahr später meldete eine Regionalzeitung aus Mittelnorwegen in gewollt militärischem Ton: »Die ersten Vortruppen deutscher Wohnwagen sind wieder in Ålesund eingetroffen.« Eine norwegische Rapband droht in ihrem Song »Verdammte deutsche Wohnmobiltouristen«, man werde mit ihnen dasselbe machen wie mit der »Blücher«.

Wer nicht weiß, was mit dem Schlachtschiff passiert ist, erfährt das im nächsten Kapitel.

Nur, um es klarzustellen: Deutsche sind die größte Touristengruppe in Norwegen und durchaus gern gesehene Gäste. In den letzten Jahren kamen aber immer mehr deutsche Wohnmobile, *bobiler*, ins Land der Fjorde. Und die machen sich bei den Norwegern durch zwei Dinge unbeliebt: durch ihre Fahrweise und ihren Geiz.

Dass die fahrenden Häuser auf den engen Fjordstraßen nur langsam um die Kurven zockeln, das versteht man ja noch in Norwegen. Was stört, ist, dass die Deutschen – anders als langsam fahrende Einheimische – angeblich nicht an den Ausweichplätzen zur Seite fahren und den schnelleren Verkehr passieren lassen. Ob das statistisch so gesichert ist, wage ich zu bezweifeln, die Norweger sind davon aber felsenfest überzeugt.

Was auch stört: Wohnmobiltouristen sind sehr haushälterisch. Wobei das sicher nur zum Teil mit übertriebener deutscher Sparsamkeit zu tun hat, sondern auch mit den norwegischen Preisen. Die Flasche Bier für fünf Euro und der billigste Wein für zwölf – beides zu haben im staatlichen Monopolgeschäft *vinmonopolet* –, das weckt natürlich den Spartrieb und verführt dazu, aus dem Wohnmobil ein Schmuggelfahrzeug zu machen. Da auch die Lebensmittelpreise in Norwegen deutlich über denen in Deutschland liegen, packen manche Wohnmobilfahrer ihr Fahrzeug vor der Abfahrt bis oben hin mit leckerer Aldiware voll. In Norwegen macht sie das natürlich nicht beliebt. Dort hat man das Gefühl, dass die Wohnmobiltouristen zwar die norwegische Natur schätzen und mit ihren dicken Fahrzeugen immer an den schönsten Stellen stehen. Dafür bezahlen aber wollen sie nicht. Im Gegenteil: Der deutsche Wohnmobilfahrer will im Urlaub sogar noch Geld verdienen. Der angelt nämlich die norwegischen Flüsse leer und fährt dann mit prall gefüllten Gefriertruhen voller Lachs nach Hause. Das denken viele. Auch mein norwegischer Freund Jens, den ich an anderer Stelle dieses Buches schon einmal zitiert habe und der als Deutschlandfan nicht im Verdacht steht, besonders kritisch auf unser Land zu blicken. Für ihn gilt: »Außer den Tankstellenbesitzern verdient niemand etwas an den Wohnmobiltouristen. Im Endeffekt kosten die uns mehr, als sie uns bringen.«

Paul Ask, der Zollchef in der Region Oslo, sagte dazu 2012 in einem Interview mit *Aftenposten,* der größten seriösen Tageszeitung des Landes: »Wenn wir an der Grenze deutsche Wohnmobilfahrer kontrollieren, haben zehn von zehn zu viel Alkohol dabei.«

Im selben Artikel wird dann auch gleich ein Angler aus Stuttgart zitiert, der mit fünf Kumpels nach Norwegen unterwegs war und dort an der Grenze mit 50 Liter Bier und fast ebenso viel Wein angehalten wurde. Fünf Männer, drei Wochen Urlaub – da ist das gar nicht so viel.

Der norwegische Zoll sieht das natürlich anders. Weil das Land nicht in der EU ist, darf jeder erwachsene Reisende gerade mal zwei Liter Bier und eineinhalb Liter Wein einführen.

Der Stuttgarter war offenbar bedient. Der gab zu Protokoll, dass er nie mehr nach Norwegen fahren werde, und sagte dann weiter: »Wie kann man nur glauben, dass Touristen hierherkommen, wenn man ihnen ihren Alkohol wegnimmt und sie mit hohen Strafen belegt.«

Im Internet kursieren unzählige Filmchen, die sich über deutsche Touristen lustig machen, die immer alles kostenlos haben wollen. Ein Beispiel: An einer Tankstelle bekommt man eine Tasse Kaffee gratis, wenn man sein Auto volltankt. Ein deutscher Wohnmobiltourist kommt mit einer riesigen Thermoskanne an die Kasse und lässt sich vom Tankwart eine Tasse nach der anderen in die Kanne schütten. Angeblich wurde die Szene nicht gestellt, sondern mit versteckter Kamera aufgenommen. Das könnte durchaus so sein, denn dass der Tankwart, kopfschüttelnd zwar, aber widerspruchslos, die Thermoskanne bis zum Rand mit Kaffee füllt, ist wiederum typisch norwegisch.

Auch für einen Aprilscherz sind deutsche Wohnmobilfahrer gut. Die *Bergens Tidende* widmete ihnen am 1. April 2008 einen ganzseitigen Artikel. Darin schrieb sie, dass ein Supermarkt ausschließlich für deutsche Wohnmobiltouristen eröffnet worden sei. In dem könne man steuerfrei deutsches Bier für nur zwei Kronen, umgerechnet knapp 30 Cent, kaufen. Fisch, den die Deutschen während des Urlaubs gefangen haben, würde für sie dort bis zur Rückreise kostenlos tiefgefroren, und selbstverständlich würden alle Angestellten Deutsch sprechen. Während des Einkaufs würden die Wohnmobile von den norwegischen Angestellten kostenlos gewaschen. Weiter schreibt die Zeitung, dass der Grund, auf dem der Supermarkt steht, aus Norwegen ausgegliedert und dem deutschen Staatsgebiet zugeschlagen worden sei. Wie viele Leser die Geschichte für wahr hielten, konnte ich leider nicht herausbekommen. Es waren bestimmt einige.

Kein Wunder, dass bei so viel medialem Gegenwind der staatliche Rundfunksender NRK im Sommer 2012 fast flehentlich bat: »Mobbt keine deutschen Wohnwagentouristen.«

Auch Hilde Charlotte Solheim, die Vorsitzende der Gewerkschaft der im Tourismus arbeitenden Angestellten, versuchte gegenzusteuern. In einem Interview mit *Aftenposten* sagte sie, dass die Deutschen gar nicht so knausrig seien. Schließlich würden sie 830 Kronen pro Tag, umgerechnet knapp 115 Euro, in Norwegen ausgeben. Welchen Anteil daran Wohnmobiltouristen haben, sagte sie allerdings nicht. Und so bleibt weiterhin genügend Munition für heiße Diskussionen – und auch die Zeitungen können ihre Leser weiterhin zu Beginn jedes Sommers mit den ewig gleichen Artikeln über deutsche *bobiler* erfreuen.

Weltkriegserbe am Grunde des Oslofjords

Von Wohnmobilen zu einem Schlachtschiff ist es thematisch ein weiter Sprung. Da aber die »Blücher« im vorigen Kapitel schon erwähnt wurde, will ich hier ein paar Worte über sie verlieren. Sie ist in Norwegen mit Sicherheit das bekannteste deutsche Kriegsschiff, und zwar deswegen, weil es das einzige war, das die Norweger während des Zweiten Weltkriegs versenkten.

Am 9. April 1940 begann unter dem Decknamen »Weserübung«

die deutsche Invasion in Norwegen. Mit dabei war auch der schwere Kreuzer »Blücher«. Schiff und Besatzung hatten den Befehl, Oslo anzulaufen, dort die norwegische Regierung zu entmachten und festzusetzen.

Als das Schiff am frühen Morgen die engste Stelle im Oslofjord passierte, wurde es von den alten Kanonen der Festung Oscarsborg bei Drøbak unter Beschuss genommen.

Oberst Birger Eriksen war damals dort Kommandant und ließ ohne Rücksprache mit der Armeeführung auf die »Blücher« feuern. Dafür wurde er erst mal gerüffelt – Ordnung muss auch in Notsituationen sein –, später aber zum Volkshelden und mit dem höchsten militärischen Orden des Landes ausgezeichnet. Durch die Versenkung der »Blücher« verzögerte sich die Besetzung Oslos. So hatten König und Regierung genügend Zeit, die Hauptstadt zu verlassen und den Widerstand zu organisieren. Auch die norwegischen Goldreserven konnten deswegen noch rechtzeitig außer Landes geschafft werden.

Den eigentlichen Todesstoß versetzten der »Blücher« aber zwei Torpedos, die von einem Pensionär abgeschossen wurden. Weil sich eine Geschichte mit dem Titel »Rentner stoppt Hitlers Marine« ziemlich gut anhört, wird sie in Norwegen oft und gern erzählt: Andreas Anderssen war ein pensionierter Fregattenkapitän und an diesem Tag nur im Einsatz, weil er für seinen erkrankten Freund eingesprungen war. Anderssen hatte aber offenbar nichts verlernt – die von ihm abgefeuerten Torpedos waren Volltreffer. Hilflos im Oslofjord treibend, blieb der »Blücher« und ihrer Besatzung im nun folgenden norwegischen Kugelhagel nichts anderes übrig, als auf ihren Untergang zu warten. Nach zweistündigem Kampf versank der schwere Kreuzer in den Fluten des Oslofjords und riss 850 Soldaten mit in den Tod. Seit diesem Tag ruht er in etwa 60 Meter Tiefe auf dem Meeresgrund und rostet vor sich hin.

Als man das Wrack zu Beginn der 1990er Jahre untersuchte, entdeckte man, dass auch die Öltanks schon vom Rost angefressen waren. Die Gefahr einer Umweltkatastrophe im Oslofjord schreckte die Politiker in der nahe gelegenen Hauptstadt auf. Der damalige Umweltminister erklärte die Angelegenheit zur Chefsache und ordnete an, die Tanks leerzupumpen. Einen Monat dauerte die Aktion damals, im Herbst 1994, und kostete umgerechnet etwa 8,5 Millionen Euro.

Derrick ermittelt für Deutschland

Derrick hat dazu beigetragen, Deutschland in Norwegen ein menschliches Gesicht zu verleihen. Sein einfacher und warmer Stil ist bei Norwegern im ganzen Land auf Resonanz gestoßen und hat dabei mitgeholfen, das Interesse an Deutschland in Norwegen zu steigern.
Begründung für die Verleihung des Willy-Brandt-Preises
an Horst Tappert im Jahre 2002

Die erste Fernsehsendung, die ich nach meinem Umzug nach Norwegen gesehen habe, war *Derrick*. Klar war es Zufall, dass es gerade ein Freitagabend war, als ich das erste Mal den »An-Knopf« der Fernbedienung drückte. »Guck mal, da läuft *Derrick*«, rief ich meiner Freundin zu, und die jubelte zurück: »Ist ja wie zu Hause.« Perfekt für Neunorweger wie uns war, dass *Derrick* im Original lief – mit norwegischen Untertiteln. Das ist allerdings nichts Besonderes, denn in Norwegen werden alle Filme in der Originalversion gezeigt.

Und das ist wiederum perfekt für die Einheimischen, denn die Norweger beherrschen Fremdsprachen wie sonst kaum ein anderes Volk in Europa.

Wie dem auch sei. Unser erster Abend in Norwegen begann also mit deutschen Gewohnheiten. Was wir damals nicht wussten: Es waren auch sehr norwegische Gewohnheiten.

Denn zwischen dem 28. Januar 1977 und dem 26. März 1999 wurden alle *Derrick*-Folgen im staatlichen Fernsehen, NRK, ausgestrahlt. Mehr noch als in Deutschland war in Norwegen Freitagabend Derrickzeit. Fast das ganze Land saß dann vor dem Fernsehapparat. Und die jeweils letzte Folge war erst am samstäglichen Mittagstisch und gleich noch mal am Montag auf der Arbeit Gesprächsthema Nummer eins.

Als ich mich ein paar Tage nach unserem Umzug zum Norwegisch-Sprachkurs anmeldete, war auch dort *Derrick* das erste Gesprächsthema. Als ich meinem Lehrer sagte, ich sei Deutscher, lautete dessen Antwort wie aus der Pistole geschossen: »Ich liebe *Derrick*.«

Dass Norwegern damals, zu Beginn der 1990er Jahre, *Derrick* in den Sinn kam, wenn sie an Deutschland dachten, sagt viel über das Verhältnis der beiden Länder aus. Anderswo im Ausland konnte es einem damals noch passieren, dass man mit einem schneidigen »Heil Hitler« begrüßt wurde, wenn man als Deutscher erkannt wurde, oder als Landsmann von Franz Beckenbauer eingestuft wurde, was zwar deutlich besser, aber auf Dauer auch enervierend monoton war.

Für Politiker, die sich von Berufs wegen für die Völkerverständigung einsetzen, mag es frustrierend sein. Aber es gilt: Horst Tappert hat für die deutsch-norwegische Freundschaft mehr getan als ein jeder von ihnen – Willy Brandt einmal ausgenommen, aber den betrachten die Norweger sowieso als einen der ihren.

Tappert, bzw. Derrick, hat dafür gesorgt, dass sich das Deutschlandbild im Laufe der Jahre zum Besseren veränderte.

Väterlich, gerecht und korrekt, so war er, der Derrick. Ruhig und immer souverän. Vielleicht auch streng, und mitunter kam er ein bisschen mit dem moralisch erhobenen Zeigefinger daher, aber eben doch so ganz anders als die Deutschen, die im Krieg gekommen waren und das Land besetzten. Und sicher empfanden es die Norweger ebenso wie der Onlineableger der *Bild*, der den Nachruf zum Tod von Horst Tappert überschrieb: »Derrick schenkte uns den Glauben an das Gute« … Die Norweger werden vielleicht noch in Gedanken ergänzt haben:

»… in den Deutschen.«

Als Tappert am 13. Dezember 2008 starb, war das dem Norwegischen Fernsehen eine Meldung in den Hauptnachrichten wert. Stilecht untermalt mit der *Derrick*-Titelmusik, wurde sein Tod vermeldet.

Bezeichnend sind die Äußerungen der deutschen Übersetzerin Gabriele Haefs. Sie sagt: »So bizarr das klingt, diese Serie (gemeint ist *Derrick*) war in Norwegen noch viel beliebter als hierzulande, und in norwegischen Büchern sitzt sehr oft irgendwer vor dem Fernseher und guckt gerade *Derrick*, wenn irgendeine Katastrophe losbricht. Bei Lesungen kommt dann immer wieder die Frage: ›Was stand denn da eigentlich im Original?‹«

Dabei ist *Derrick* im norwegischen Fernsehen selbst nach dem Tod Tapperts noch immer präsent. Die alten Sendungen werden in regelmäßigen Abständen wiederholt und Tappert zählt nach wie vor zu den bekanntesten Deutschen in Norwegen … und zu den beliebtesten sowieso.

Die Liebe der Norweger zum deutschen Schauspieler und TV-

Kommissar war aber nie einseitig. Tappert, begeisterte Angler, besaß ein Ferienhaus auf der nordnorwegischen Hamarøy, der Insel, auf der Literaturnobelpreisträger und Nazifreund Knut Hamsun seine Kindheit verbrachte. Auf Hamarøy verbrachte der Schauspieler jedes Jahr seinen Urlaub, sein Haus verkaufte er erst ein Jahr vor seinem Tod, als sich abzeichnete, dass er, schwer erkrankt, nie mehr in sein geliebtes Norwegen würde zurückkehren können.

Tapperts Begeisterung für das skandinavische Land war sicher auch ein Grund für Derricks Popularität bei dessen Bewohnern. Die Norweger wollen geliebt werden. Und das vielleicht noch mehr als andere. Sie mögen es, wenn man ihr kleines Land mag und es – wie sie selbst – für das beste aller Länder hält. Wer das tut, wird von den Norwegern zurückgeliebt und von der Presse dann auch gerne als *halvnorsk*, halbnorwegisch, adoptiert.

Auf ins kalte Paradies

Norwegen macht es Einwanderern leicht. Wer als Neuling ins Land kommt, der wird nur mit wenig Bürokratie belästigt. Man meldet sich einfach bei der Kommune an und bekommt dort auch gleich eine Personenkennziffer. Ohne die geht in Norwegen nichts – wer keine solche Zahl hat, existiert quasi nicht, kann nicht einmal ein Bankkonto eröffnen. Eine Arbeitserlaubnis braucht man als EU-Bürger in Norwegen nicht. Man kann dort jederzeit arbeiten oder studieren. Wer länger als drei Monate im Land bleibt, braucht allerdings eine Aufenthaltserlaubnis. Die bekommt man auch, wenn man bereits im Land ist – dafür muss man eine Arbeitsstelle nachweisen oder belegen können, dass man genug Geld hat, um seinen Lebensunterhalt zu bestreiten.

Die Norweger suchen händeringend qualifizierte Fachkräfte. Es fehlt an Ärzten und Zahnärzten, Krankenschwestern und -pflegern. Überhaupt ist der soziale Bereich chronisch unterbesetzt. Daneben sind vor allem Handwerker, allen voran Maurer, Dachdecker und Kfz-Mechaniker, gefragt. Auch im Hotelgewerbe bekommt man leicht eine Stelle. Hier sind aber oft nur zeitlich begrenzte Jobs zu ergattern.

Die besten Chancen hat, wer in den Norden des Landes geht. Zwar wird dort besonders gut bezahlt, aber selbst vielen Norwegern ist dort das Wetter zu schlecht, sind die Winter zu lang und Kultur und Nachtleben zu weit weg.

Für den Arbeitskräftemangel gibt es gleich mehrere Gründe. Anders als im Rest Europas ist in Norwegen von einer Krise nichts zu spüren: Die Wirtschaft floriert, und entsprechend gibt es kaum Arbeitslosigkeit. Ganz simpel: Es gibt einfach zu wenig Norweger, um alle Stellen besetzen zu können. Dazu kommt, dass die extrem gut bezahlende Ölindustrie viele Menschen auf die Bohrinseln gelockt hat. An Land aber fehlen jetzt die entsprechenden Fachkräfte. Der Mangel an Handwerkern wiederum ist indirekt die Folge des Bildungssystems. Fast jeder Norweger studiert, und Menschen, die Handwerker werden wollen, gibt es kaum noch.

Andererseits: Trotz seiner vielen Stärken hat das Ausbildungssystem Norwegens auch Schwächen. Im Sozial- und Gesundheitsbereich hat man in den letzten Jahren und Jahrzehnten zu wenige Menschen ausgebildet, und außerdem sind in diesem Sektor die Löhne für norwegische Verhältnisse sehr schlecht.

Gut geschulten Arbeitskräften aus dem Ausland bieten sich also große Chancen, vorausgesetzt, sie sprechen Norwegisch bzw. sind bereit, die Sprache zu lernen.

Obwohl jeder im Land Englisch spricht, geht ohne die Kenntnisse der Landessprache nichts. Der Trost: Norwegisch ist für Deutsche sehr einfach zu erlernen, und wer sich wirklich bemüht, kann spätestens nach einem halben Jahr problemlos mit dem Nachbarn und den Arbeitskollegen in deren Muttersprache kommunizieren.

In Norwegen leben mittlerweile weit mehr als 20 000 deutsche Auswanderer. Viele sind »Wirtschaftsflüchtlinge«, und besonders aus den ostdeutschen Bundesländern sind viele Menschen auf der Suche nach einer sicheren Arbeitsstelle in den Norden gezogen. Das ist, auf die vergangenen Jahrzehnte bezogen, ein unbekanntes Phänomen, da man hierzulande lange etwas hochnäsig davon ausging, dass die Menschen zu uns kämen, um bei uns zu arbeiten und unser Sozialsystem »auszunutzen«. Bei der »Wanderung von Arm nach Reich« hat in diesem Fall Deutschland die ungewohnte Rolle des Ärmeren inne.

Aber nicht jeder zieht ausschließlich aus finanziellen Gründen nach Norwegen. So mancher deutsche Auswanderer will einfach in einer Gesellschaft leben, in der etwas mehr Gelassenheit herrscht.

In einem Artikel auf *Spiegel online* wird Frank Lütje, ein Mitarbeiter der deutschen Botschaft in Oslo, zitiert. Er sagt: »Sport, Hobbys und Familie sind sehr wichtig, es gibt am Arbeitsplatz keinen Stress, und Überstunden kennt man hier gar nicht. Norwegen hat eine sehr freizeitorientierte Gesellschaft.«

Wer aus Deutschland nach Norwegen kommt, muss da erst umdenken. Als ich als Korrespondent in Norwegen arbeitete, musste ich mich auch erst einmal daran gewöhnen, dass ich nach vier Uhr nachmittags keinen Gesprächspartner mehr am Telefon erreichte. Und im Sommer ist Norwegen sowieso mehr oder weniger geschlossen, denn dann sind die meisten irgendwo im Ferienhaus, im Gebirge oder am Meer.

Ein Vergleich des Bruttoinlandsprodukts beider Länder zeigt, dass man auch oder gerade mit der etwas entspannteren norwegischen Einstellung Außerordentliches erreichen kann.

Geschichte: Im Schnelldurchlauf durch die Jahrtausende

Die Flintstones in Norwegen

Vor 12000 Jahren wanderten erstmals Menschen durch die nor-wegischen Wälder. Wer da allerdings genau unterwegs war, das weiß man nicht. In der Nähe der kleinen Gemeinde Blomvåg bei Bergen hat man von Menschen bearbeitete Feuersteine gefunden – oder auch nicht. Es ist nämlich durchaus umstritten, ob es wirklich Menschen waren, die an den Steinen herumgeklopft haben, oder ob ganz einfach die Natur am Werk war. Weil niemand das Ge-genteil beweisen kann, könnte man großzügig sein und das Jahr 10000 v. Chr. sozusagen als Geburtsjahr Norwegens festschreiben.

Skeptiker lassen als Beginn der Besiedlung erst das Jahr 9000 v. Chr. gelten. Damals kamen gleich zwei Volksstämme ins Land. Die einen ließen sich in Südnorwegen nieder und die anderen ganz weit oben im Norden, in der Nähe der heutigen Stadt Alta. Süd- und Nordmenschen, oder wie die Fachleute sagen die Menschen der *Fosna*- und *Komsa*kultur, hatten keinerlei Kontakt miteinan-der. Wie sollten sie auch, lebten sie doch mehr als 2000 Kilometer voneinander entfernt. Selbst heute ist man laut Routenplaner mit dem Auto für die Strecke vom einen Ende des Landes zum anderen immer noch mindestens 30 Stunden unterwegs.

Ackerbau und Viehzucht wurden vor etwa 6000 Jahren mo-dern – allerdings nur im klimatisch begünstigten Süden. Man darf sich aber nicht vorstellen, dass die Menschen von einem Tag auf den anderen sesshaft wurden. Anfänglich führten sie auch als Bauern ein Nomadenleben und legten jedes Jahr neue Felder und Äcker an. Allmählich wanderten germanische Stämme nach Nor-wegen ein und vermischten sich mit der Urbevölkerung.

Den Beginn der Bronzezeit legt man für Norwegen auf etwa 1800 v. Chr. fest. Wie es heute noch oft der Fall ist, hatten die armen Leute erst mal nichts von den Neuerungen. Das wertvolle Metall blieb den Reichen vorbehalten, die es zur Herstellung von Prachtwaffen, Schmuck und Kultgegenständen verwendeten. Immerhin: Das Wetter war zu allen gleich gut – und warm. In der Bronzezeit herrschten deutlich höhere Temperaturen als heute. Man konnte die Haustiere ganzjährig im Freien weiden lassen, und es war wesentlich einfacher als heute, Getreide anzubauen.

Auf die Bronze- folgte – wie überall sonst – auch in Norwegen die Eisenzeit. Tausend Jahre dauerte sie, und zwar von etwa 500 vor bis 500 n. Chr. Bessere Geräte machten einen effektiveren Ackerbau möglich, und die Fortentwicklung der Waffentechnik erhöhte die Jagdausbeute.

Norwegen war in dieser Zeit für Menschen aus Mittel- oder Südeuropa kaum erreichbar, und auch die Römer, die fast den ganzen Kontinent in Besitz genommen hatten, kamen nie bis in den äußersten Norden Europas. Entsprechend wenig wusste man über die Nordmänner. Der römische Geograf Pomponius Mela behauptet beispielsweise, dass die »wilden Nordmänner Hufe an den Füßen« hätten, und die Griechen glaubten, im Norden lebten fröhliche Waldmenschen, die ihr ganzes Leben lang singend und tanzend durch die Wälder ziehen.

Und dann fingen endlich auch die Norweger an zu schreiben, nur ein bisschen zwar, aber immerhin. Ab etwa 400 n. Chr. entstand ein erstes Runenalphabet, das Futhark. Das bestand aus 24 Buchstaben, denen wie im lateinischen Alphabet jeweils ein einzelner Laut zugeordnet war. Wer heute durch Nordeuropa reist, fährt immer wieder mal an Runensteinen vorbei, auf denen man Inschriften aus alten Tagen nachlesen kann – vorausgesetzt, man kann die Schrift entziffern. Als erste Hilfestellung hier schon mal der Hinweis, dass das Runenalphabet deswegen den Namen Futhark trägt, weil dessen sieben erste Buchstaben den entsprechenden lateinischen Buchstaben ähneln.

Wandern und wüten

Nicht nur an den Küsten Norddeutschlands erschienen
plündernd und brandschatzend die seekundigen Wikinger;
die Drachenschiffe führten die Seekönige aus dem kalten,
eisigen Norden bis ins sonnige Unteritalien.
Die Völker der Erde, Leipzig, um 1890

Während der Zeit der Völkerwanderung (400–550 n. Chr.) machten sich viele Stämme auf Wanderschaft – wer dann mit seinem Tross in ein neues Gebiet kam, traf dort meist auf Menschen, die bereits dort lebten. Man kennt es aus modernen Zeiten: Neuankömmlinge und Alteingesessene verstehen sich nicht immer. Und weil damals Probleme meist mit Gewalt gelöst wurden, war die Zeit der Völkerwanderung auch die Zeit des großen Knüppelschwingens. In Norwegen war das nicht anders, einheimische Stämme und solche, die aus dem Süden und Osten zuwanderten, schlugen sich gegenseitig die Köpfe ein. Um auf die Angriffe besser vorbereitet zu sein, wurden damals auf den Hügeln und Bergen Norwegens die ersten Burgen angelegt.

Das Gebiet des heutigen Norwegen wurde damals von Kleinkönigen, sogenannten Jarlen, beherrscht. Im Prinzip war ein Jarl der Mächtigste unter den freien Bauern, den Odelsbauern. Für die wiederum schufteten, sklavengleich, die Treller. Sie waren völlig rechtlos und wie Vieh oder Gebrauchsgegenstände eine Handelsware. Grabfunde belegen, dass sie beim Tode ihres Besitzers oft mit ihm begraben wurden. Keine schönen Zeiten also.

Mit Schwertern durch Europa,
mit Schiffen nach Amerika

Island und Grönland wurden schon früh von Norwegischen
Helden besiedelt, selbst den Boden Nordamerika betrat ein
halbes Jahrhundert vor Kolumbus der Fuß eines Wikingers.
Die Völker der Erde, Leipzig, um 1890

Auf ihre Vorfahren, die Wikinger, sind die Norweger heute noch
stolz, und da ist es auch egal, dass die ja nicht gerade im Ruf stehen, Kandidaten für den Friedensnobelpreis gewesen zu sein. Be-
zeichnenderweise fängt die Wikingerzeit auch mit einem Gemet-
zel an. Anno 793 überfielen die Krieger des Nordens ein Kloster
auf der nordenglischen Nordseeinsel Lindisfarne, ermordeten alle
Mönche und raubten den Klosterschatz. Und auch das Ende der
Wikinger wird durch ein blutiges Datum festgelegt – die Niederlage von König Harald dem Strengen (Harald Hardråde) im Jahre
1066 in der Schlacht bei Standford Bridge in England.

Egal, ob sie in Dublin die irischen Kelten niedermetzelten,
Aachen verwüsteten oder in Italien ganze Landstriche in Schutt
und Asche legten – wenn die Wikinger vor den Toren einer Stadt
auftauchten, half nur beten ... oder die schnelle Flucht. Gnade
konnte man von den wilden Kerlen aus dem Norden nicht erwar-
ten. In zeitgenössischen Quellen kann man beispielsweise nachlesen, dass die Wikingerkrieger die Schädeldecken der Getöteten als
Trinkgefäße benutzten.

Aber es ging nicht nur grausam zu damals – nicht bei jedem
Wikinger klebte Blut am Schwert. Viele von ihnen waren ganz normale Bauern, die ihr Feld bestellten, oder Händler, die mit ihren
Schiffen und Handelskarren in Europa unterwegs waren. Als Seeleute waren die Wikinger zu ihrer Zeit unübertroffen. Niemand
beherrschte die Meere so wie die Männer aus dem Norden. Sie entdeckten Island, Grönland und später auch Vinland – das heutige
Nordamerika. Kurz nach der ersten Jahrtausendwende landete Leif
Eriksson, ein Sohn des Grönlandentdeckers Erik des Roten, zusammen mit seinen Mannen an der Küste Neufundlands. Eigentlich hatte der Papa selbst die Fahrt leiten wollen, auf dem Weg zum
Ablegeplatz war er aber vom Pferd gefallen und hatte sich verletzt.
Deswegen musste er dem Sohnemann das Kommando überlassen.

In den norwegischen Sagas wurde die heldenhafte Entdecker-
reise schon immer gerühmt. Leif und seine Nachfahren hatten
aber kaum Spuren in Amerika hinterlassen, und als deren letzte
Nachfahren im 14. Jahrhundert starben, geriet die Geschichte der
Wikingerkolonie in der »Neuen Welt« schnell in Vergessenheit. So
wurde dem Genueser Christoph Kolumbus die Ehre zuteil, 1492
den amerikanischen Kontinent entdeckt zu haben. Aber auch Kolumbus hat davon nichts gehabt. Er selbst hatte zeitlebens geglaubt,
den Seeweg nach Asien entdeckt zu haben. 1506 starb er vergessen
und verarmt im spanischen Valladolid.

Trotzdem galt Kolumbus bis in die 1960er Jahre hinein als Ent-
decker Amerikas. Bis ein anderer Norweger kam. Damals sorgte
der norwegische Polarforscher und Archäologe Helge Ingstad dafür, dass seine Vorfahren endlich den Ruhm bekamen, der ihnen
gebührte. Er entdeckte an der Nordspitze Neufundlands Überreste
eines Wikingerdorfes, und damit war endgültig bewiesen: Leif und
seine Leute waren fast 500 Jahre vor Kolumbus in Amerika.

Ein König als Kultstar

Wunderlich dünkt es mich doch, dass sich kein König findet, der sich
Norwegen so als Alleinherrscher unterwerfen möchte, wie es König Gorm
mit Dänemark und König Erik zu Uppsala mit Schweden taten.
Gyda, die Angebetete von König Harald Schönhaar,
zitiert in der Saga *Heimskringla* von Snorri Sturluson (1178–1241)

Die Wikinger gab es eigentlich nicht. Zumindest für lange Zeit. Es
existierte nämlich lange kein einheitliches Wikingerreich, sondern
in Norwegen lebte nur ein Haufen miteinander zerstrittener Stämme. Und die schlugen sich gegenseitig ebenso die Köpfe ein wie
ihren Feinden außerhalb des Landes.

Erstmals geeint, wenn auch zunächst nur für kurze Zeit, wurden die norwegischen Wikingerstämme Ende des 9. Jahrhunderts.
»Schuld daran« soll eine Frau gewesen sein. Harald Haarfagre – zu
Deutsch: Harald mit dem schönen Haar – war nämlich in die gut-
aussehende Gyda, die Tochter eines anderen Kleinkönigs, verliebt.
Die aber wies sein Werben zurück und sagte ihm, dass sie einen
unbedeutenden Kleinkönig wie ihn niemals heiraten würde. Erfolg

machte anscheinend schon damals sexy. Harald schwor daraufhin zwei Dinge: erstens, dass er weder Haar noch Bart abschneiden würde, bis er seine Angebetete bekommen hätte, und zweitens, dass er ein geeinigtes Reich schaffen würde.

Und das gelang ihm dann auch: In der Schlacht am Hafrsfjord, in der Nähe des heutigen Stavanger, besiegte er seinen letzten Widersacher und einte das Land unter seiner Regentschaft ... und Gyda bekam er auch zur Frau.

Nach seinem Tod im Jahre 940 gewannen die Kleinkönige aber noch einmal an Macht. Indirekt war daran Harald selbst schuld. Denn offenbar war ihm Gyda dann doch nicht genug – die Geschichtsschreibung unterstellt Harald ein ausschweifendes Liebesleben. Mit mehr als zehn Frauen solle er eine Vielzahl von Söhnen gezeugt haben. Und die bekriegten sich in guter Wikingermanier nach dem Tod des Vaters um dessen Erbe. Da sich keiner der Söhne endgültig durchsetzen konnte, zerfiel das Reich erneut in seine Einzelteile.

Es dauerte dann noch bis 1030, bis Norwegen von Olav II. geeint wurde. Ungewöhnlicherweise und vermutlich einmalig in der Weltgeschichte, legte eine militärische Niederlage den Grundstock für den Erfolg.

1028 hatte der dänisch-englische König Knut der Große Norwegen erobert. Olav war nach Russland vertrieben worden. Da Knut genug mit seinen Königreichen England und Dänemark zu tun hatte, setzte er als seinen Stellvertreter in Norwegen den mächtigen Jarl Håkon Eriksson ein. Als der zwei Jahre später starb, sah Olav seine Chance gekommen und kehrte zurück. In Schweden, wo einige seiner Verwandten lebten, scharte er ein kleines Söldnerheer um sich und zog dann Richtung Norwegen. In Stiklestad trafen schließlich ein Bauernheer, das auf Seiten Knuts des Großen stand, und Olavs Truppen aufeinander. Die Bauern waren Olavs Leuten zahlenmäßig weit überlegen, und deswegen hatten diese von Anfang an keine Chance. Der König selbst fiel in der Schlacht. Der Legende nach brauchte es aber drei feindliche Kämpfer, um ihn zu töten.

Für seinen Nachruhm war es durchaus förderlich, dass er die Schlacht nicht überlebte. Ähnlich wie ein zu früh verstorbener Rockstar erlangte Olav Kultstatus. Nicht unwesentlich trug dazu bei, dass auch die Kirche Olavs Heldenstatus puschte. In der

Schlacht von Stiklestad kämpfte nach ihrer Lesart ein tapferer christlicher König gegen ein heidnisches Bauernheer. Was sachlich nicht ganz richtig war, denn auch Knut der Große war bereits zum Christentum übergetreten und wurde in seiner Heimat ebenfalls als Mann des Glaubens verehrt. Sein Tod machte Olav jedenfalls zum Märtyrer. Aus Olav II. wurde Olav der Heilige, und sein Grab in Nidaros, dem heutigen Trondheim, entwickelte sich schnell zur wichtigsten Pilgerstätte des Nordens.

Der Olavkult ergriff damals ganz Europa. Knut, der eigentliche Sieger der Schlacht, konnte sich nur kurz an seiner Königskrone freuen. Sogar seine Verbündeten wurden vom Olavkult infiziert und wandten sich von ihm ab. Nachdem Knut nur wenige Jahre nach der Schlacht gestorben war, übernahm dann auch nicht dessen Sohn die Königskrone, sondern Magnus, der Sohn Olavs.

Eroberer verzweifelt gesucht

Wie erwähnt gilt das Jahr 1066 gemeinhin als das Ende der Wikingerherrschaft. Wahrscheinlich suchte man ein griffiges Datum, an dem man das Ende einer Epoche festmachen wollte. Und was bot sich da besser an als eine verlorene Schlacht. Der 25. September 1066 soll es gewesen sein, an dem die Wikinger aus der Geschichte verschwanden – der Tag, an dem Harald der Strenge die Schlacht bei Standford Bridge in England verlor und dabei selbst ums Leben kam. Die Schlacht verlor er übrigens gegen einen anderen Harald – Harald II. Doch zum Zeitpunkt seines Sieges waren auch dessen Stunden schon gezählt. Nur drei Wochen später wurde sein Heer in der berühmten Schlacht von Hastings von Wilhelm dem Eroberer vernichtet. Auch Harald II. fiel im Kampf. Doch das ist eine andere – und zwar die englische – Geschichte.

Das Ende der Wikingerherrschaft war in Wirklichkeit viel unspektakulärer und profaner. Und es lässt sich eben nicht an einem Datum festmachen. Auf Eroberungsfahrten zu gehen war bei den Wikingern ein Beruf wie jeder andere – wie Schmied oder Bauer. Nachwuchssorgen hatte man lange Zeit keine. Denn der väterliche Bauernhof wurde stets nur an einen Sohn vererbt – alle übrigen Jungs mussten sich also irgendwo anders Arbeit suchen. Eine Zeit lang konnte man in dem »Erobererberuf« ganz ordentlich verdienen. Reiche Schätze waren garantiert. Und auch den einen oder anderen Sklaven brachte man von den Beutezügen mit nach Hause.

Allmählich aber wurden die Gegner stärker, die Städte zunehmend besser befestigt und damit kaum noch einnehmbar. Plündern wurde immer anstrengender und gefährlicher und schlechter bezahlt.

Deshalb blieben die jungen Leute lieber zu Hause und suchten sich an Land einen Job, arbeiteten vielleicht als Waffenschmied, Händler oder Scherenschleifer. Die Wikinger verschwanden also nicht deswegen aus der Geschichte, weil sie besiegt wurden, sondern weil sie schlichtweg keine Lust mehr auf ihren »Job« als Eroberer hatten.

Streiten, bis der Däne kommt

In den folgenden Jahrhunderten wurde in Norwegen viel gestritten: vor allem immer wieder darum, wer den Königsthron besetzen solle. Kaum war ein König gestorben, schon prallten die Schwerter aufeinander. Ansprüche auf den Thron konnten nämlich alle männlichen Nachkommen eines Königs anmelden. Da von dieser Regel nicht einmal uneheliche Kinder ausgenommen waren, gestaltete sich die Lage manchmal recht unübersichtlich. Und um es noch komplizierter zu machen, meldeten regelmäßig auch die sehr einflussreichen Großbauern ihre Ansprüche an. Einer von ihnen konnte Ende des 12. Jahrhunderts für kurze Zeit tatsächlich den Thron besteigen.

Obwohl häufig die Schwerter klirrten und die Speere flogen, ging es dem Land lange Zeit wirtschaftlich gut. In jenen Tagen wurde die Kirche immer mächtiger und schnell auch zur größten Grundbesitzerin im Land. Der Klerus verbündete sich mit dem König, und gemeinsam ging man gegen die Großbauern vor. Deren Macht wurde schließlich gebrochen, sie verloren ihren Grund und wurden zu Pächtern. Mit dem Zusammenbruch des Großbauerntums verschwand auch das Sklaventum der Wikingerzeit.

Deutsche Kaufleute am Fjord

Eigentlich ist das folgende Kapitel ein Exkurs in die deutsche Geschichte – die Hanse war ja ein Bund niederdeutscher Kaufleute aus der Zeit zwischen Mitte des 12. und Mitte des 17. Jahrhunderts. Fast 300 Städte gehörten diesem Zusammenschluss an. Doch da kommt dann auch schon wieder Norwegen ins Spiel – das norwegische Bergen war nämlich eine der wichtigsten Hansestädte außerhalb Norddeutschlands. Die deutschen Kaufleute hatten dort 1343 erste Handelsniederlassungen eröffnet. Fisch war damals die Haupthandelsware, die Stadt der wichtigste Umschlagplatz für Fänge, die die Fischer in Westnorwegen und vor den Lofoten in ihre Boote zogen. Vor allem Trockenfisch war heiß begehrt.

Wirtschaftlich gesehen war die Hanse für das Norwegen der damaligen Zeit von größter Wichtigkeit. Während deren Blütezeit stellten die deutschen Kaufleute und Handwerker ein Viertel der Stadtbevölkerung Bergens. Genau genommen gehörte das Gebiet der Hansekaufleute, die *Tyske Bryggen*, die deutsche Brücke, aber nicht zu Norwegen. Die bunten Holzhäuser am Hafen, die seit 1979 zum UNESCO-Weltkulturerbe gehören, waren exklusiv den Deutschen als Wohnort vorbehalten. Mehr noch, über den Handel hinausgehende Kontakte zu Einheimischen waren den Kaufleuten verboten. Mochten die Norwegerinnen auch noch so schön sein, für deutsche Händler waren sie tabu. Und obwohl die deutschen Kaufleute wesentlich reicher waren als die Bergenser, lebten sie alles andere als luxuriös. Um Brände in dem eng gebauten Viertel der *Tyske Bryggen* zu vermeiden, durften die Gebäude nicht beheizt werden. Was das in einem kalten norwegischen Winter bedeutet, kann man sich lebhaft vorstellen.

Seit dem Zweiten Weltkrieg, als sich die Deutschen – nicht nur – in Norwegen unbeliebt machten, spricht man übrigens nur noch von der *Bryggen* – den Zusatz »deutsch« lässt man weg.

400 Jahre Nacht

Der Himmel verdüsterte sich über Norwegen. Wie ein Vorbote auf kommende, noch schwerere Zeiten erreichte 1349 die Pest das Land. Schon zwei Jahre hatte die Krankheit in Europa gewütet, bevor sie auch Norwegen erreichte. Auf einem Handelsschiff aus England reiste die Krankheit als blinder Passagier ins Land. Erst starben die Menschen nur in der Hafenstadt Bergen. Doch schon bald breitete sich die Pest im ganzen Land aus. Innerhalb kürzester Zeit starben fast zwei Drittel der damals etwa 400 000 Einwohner. Ganze Landesteile blieben menschenleer zurück.

Schon 1319 war König Håkon Magnusson gestorben, ohne einen männlichen Erben zu hinterlassen. Mit ihm starb das norwegische Königsgeschlecht aus, und es sollte fast 600 Jahre dauern, bis das Land 1906 wieder einen eigenen König bekommen sollte. Nachfolger von Håkon wurde dessen minderjähriger Enkel, der schwedische König Magnus Eriksson. Da Länder damals nichts anderes waren als Erbstücke, genauso wie wertvolle Gemälde und Teppiche, gehörte Norwegen plötzlich in einer Personalunion zu Schweden.

Magnus Erikssons Sohn wiederum heiratete 1363 Margarethe, die Erbin des dänischen Königsthrons, und schon fand sich Norwegen in einer Union mit Dänemark und Schweden wieder. Faktisch wurde Norwegen im Laufe der folgenden Jahrhunderte immer mehr zu einer Kolonie Dänemarks, die von Kopenhagen ausgeplündert wurde. Einzige Aufgabe der Norweger war es, durch ihre Steuern den Reichtum des dänischen Königs zu mehren. In Norwegen spricht man noch heute von der *400-årsnatten*, der 400-jährigen Nacht. Die kulturelle und gesellschaftliche Entwicklung stagnierte, die wichtigsten Ämter im Land wurden nicht mehr mit Einheimischen besetzt, sondern als Pfründe an dänische Adlige oder Beamte vergeben. Widerstand gegen die Dänenherrschaft gab es trotzdem kaum. Zwar murrten die Menschen, für einen organisierten Widerstand fehlten jedoch die Kräfte.

Dänische Kriege, norwegische Verluste

Seit dem Tage, an dem unser Land unter Dänemark kam und
seine eigenen Könige und Herren verlor, hat es auch seine
Manneskraft und Stärke verloren, und es wird nun alt und grau.

Absalon Pederssøn Beyer, Pfarrer und Humanist in Bergen, 1567

1536 machte man die Sache sozusagen offiziell und gliederte Norwegen ins dänische Reich ein. Norwegen hatte quasi aufgehört zu existieren. Durch die Bindung an Dänemark wurde Norwegen immer wieder gegen seinen Willen in die Kriege auf dem europäischen Kontinent verstrickt. Und weil sich die Dänen auch die eine oder andere blutige Nase holten, verlor Norwegen im Laufe des 17. Jahrhunderts drei seiner Provinzen. Jämtland, Herjedalen und Bohuslän fielen an Schweden – und da sind sie heute noch.

Ein wenig Luft zum Atmen bekamen die Norweger, als Christian IV. (1588–1648) in Kopenhagen regierte. Der bereiste Norwegen und machte sich vor Ort selbst ein Bild vom Leben seiner Untertanen. Er förderte die Wirtschaft, ließ die Hauptstadt von Nidaros im Norden ins südlichere Oslo verlegen, das damals des Königs Namen erhielt und in Christiania umbenannt wurde.

1660 bekam Dänemark eine absolutistische Verfassung, die dem König allumfassende Machtbefugnisse einräumte. Dies erwies sich im Laufe der folgenden Jahrhunderte für Norwegen als Vorteil. Viele dänische Herrscher interessierten sich nicht für ihre Provinz im Norden oder erwiesen sich schlicht als unfähig. Die eigentliche Macht übten deshalb die in Norwegen lebenden dänischen Beamten aus. Sie kannten die Probleme der Einheimischen aus eigener Erfahrung und handelten entsprechend.

Im 18. Jahrhundert lief es dann wirtschaftlich wieder besser in Norwegen; die Handelsflotte des Landes gehörte zu den größten der Welt. Es entwickelte sich ein wohlhabendes Bürgertum und damit auch ein gewisses nationales Selbstbewusstsein. Allmählich regte sich Kritik an Dänemark, aber eine Loslösung vom Mutterland forderte noch niemand. Erst während der Napoleonischen Kriege wuchs der Protest. 1807 verbündete sich der Dänenkönig mit dem Franzosenkaiser gegen die Engländer. Damit wurden die Norweger gezwungenermaßen auch Kriegspartei und mussten sich der französischen Kontinentalsperre anschließen. England antwortete darauf mit der Blockade der norwegischen Häfen. Da die Norweger aber hauptsächlich vom Handel lebten, war das eine Katastrophe für das Land. Norwegen schlitterte in eine schwere Wirtschaftskrise. Gerade jetzt stellte sich auch noch die Natur gegen die Menschen – nach zwei Missernten kam es zu schweren Hungersnöten. Viele Norweger verließen das Land in Richtung USA. Bei denen aber, die zurückblieben, wurden die Forderungen nach Autonomie immer lauter.

Schweden statt Dänemark

Als Napoleon im Oktober 1813 in der Völkerschlacht bei Leipzig geschlagen wurde, gehörte auch sein dänischer Verbündeter zu den Verlierern. Schweden hatte auf der Siegerseite gekämpft und forderte jetzt seine Kriegsbeute ein. Im Kieler Frieden musste Dänemark Norwegen an Schweden abtreten. Die Betroffenen selbst wurden zu der ganzen Sache nicht befragt.

Immerhin: Der schwedische König Karl XIII. gestand Norwegen eine beschränkte Autonomie zu, mit dem Recht zur Regelung aller innenpolitischen Angelegenheiten. Im Vergleich zu der Zeit der Dänenherrschaft war das ein riesiger Fortschritt. Doch inzwischen wollten die Norweger mehr: Das Land sollte unabhängig werden. Erstmals seit Jahrhunderten hatten Dänemark und Norwegen dasselbe Ziel, nämlich die Verhinderung der Union mit Schweden. Deshalb setzte sich Prinz Christian Frederik, der dänische Statthalter in Norwegen, an die Spitze der Unabhängigkeitsbewegung.

Der Prinz war aber nicht plötzlich zum Norwegerfreund geworden. Als Neffe des dänischen Königs vertrat er die Interessen Dänemarks. Durch den Aufstand sollte, so das dänische Kalkül, der Weg für eine spätere Wiedervereinigung Norwegens mit Dänemark offengehalten werden.

Am 16. Februar 1814 traf der Dänenprinz in dem Städtchen Eidsvoll mit einflussreichen norwegischen Bürgern und Politikern zusammen und unterbreitete ihnen seine Pläne für das Land. Bereits am 10. April wurde eine verfassungsgebende Versammlung einberufen. Am 17. Mai wurde die Verfassung verabschiedet und Prinz Christian Frederik zum König gewählt.

Die Verfassung von Eidsvoll orientierte sich an den Idealen der

Französischen Revolution und an der amerikanischen Verfassung und war eine der fortschrittlichsten der damaligen Zeit. Nicht ohne Grund betrachten sich die Norweger deswegen als Vorreiter der Demokratiebewegung in Europa.

Wie stolz die Norweger auf die Eidsvoll-Verfassung sind, zeigt die Tatsache, dass sie den 17. Mai, den Tag, an dem die Verfassung unterzeichnet wurde, zu ihrem Nationalfeiertag machten. Und das, obwohl die Unabhängigkeit von 1814 nur ein Zwischenspiel blieb, das nur wenige Monate währte.

Dass Norwegen im Frühjahr 1814 überhaupt seine Unabhängigkeit erklären konnte, war dem Umstand zu verdanken, dass die schwedischen Streitkräfte im Kampf gegen Napoleon gebunden waren. Die schwedische Zurückhaltung hörte sofort auf, als der Krieg in Mitteleuropa zu Ende ging. Zunächst versuchte Schweden, eine Einigung auf friedlichem Weg herbeizuführen. Da sich die Norweger bei den Verhandlungen unnachgiebig zeigten, versuchte man es von schwedischer Seite nun mit »diplomatischen Daumenschrauben«. Der schwedische König überredete die befreundeten Großmächte, Druck auf Norwegen auszuüben. Nachdem auch das nichts nutzte, marschierten schwedische Truppen Ende Juli 1814 in Norwegen ein. Das schlecht ausgerüstete und ebenso schlecht geführte norwegische Heer war chancenlos und kapitulierte bereits nach wenigen Tagen. Trotz ihres schnellen Sieges akzeptierten die Schweden jedoch – mit wenigen Einschränkungen – die Verfassung von Eidsvoll.

Störrische Untertanen

Da seine Majestät der König sich außerstande erklärt hat, dem Lande eine neue Regierung zu geben, und die Monarchie ihre verfassungsmäßige Aufgabe nicht mehr erfüllt, ermächtigt das Parlament die zurückgetretenen Mitglieder der Regierung, bis auf weiteres im Amt zu bleiben und alle Vollmachten auszuüben. Die Vereinigung mit Schweden unter einem König ist aufgelöst, nachdem der König aufgehört hat, als norwegischer König zu fungieren.
Erklärung des norwegischen Reichstags am 7. Juni 1905

König Christian Frederik, der die norwegische Unabhängigkeitsbewegung angeführt hatte, musste auf schwedischen Druck abdanken. An seine Stelle trat als neuer König der schwedische Regent Karl XII. (in Norwegen als Karl II.). In den ersten Jahren unter der neuen Herrschaft ging es wirtschaftlich erst mal wieder bergab in Norwegen. Grund: Der gemeinsame Markt mit Dänemark wurde aufgelöst, und der frühere Großabnehmer England kaufte auch nicht länger in Norwegen ein. Reihenweise gingen norwegische Betriebe bankrott.

In den dreißiger Jahren des 19. Jahrhunderts florierte die Wirtschaft wieder. Und es begann – etwas zeitversetzt – auch ein kultureller Aufschwung. Am Ende des Jahrhunderts erlebte Norwegen die größte kulturelle Blütezeit seiner Geschichte. In allen Bereichen der Kunst brachte das kleine Land Talente hervor, die auf ihrem Gebiet weltweit führend waren. Namen wie Edvard Munch, Edvard Grieg, Henrik Ibsen und Bjørnstjerne Bjørnson sind auch heute noch weltweit ein Begriff.

Zwangsehen funktionieren auch unter Nationen selten ohne Reibereien. Und so war es auch in der Union zwischen Norwegen und Schweden. Ein Zwist reihte sich an den anderen – erst intervenierten die Schweden, weil das norwegische Parlament gegen den Willen des Königs den Adel abschaffte, dann stritt man darüber, ob Norwegens Handelsflotte eine eigene Flagge benutzen darf, und schließlich lehnten die Schweden die norwegische Forderung nach eigenen konsularischen Vertretungen ab.

Schließlich, nach jahrelangem Ringen, war die schwedische Seite 1903 zu Kompromissen bereit. Doch inzwischen hatten die Dinge eine Eigendynamik erhalten. Die Norweger hatten keine

Lust mehr auf Schweden, sie waren entschlossen, die ihnen aufgezwungene Union zu verlassen. Am 11. März 1905 erklärte das norwegische Parlament die Unabhängigkeit des Landes. Wie erwartet weigerte sich der schwedische König, den Parlamentsbeschluss anzuerkennen. Anders als 1814 marschierten diesmal aber keine schwedischen Truppen in Norwegen ein. Vielmehr forderte der König einen Volksentscheid. Hätte er im Voraus das Ergebnis gewusst, hätte er wahrscheinlich auf diese Forderung verzichtet. Bei der Abstimmung im August 1905 stimmten 368 392 Norweger für und 184 gegen die Auflösung der Union mit Schweden. Bei einem solchen Wahlergebnis wird sicher sogar mancher Diktator neidisch – auch Ulbricht und Honecker hätten sich bei solchen Zustimmungsraten manche Wahlmanipulation sparen können.

Nach einem so überzeugenden Votum war an ein militärisches Eingreifen natürlich nicht mehr zu denken. Die Schweden erwiesen sich denn auch als gute Verlierer und entließen Norwegen in die Unabhängigkeit.

Dänenprinz auf dem Norwegerthron

Etwas verschnupft über so wenig Unionstreue waren sie aber wohl doch. Denn als man aus Norwegen anfragte, ob nicht ein Abkömmling des schwedischen Königshauses die norwegische Königskrone übernehmen wolle, lehnte man beleidigt ab. Nach dem Korb aus Stockholm wandte man sich mit der gleichen Bitte an das dänische Königshaus.

Prinz Carl von Dänemark erklärte sich bereit, den norwegischen Thron zu besteigen, jedoch nur unter der Bedingung, dass das Volk auch wirklich einen König wünsche. Daher wurden die norwegischen Wähler – damals alle Männer über 24 Jahre – ein zweites Mal zu den Urnen gerufen. Mit deutlicher Mehrheit sprachen sie sich für die Monarchie aus. Am 25. November 1905 bestieg Prinz Carl als Haakon VII. den norwegischen Königsthron. So viel Demokratie war dem deutschen Kollegen suspekt. Kaiser Wilhelm II. verspottete den neuen Norwegerkönig denn auch als »König von Volkes Gnaden«. Das norwegische Königshaus gibt es immer noch, was aus Kaisers in Berlin wurde, ist bekannt.

Die ersten Jahre des unabhängigen Norwegen waren verheißungsvoll. Die Wirtschaft boomte, und angelockt von billiger Energie durch Wasserkraft kamen ausländische Investoren ins Land. Mit der Industrialisierung des Landes wuchs auch die 1893 gegründete Arbeiterpartei zu einer wichtigen politischen Kraft heran. Bei den Parlamentswahlen 1903 musste sie sich noch mit vier Mandaten begnügen, 1912 war sie jedoch mit 26 Prozent der Stimmen und 23 Abgeordneten schon zweitgrößte Partei im Land. Als zweites europäisches Land nach Finnland führte Norwegen 1913 das Frauenwahlrecht ein.

Im Ersten Weltkrieg blieb Norwegen neutral. Trotzdem musste die Handelsflotte durch U-Boot-Beschuss und Minen erhebliche Verluste hinnehmen. Mehr als 2000 norwegische Seeleute fanden den Tod.

1920 trat Norwegen dem Völkerbund bei. Kurz darauf wurde der Norweger Fridtjof Nansen dessen Hochkommissar. Für seine Hilfsaktionen in den Hungergebieten der UdSSR erhielt Nansen 1922 den Friedensnobelpreis.

Quisling – Verräter auf Hitlers Seite

Der 9. April 1940 kam wie ein Schock. Am Abend davor hatten wir die Extrablätter und Zeitungen gesehen, die berichteten, dass deutsche Kriegsschiffe nach Norden unterwegs seien, aber wir konnten uns nicht vorstellen, dass sie wirklich Kurs auf Norwegen nahmen. Was sollten sie hier? Der Krieg fand unten in Europa statt.

Rut Brandt, in ihrer Autobiografie *Freundesland*

Von der Weltwirtschaftskrise der 1920er Jahre blieb auch Norwegen nicht verschont. Banken und Industrieunternehmen gingen reihenweise in Konkurs, und die Handelsflotte fuhr rote Zahlen ein. In dieser Krisenzeit gewann die Arbeiterpartei immer mehr Anhänger und konnte 1928 die Regierung stellen. Dies blieb aber zunächst nur ein kurzes – nämlich 19-tägiges – Intermezzo. Wirtschaftlich erholte sich Norwegen zu Beginn der 1930er Jahre wieder. Die Arbeitslosenzahlen blieben zwar hoch, doch die Produktion konnte gesteigert werden, und das Einkommen der Arbeiter stieg.

Zu dieser Zeit trat auch Vidkun Quisling, der Führer der politisch relativ bedeutungslosen rechtsradikalen Partei Nasjonal

Samling, zum ersten Mal ins politische Rampenlicht. Als Verteidigungsminister war er in einer von der Bauernpartei geführten Koalitionsregierung vertreten. Quisling sollte später, während der Besetzung Norwegens durch die deutschen Nationalsozialisten, noch eine traurige Schlüsselrolle spielen. Da sie dem Nazi im Verteidigungsministerium misstrauten, weigerten sich linke und liberale Kräfte im Parlament, die Mittel für den Verteidigungsetat zu erhöhen. Gerade dies führte aber später dazu, dass Norwegen auf den deutschen Angriff 1940 nur ungenügend vorbereitet war.

Als 1939 der Zweite Weltkrieg ausbrach, proklamierte Norwegen unverzüglich seine Neutralität. Hitler scherte sich allerdings wenig um die Erklärung der norwegischen Regierung. Am 9. April 1940 begann unter dem Decknamen »Weserübung« die Invasion Dänemarks und Norwegens. Während Dänemark noch am selben Tag bedingungslos kapitulierte, entschied man sich in Norwegen für den Kampf. Obwohl sie den deutschen Truppen hoffnungslos unterlegen war, leistete die norwegische Armee zwei Monate lang Widerstand. Dem König und der Regierung gelangen die Flucht nach Großbritannien. Auch nach der Kapitulation am 10. Juni 1940 hörte der Kampf gegen Hitler-Deutschland nicht auf. Zehntausende gingen in den Untergrund und schlossen sich der Widerstandsorganisation Milorg an. Hitler antwortete mit der bekannten Sprache: Standgerichte, Geiselerschießungen und Terroraktionen gegen ganze Ortschaften – mehr als 10 000 Norweger verloren während des Zweiten Weltkriegs ihr Leben. Die Norweger ließen sich nicht einschüchtern. Je länger die Besatzungszeit dauerte, desto heftiger wurde der Widerstand. Eine der größten Sabotageaktionen gelang dem norwegischen Widerstand im Jahre 1943. In einer Fabrik in Rjukan stellte man »schweres Wasser« für die deutsche Atombombenforschung her. Das brauchte man dringend als Moderator in einem Reaktor, in dem waffenfähiges Plutonium für die deutsche Atombombe hätte hergestellt werden sollen.

Mit der Bombe hoffte Hitler die Gegner doch noch in die Knie zwingen zu können und den »Endsieg« zu erringen. Weil die Alliierten die Fabrik bereits entdeckt und mehrfach bombardiert hatten, wollten die Nazis 100 000 Liter »schweres Wasser« nach Deutschland schaffen. Norwegische Untergrundkämpfer sprengten aber die Eisenbahnwaggons, in denen das Wasser transportiert wurde, und beendeten damit endgültig Hitlers Bombenträume.

Die spektakuläre Aktion diente übrigens in den 1960er Jahren als Vorlage für den berühmten englischen Spielfilm *The Heroes of Telemark* mit Kirk Douglas in der Hauptrolle.

Hakenkreuz über dem Oslofjord

Norwegen war für die Nazis aus mindestens zwei Gründen eine »lohnende Beute«. Zunächst einmal wollten sie die schwedischen Erzlieferungen, die vom nordnorwegischen Hafen Narvik in Richtung England liefen, stoppen. Außerdem hatten sich die deutschen Generäle die tiefen Fjorde als ideales Versteck für ihre U-Boote ausgeguckt.

Vidkun Quisling wiederum, der Führer der Nasjonal Samling in Norwegen, sah nach dem Einmarsch der Deutschen seine Stunde gekommen. Er ernannte sich selbst zum Regierungschef.

Quisling, der Sohn eines evangelischen Pfarrers, war Anfang der 1930er Jahre auf den Nationalsozialismus aufmerksam geworden. 1933 gründete er seine eigene Nazipartei, die Nasjonal Samling. Er selbst ernannte sich zum Führer und bestimmte in seiner Partei ebenso uneingeschränkt wie Hitler in der NSDAP. Mit dem einzigen Unterschied, dass sich niemand für seine Partei interessierte und sie auch kaum jemand wählte. Bei den Parlamentswahlen 1933 erhielt Quislings Nasjonal Samling etwas mehr als zwei Prozent der Stimmen. Damit hatte sie den Höhenpunkt der Zustimmung auch schon erreicht. Bei den nächsten Wahlen sank der Stimmenanteil der norwegischen Nazis auf deutlich unter zwei Prozent. Trotzdem war Quisling für kurze Zeit Verteidigungsminister in einer rechtskonservativen Koalitionsregierung. Nach dem Einmarsch der Deutschen nutzte er die Chance und setzte sich selbst als Ministerpräsident ein.

Doch die Norweger verachteten ihren Naziführer mindestens ebenso wie sie die Deutschen verachteten. Da der Widerstand gegen Quisling immer stärker wurde, ersetzte ihn Hitler bereits nach wenigen Tagen durch den Essener Reichskommissar Josef Terboven. Anfang 1942 wurde Quisling zwar erneut zum Ministerpräsidenten ernannt, die wahre Macht blieb aber bei der deutschen Militärführung.

Quisling war nicht der Einzige, der willig mit den deutschen

Besatzern zusammenarbeitete. Besonders die Industrie profitierte von den deutschen Großaufträgen, und einige führende Industriebosse stellten sich, vom wirtschaftlichen Gewinn angelockt, auf die Seite der deutschen Besatzer. Rund 6000 Norweger meldeten sich als Kriegsfreiwillige in die deutsche Armee, mehr als 4000 traten der Waffen-SS bei.

Lebensborn: Norwegische Kinder für den Führer

Die Norweger sind richtige Germanen. Groß, blauäugig, mutig und stark. So jedenfalls sahen das die Nazis, und deswegen sollte mit norwegischem Blut eine Aufnordung der germanischen Rasse vorgenommen werden. Gemäß Heinrich Himmler waren norwegische Frauen »Mütter von gutem Blut«. Weil die norwegischen Frauen bei den Nazis als rassisch hochwertig galten, durften die Soldaten hier ihren Trieben freien Lauf lassen. Anders als in den besetzten Gebieten im Osten war der (Intim-)Kontakt nicht nur nicht verboten, sondern sogar ausdrücklich erwünscht.

Klar war aber auch, dass sich nur die wenigsten deutschen Soldaten um ihre in der Fremde gezeugten unehelichen Kinder kümmern würden.

Dieses Problem sah die SS-Führung weitsichtig schon unmittelbar nach dem Einmarsch in Norwegen voraus. In einem Brief an Himmler schrieb damals ein SS-Obergruppenführer: »Es mehren sich die Anzeichen, daß in Zukunft mit einem nicht unerheblichen Geburtenzuwachs durch uneheliche Kinder zu rechnen ist, wobei die Mütter Norwegerinnen und die Väter Angehörige der SS, der Wehrmacht oder der Polizei sind.« Abhilfe schafften hier die Lebensbornheime. Für Fälle, dass ledige »arische« Mütter ein Kind bekamen und sich die Väter – oft SS-Männer – nicht kümmerten, übernahm der Staat die Fürsorge. In Deutschland gab es schon einige Lebensbornheime.

Innerhalb kürzester Zeit entstanden in Norwegen ähnliche Häuser. Während des Krieges wurden hier etwa 6000 bis 8000 Kinder geboren, Kinder von deutschen Besatzungssoldaten. Pläne, die norwegischen Mütter mit ihren Kindern zu einem Umzug »ins Reich« zu bewegen, standen bei Kriegsende noch am Anfang, die Umsetzung war erst in Ansätzen erfolgt.

Deutschenkinder – Kinder der Schande

Frauen, die sich während des Krieges mit deutschen Soldaten eingelassen hatten, galten nach dem Krieg als Landesverräterinnen und deren Kinder als »Brut des Feindes« – und entsprechend wurden sie behandelt.

Manche *tyskertøser*, Deutschenflittchen, oder *tyskerhorer*, Deutschenhuren, wurden öffentlich verprügelt, und ihnen wurden die Haare abgeschnitten. Der Redakteur der Zeitung *Arbeiderbladet* fand das, wie damals die meisten Norweger, viel zu nachsichtig. Er schrieb: »Den Deutschenhuren die Haare abzuschneiden, ist noch eine zu milde Strafe, sie sollten in jeder Hinsicht gehasst und drangsaliert werden.«

14000 Frauen wurden verhaftet, 5000 für mehr als ein Jahr in Arbeitslager gesteckt. Einigen nahm man einfach ihre Kinder weg, steckte sie in Heime oder gab sie zur Adoption frei. Ein solches Adoptionskind war übrigens auch Anni-Frid Lyngystad, eine der beiden Sängerinnen der schwedischen Popgruppe Abba.

Vielen Kindern erging es aber noch viel schlechter, viele wurden von Regierungsexperten als »schwachsinnig« eingestuft und in entsprechenden Heimen untergebracht. Frauen, die den deutschen Vater ihrer Kinder geheiratet hatten, verloren die norwegische Staatsangehörigkeit und wurden nach Deutschland ausgewiesen.

Die *tyskerbarn*, die etwa 9000 bis 10000 Kinder deutscher Besatzungssoldaten, mussten teilweise ein Leben lang unter Beleidigungen und Benachteiligungen leiden. Sie galten als »Kinder der Schande«. 1945 hatte die norwegische »Kriegskinderkommission« unter Vorsitz des Sozialministers sogar überlegt, die »Deutschenkinder« nach Australien zu verfrachten. Norwegische Ärzte waren nämlich zu dem Ergebnis gekommen, dass die Kinder »minderwertige Gene« hätten und deswegen eine permanente Gefahr für die norwegische Gesellschaft darstellten. Was für eine tragische Ironie – die von den Rassenfanatikern der Nazis »gezüchteten« Kinder wurden jetzt selbst als genetisch minderwertig bezeichnet.

Ansichten wie diese waren keine Ausnahme. Denn, so die Logik der Norweger, »Wer mit den Nazis zusammengearbeitet hatte, musste einfach verrückt sein«.

Einige Jahre nach Kriegsende hörten die schlimmsten Repressalien zwar auf, benachteiligt wurden Deutschenkinder jedoch ihr ganzes Leben lang. Wenn es beispielsweise darum ging, eine Arbeitsstelle zu bekommen, hatten sie noch jahrzehntelang die schlechteren Karten.

Erst 1998 bat der norwegische Staat erstmals um Entschuldigung für die Diskriminierungen. Es blieb aber bei Worten, finanzielle Entschädigungen flossen damals keine. 2001 zogen schließlich einige der »Kriegskinder«, inzwischen im Rentenalter, vor Gericht, um die norwegische Regierung wegen ihrer Mitverantwortung für die Diskriminierung zu verklagen. Den Prozess verloren sie aus formalen Gründen. Die Verjährungsfrist war inzwischen abgelaufen. Trotzdem setzte nun ein Umdenkungsprozess in Norwegen ein. 2004 erschienen zwei umfangreiche Studien über das Schicksal der Wehrmachtskinder und die Mitverantwortung des norwegischen Staates. Die noch lebenden Deutschenkinder erhielten Schadenersatzzahlungen vom Staat.

Landesverräter vor Gericht

Aber es hatten sich nicht nur norwegische Frauen in deutsche Soldaten und SS-Leute verliebt und mit ihnen Kinder gezeugt, es gab auch wirkliche Kollaborateure.

50 000 Norweger mussten sich vor eigens eingerichteten Sondergerichtshöfen dem Vorwurf der Zusammenarbeit mit dem Feind stellen. Im Verhältnis zur Einwohnerzahl von damals knapp drei Millionen war das eine riesige Zahl. Zum Vergleich: Auf die aktuelle Einwohnerzahl Deutschlands hochgerechnet würde das bedeuten, dass fast 1,4 Millionen Menschen vor Gericht gestellt würden.

Die meisten Angeklagten kamen mit Geldstrafen davon, einige mussten ins Gefängnis, und gegen 30 führende Mitglieder der Nasjonal Samling wurde die Todesstrafe verhängt – 20 Todesurteile wurden tatsächlich vollstreckt. Darunter auch das gegen Vidkun Quisling, der am 24. Oktober 1945 erschossen wurde. *Quisling* ist heute übrigens ein Wort in der norwegischen, schwedischen und auch englischen Sprache. Es bedeutet: Verräter.

Der vielleicht berühmteste Nazifreund war der Literaturnobelpreisträger Knut Hamsun. Noch am Tage nach Hitlers Selbstmord verfasste er ein Heldengedicht auf »seinen Führer«. Hamsun wurde ebenso wie die anderen Kollaborateure nach Kriegsende vor Gericht gestellt. Der über achtzig Jahre alte Hamsun kam mit einer hohen Geldstrafe davon.

Die Aufarbeitung der Nazizeit dauert im Prinzip bis heute an. Wer ein Buch über den Nationalsozialismus oder noch besser norwegische Kollaborateure schreibt, kann sich hoher Auflagenzahlen sicher sein.

Als ich als Jugendlicher Ende der 1970er Jahre das erste Mal nach Nordnorwegen kam, bekam ich zu spüren, dass man als Deutscher nicht besonders beliebt ist. Die sonst so sprichwörtliche Freundlichkeit der Norweger machte in Narvik oder Tromsø spröder Reserviertheit Platz. Freilich wurde ich überall korrekt bedient, aber der extra Schuss Aufmerksamkeit blieb mir als Deutschem verwehrt.

Besonders im Norden des Landes war man schlecht auf Deutsche zu sprechen. Als die Wehrmacht 1940 Narvik eroberte, ging sie nicht zimperlich vor und machte die ganze Stadt dem Erdboden gleich. Viele Menschen, die den deutschen Überfall miterlebt hatten, lebten in den 1970er Jahren noch – entsprechend kühl wurden deutsche Touristen behandelt. Da spielte es auch keine Rolle, wenn es sich bei »dem Deutschen« um einen siebzehnjährigen Rucksacktouristen handelte, der schon rein altersbedingt nicht beim deutschen Einmarsch 1940 hatte dabei sein können. »Die Gnade der späten Geburt« erwies sich damals nicht als Vorteil.

Auch auf politischer Ebene blieb das deutsch-norwegische Verhältnis nach dem Zweiten Weltkrieg lange Zeit angespannt. Man pflegte zwar gutnachbarschaftliche, aber keineswegs freundschaftliche Beziehungen. Erst als 1969 Willy Brandt, der ja während des Krieges die norwegische Staatsbürgerschaft annahm, zum Bundeskanzler gewählt wurde, verbesserte sich das deutsch-norwegische Verhältnis allmählich.

Seit meiner ersten Reise nach Norwegen sind mehr als 30 Jahre vergangen. Wer als Deutscher heute in Narvik einkauft, wird freundlich bedient.

Aufschwung Nord

Nach 1945 erholte sich das Land wirtschaftlich sehr schnell, schon ein Jahr nach Kriegsende war das Bruttosozialprodukt höher als das vor Ausbruch des Krieges. Bei den ersten Nachkriegsparlamentswahlen im Oktober 1945 ging die sozialdemokratische Arbeiterpartei unter der Führung von Einar Gerhardsen als Sieger hervor. Gerhardsen wurde in den folgenden Jahren so etwas wie der »Vater des neuen Norwegens« und stand bis 1965, abgesehen von zwei kurzen Unterbrechungen, an der Spitze der Regierung.

In großer Einigkeit machte man sich in Norwegen daran, einen Sozialstaat mit einem sehr engmaschigen Wohlfahrtsnetz aufzubauen. Auch die bürgerlichen Oppositionsparteien trugen das Modell mit.

Was die Außenpolitik anging, verhielt sich Norwegen in den ersten Nachkriegsjahren vorsichtig. Man wollte sich aus dem Streit der Großmächte heraushalten, und am liebsten wäre es den Norwegern gewesen, hätte man sie am Nordrand Europas einfach vergessen. Wenn das aber schon nicht ging, dann sollten sich zumindest alle lieb haben. Und deswegen engagierte sich Norwegen unter der Führung des norwegischen UNO-Generalsekretärs Trygve Lie als Vermittler zwischen Ost und West.

Die Rolle des »Familientherapeuten« für die Welt scheint Norwegern zu liegen. Auch bei späteren Konflikten ließ man sie gerne Frieden stiften. Stalin erwies sich aber auch für die freundlichen Norweger als zu harte Nuss. Den Kalten Krieg konnten auch sie nicht verhindern. Als die Idee einer nordischen Militärallianz scheiterte und die aggressiven Absichten der Sowjetunion in Ost- und Nordosteuropa immer deutlicher wurden, trat Norwegen 1949 der NATO bei. Allerdings verbot die Regierung in Friedenszeiten die Stationierung ausländischer Truppen und die Aufstellung nuklearer Sprengköpfe in ihrem Land.

EG und EU, nein danke

Wie es sich für gute Norweger gehört, waren sich die Parteien in der Nachkriegszeit in allen wichtigen Fragen einig. Diskutiert, aber keinesfalls gestritten, wurde allenfalls um Details. Diese Periode von Friede, Freude, Eierkuchen endete abrupt 1972.

Denn in der Frage des Beitritts zur Europäischen Gemeinschaft gingen die Meinungen weit auseinander. Nachdem der damalige Haupthandelspartner Großbritannien der EG beigetreten war, glaubten viele, dass außerhalb der Gemeinschaft Hunger und Not auf das Land warten würden. Besonders die Industrie fürchtete, den Anschluss an Europa zu verlieren. Landwirte, Fischer und Gewerkschafter warnten dagegen vor dem Zentralismus der Brüssler Bürokratie und einer Überfremdung Norwegens. Die Linke wiederum fürchtete um die Errungenschaften des Wohlfahrtsstaates und einen Siegeszug des Kapitals. Der Widerstand gegen die EG reichte von rechts bis links, fand aber hauptsächlich außerhalb der Parteien statt. Alle großen Parteien wollten den Weg nach Brüssel antreten.

Im September 1972 wurden die Norweger zu den Urnen gerufen. Zum Entsetzen der Parlamentsmehrheit stimmte das Volk falsch – und damit gegen den EG-Beitritt. Die sozialdemokratische Regierung, die dem EG-Vertrag bereits zugestimmt hatte, musste zurücktreten.

Die EG-Diskussion hinterließ offene Wunden, die viele Jahre nicht heilten. Im traditionell konsensfreudigen Norwegen hatte es zum ersten Mal eine politische (Schlamm-)Schlacht gegeben. Viele Wähler der Arbeiterpartei nahmen ihrer Partei das Eintreten für Europa übel und wandten sich von ihr ab.

Anfang der 1990er Jahre flammte die Diskussion um den Beitritt zur Europäischen Union auf. Die ehemalige Europäische Gemeinschaft hatte inzwischen weitere Mitgliedsländer gewonnen und den Namen gewechselt. Im Prinzip blieb aber die Frage dieselbe: Lohnt es sich, für vermeintliche wirtschaftliche Vorteile, die der EU-Beitritt bringt, Teile der staatlichen Souveränität an Brüssel abzutreten?

1992 beantragte die regierende Arbeiterpartei unter Ministerpräsidentin Gro Harlem Brundtland den Beitritt zur Union. Während sie im Lande hauptsächlich die wirtschaftlichen Vorteile im

Falle eines EU-Beitritts anpries – und gleichzeitig mit Einschränkungen im Staatshaushalt bei einer Ablehnung drohte –, warnten die EU-Gegner vor allem vor einer Aufgabe der Souveränität. Die Angst davor, dass die norwegischen Ölfelder von Brüssel angezapft werden könnten, der norwegische Dorsch von EU-Fischern gefangen und der norwegische Zwergwal von EU-Umweltschützern gerettet werden könnte, ging im Land um. Die Bauern fürchteten die Streichung staatlicher Subventionen und die Frauen den Verlust der skandinavischen Errungenschaften in Fragen der Gleichberechtigung. All diese Ängste – die zum Teil schon 1972 die Diskussion bestimmt hatten – überwogen schließlich; im November 1994 lehnte eine knappe Mehrheit den Unionsbeitritt ab.

Seitdem halten die Norweger einen ganz besonderen Rekord. Kein anderes Land hat so oft den Antrag auf EG- bzw. EU-Mitgliedschaft gestellt – vier Mal insgesamt. Schon 1962 und 1967 wollte man der Europäischen Gemeinschaft beitreten – damals vor allem deswegen, weil auch der Haupthandelspartner Großbritannien den Beitritt beantragt hatte. Beide Male stoppten die Franzosen durch ihr Veto den britischen Antrag. Weil sie ohne die Briten aber nicht in Europa mitmachen wollten, zogen auch die Norweger ihren Antrag jeweils wieder zurück.

Wenn sie sich heute den Zustand der EU auf der einen und den ihres Landes auf der anderen Seite anschauen – Milliardenschulden hier und ein Milliardenvermögen dort –, sind die Norweger vermutlich froh, dass sie nicht dazugehören zur Brüsseler Bürokratie und sich den Schlamassel in aller Ruhe von außen ansehen können. Und ihr Öl kann ihnen auch niemand wegnehmen.

Und um genau das geht es im nächsten Kapitel.

Wirtschaft, Gesellschaft, Umwelt

Ölgeschenk zu Weihnachten

Die vier Millionen Norweger könnten prassen und andere für sich arbeiten lassen, aber dann wären sie eben keine Norweger mehr.
Der ARD-Korrespondent Tilman Bünz in seinem Buch
Wer die Kälte liebt (2008)

Heiligabend ist der Tag der Geschenke. Weltweit herrscht Freude unterm Weihnachtsbaum. Man packt Krawatten und Socken aus, Parfums und Schmuck oder eine Ritterburg und einen iPod.

Das größte Weihnachtsgeschenk, das je verteilt wurde, bekamen aber die Norweger an einem Heiligabend vor über 40 Jahren. Damals, am 24. Dezember 1969, stieß man bei Bohrungen in der Nordsee auf riesige Öl- und Gasvorkommen. Drei Jahre hatte man bis dahin schon gebohrt und gehofft, bis dann endlich die Quellen sprudelten. Heute steht Norwegen auf der Liste der größten Öl- und Gasexporteure ganz weit vorn. An rund 50 Stellen vor der norwegischen Westküste werden derzeit Öl und Gas gefördert. Zur Erdölhauptstadt Europas ist das ehemals bedeutungslose Städtchen Stavanger aufgestiegen. Alle wichtigen internationalen Ölgesellschaften unterhalten hier Büros, und der staatliche norwegische Ölkonzern Statoil hat in Stavanger seine Zentrale. Bereits 1993 schrieb der Journalist Hans-Joachim Schilde im Vorwort zu einem Bildband über Norwegen: »Die Wikinger von einst sind inzwischen die blauäugigen Araber Europas geworden. Vor ihrer Küste schlummert ein Erdgas- und Erdölvorrat, der selbst die gestandenen Herren der OPEC erbleichen läßt.«

Schon vor dem Dezember 1969 war Norwegen kein armes Land, seither gehörte der norwegische Staat plötzlich zu den Superreichen der Welt. Innerhalb kürzester Zeit bezahlte er seine gesamten Auslandsschulden zurück, und dann begann das große Sparen.

96 Prozent der Gewinne aus der Ölförderung legen die Norweger auf die hohe Kante und investieren sie in einen Fonds. Nur vier Prozent der Summe dürfen laut Gesetz im laufenden Haushalt verwendet werden. Normalerweise. In Krisenzeiten, wie der gegenwärtigen, schnürt Vater Staat das Säckel etwas weiter auf und lässt knapp sechs Prozent des Ölgelds in den Haushalt fließen. Damit fördert man dann Konjunkturpakete, durch die die inländische Wirtschaft am Laufen gehalten wird – beispielsweise werden dann Baumaßnahmen in Kommunen unterstützt.

Norwegen behauptet von sich ja gerne, ein kleines und unbedeutendes Land zu sein. Das mag stimmen, wenn es um die Einwohnerzahl geht. Geht es um die Wirtschaftskraft, ist das eine maßlose Untertreibung.

Mit seinem Ölfonds gehört der norwegische Staat zu den größten Investoren weltweit. Vor kurzem haben die Norweger sogar Abu Dhabi überholt und besitzen jetzt den kapitalträchtigsten Staatsfonds alle Länder. Der politische Einfluss des Landes ist dadurch natürlich wesentlich größer, als es seinen knapp fünf Millionen Einwohnern entspricht.

Der Ölfonds hat, Stand Oktober 2012, einen Wert von gut 500 Milliarden Euro, das entspricht rund einem Prozent des globalen Aktienmarktes. Und jede Woche wächst das Fondsvermögen um fast eine Dreiviertelmilliarde Euro weiter an.

Zum Vergleich: Griechenland, das Sorgenkind der EU, das mit einem Hilfspaket nach dem anderen vor dem Staatsbankrott gerettet werden muss, war Ende 2011 mit 375 Milliarden Euro verschuldet. Ein kleiner Scheck aus Oslo könnte die Probleme in Athen also auf einen Schlag lösen.

Damit ihr Fonds auch in Krisenzeiten nicht abstürzt, streuen die Norweger ihr riesiges Kapital breit: Weltweit investieren sie in über 8300 Unternehmen. In Norwegen selbst legt man dagegen kein Geld an. So will man verhindern, dass die einheimische Wirtschaft überhitzt und man eine Inflationsspirale anstößt. Yngve Slyngstad, Chef des norwegischen Staatsfonds, hat dies einmal so formuliert: Das Geld, das auf den Bohrinseln verdient wird, dürfe das Festland gar nicht erst erreichen.

Aktien können bis zu 60 Prozent des Fondsvolumens ausmachen, der Rest geht in festverzinsliche Papiere. Seit neuestem darf auch in Immobilien investiert werden – allerdings dürfen nur bis zu fünf Prozent des gesamten Fondsvolumens so angelegt werden. Auch in Deutschland haben die Norweger Geld investiert. Insgesamt acht Prozent der Fondsmittel, unter anderem in Aktien von Bayer, der Deutschen Bank und Volkswagen. Größter Einzelposten sind aber Schuldverschreibungen der Vereinigten Staaten im Wert von 36 Milliarden Euro. Im Klartext: Das kleine Norwegen hilft den klammen Amerikanern mit einem riesigen Batzen Geld aus der Klemme.

Gutes Geld, schlechtes Geld

Lange hat man in Norwegen nur nach finanziellen Kriterien investiert. Wenn die Rendite stimmte, war alles andere egal. Seit 2004 werden die Aktien für den Ölfonds aber auch nach ethischen Richtlinien gekauft. Seitdem sind Beteiligungen an Unternehmen tabu, die gegen die Menschenrechte verstoßen, Kinderarbeit fördern, sich an der Produktion von Massenvernichtungswaffen beteiligen oder durch ihre Produktion die Umwelt zerstören. Auch von Tabakfirmen kaufen die Norweger seitdem prinzipiell keine Aktien mehr. Politischen Einfluss auf Regierungen wollen die Norweger durch die Aktieneinkäufe aber nicht nehmen. Mit einer Ausnahme: Firmen, die der burmesischen Regierung Waffen verkaufen, setzt man auch auf die Tabuliste. Und: burmesische Staatsanleihen wandern ebenfalls nicht ins Portfolio der Norweger.

Über die Einhaltung der Richtlinien wacht ein eigens dafür eingesetzter Ethikrat. Die fünf Mitglieder des Rates sind Universitätsprofessoren und ehrenamtlich tätig. Obwohl sie über die Investition von Millionenbeträgen entscheiden, erhalten sie für ihre Tätigkeit nur eine Aufwandsentschädigung.

Der Ethikrat erstellt auch eine Liste von Firmen, die von der »Einkaufsliste« gestrichen werden bzw. deren Aktien wegen Verstoß gegen die Ethikkriterien verkauft werden müssen. So gaben die Norweger beispielsweise im Juni 2012 Wertpapiere von Shikun & Binui Ltd. ab, weil das Unternehmen an dem Bau von israelischen Wohnungen in den besetzten Palästinensergebieten beteiligt war. Der Kurs der Aktie gab daraufhin innerhalb kürzester Zeit um mehr als zehn Prozent nach. Und 2006 verkaufte der Fonds seine Beteiligungen am US-Konzern Wal Mart. Damals hatte der

Ethikrat die Arbeitsbedingungen für die Angestellten des Unternehmens als menschenunwürdig eingestuft. Wal Mart hatte unter anderem seinen Mitarbeitern verboten, eine Mittagspause zu machen, und sie zu unbezahlten Überstunden gezwungen. Auf Anfragen des norwegischen Fonds hatten die Amerikaner nicht reagiert, als die Aktien dann aber verkauft wurden, protestierte der amerikanische Botschafter in Oslo gleich mehrfach dagegen.

Das amerikanische Unternehmen Freeport war das erste, dessen Aktien wegen eines Verstoßes gegen die Umweltrichtlinien des Fonds verkauft wurden. Freeport betreibt eine Kupfermine in Neu-Guinea und leitet die ungeklärten Abwässer aus der Förderung in ein Flusssystem. Der Fluss ist heute eine stinkende Kloake, die Fische, die einst in ihm lebten, sind tot. Aktien von Boeing oder EADS kaufen die Fondmanager gar nicht erst, weil die Unternehmen an der Herstellung von Kernwaffen beteiligt sind.

Jeder Norweger hat das Recht, dem Ethikrat Unternehmen zu melden, von denen er glaubt, dass sie den Fondsrichtlinien nicht entsprechen. Scheinen die vorgebrachten Argumente plausibel, überprüft das Gremium den Sachverhalt und legt das Ergebnis dann dem Finanzministerium vor. Und das wiederum verkauft dann im Falle eines Falles die besagten Aktien.

Damit die Bürger wissen, in welche Wertpapiere der Staat investiert, wird die Zusammensetzung des Ölfonds auf der Seite des Finanzministeriums veröffentlicht. Auch wenn Aktien verkauft wurden, weil sie den ethischen Richtlinien nicht entsprechen, wird dies dort offengelegt.

Als Großinvestor kann der norwegische Staat durchaus auf Firmen Einfluss nehmen. Dupont und Bayer, den beiden führenden Herstellern von Pflanzensamen, konnte man beispielsweise die Selbstverpflichtung abringen, künftig aktiver gegen Kinderarbeit bei Zulieferbetrieben vorzugehen. Für die meisten Unternehmen bedeutet der Ausstieg der Norweger nicht nur einen finanziellen Verlust, sondern auch einen Imageschaden.

In Zukunft soll ein Teil des Fondsvermögens – man spricht von zehn Prozent – auch nach Kriterien des *positive screening* angelegt werden. Konkret heißt das, dass Unternehmen deswegen ins Portfolio des Ölfonds aufgenommen werden, weil sie sich besonders für Umweltschutz und soziale Arbeitsbedingungen einsetzen.

Trotzdem: Auch die Norweger sind keine Weltverbesserer. Die

Fondsregeln verbieten, dass sie mehr als zehn Prozent der Aktien an einem Unternehmen halten. Das hilft, das Risiko zu streuen, beschränkt aber den Einfluss auf die Unternehmensphilosophie.

Außerdem lautet das oberste Kriterium der norwegischen Fondsmanager ebenso wie das aller anderen Fondsmanager weltweit: Profit machen – und davon möglichst viel.

Sichere Renten aus dem Meer

Genug zu haben ist Glück, mehr als genug zu haben ist unheilvoll.
Das gilt von allen Dingen, aber besonders vom Geld.
Norwegische Volksweisheit

Ohne das schwarze Gold aus der Nordsee stünden die Norweger finanziell nicht viel besser da als ihre Nachbarn. Doch »Was-wäre-wenn-Rechnungen« sind immer hypothetisch. Zwar haben kluge Wirtschaftswissenschaftler errechnet, dass der Staatshaushalt, der gegenwärtig zu einem Drittel durch Einnahmen aus dem Ölgeschäft finanziert wird, jedes Jahr fast 18 Milliarden Euro Miese machen würde, wenn es das Öl nicht gäbe. Aber das muss wiederum niemand wirklich Sorgen bereiten.

Mittlerweile sind die Einnahmen aus der Ölförderung so groß, dass das größte Problem der Norweger ist, das viele Geld richtig anzulegen. Im Land wird deswegen heftig diskutiert, ob man die Einnahmen nicht dazu verwenden sollte, die hohen Steuern zu senken und eher an die Gegenwart als in die Zukunft zu denken. Vor allem die rechtspopulistische Fortschrittspartei geht mit solchen Versprechungen auf Stimmenfang. Eigentlich widersprechen solche Forderungen dem norwegischen Denken und sind – wie an anderer Stelle dieses Buches erklärt – sehr *unorsk,* sehr unnorwegisch. Obwohl die Kirchengläubigkeit der Norweger nicht mehr besonders ausgeprägt ist, sitzt der strenge Protestantismus noch in den meisten Köpfen fest. Einfach nur Spaß haben und an sich denken, das ist ihre Sache nicht. Ein bisschen vernünftig muss man schon sein.

Und schließlich legt man das Geld für die eigenen Enkelkinder an, die irgendwann ohne die Einnahmen aus dem Ölgeschäft auskommen müssen. Mit dem abgesparten Vermögen sollen dann die

Pensionszahlungen finanziert werden. Offiziell heißt der Fonds deswegen auch nicht Öl- sondern »Statens Pensjonsfond«, staatlicher Pensionsfonds. Norbert Blüm, einst Arbeitsminister unter Helmut Kohl und der Mann, der den Deutschen einredete »die Renten sind sicher«, hätte sich bestimmt gefreut, wenn sein Versprechen auf einer derart soliden finanziellen Grundlage gefußt hätte.

Mittelfristig muss man sich in Norwegen ohnehin noch keine Gedanken über ein Leben ohne Öl machen. Die bisher erschlossenen Ölfelder sind noch lange nicht erschöpft. Und immer wieder werden neue entdeckt: So konnte man beispielsweise im November 2011 in der *Süddeutschen Zeitung* unter der Überschrift »Gigantischer Ölfund vor Norwegen« lesen: »So viel Öl wurde in der Nordsee seit Jahrzehnten nicht mehr aufgespürt: Norwegens staatlicher Energiekonzern Statoil ist auf zwei zusammenhängende Felder gestoßen. Hunderte Millionen Barrel Öl sollen hier gefördert werden. Damit hatte nicht einmal das Unternehmen selbst gerechnet.«

Später schob dann Statoil konkrete Zahlen nach und schätzte, dass man aus den beiden neuen Feldern Öl im Wert von umgerechnet 35 Milliarden Euro zutage fördern werde. Und sollten die Quellen vor der westnorwegischen Küste versiegen, zieht man einfach weiter Richtung Norden. Im Meer vor den Lofoten und in der Barentssee schlummern weitere riesige Ölvorkommen im Meeresboden. Dumm nur, dass dort oben die klimatischen Bedingungen extrem kompliziert sind und die Förderung entsprechend gefährlich ist.

Allerspätestens seit der Katastrophe im Golf von Mexiko im Jahre 2010 weiß man, dass Ölförderung ihren Preis hat – einen Preis, den die Umwelt zahlen muss. Auch Norwegen hat schon seine Katastrophen erlebt. 123 Ölarbeiter starben, als am 27. März 1980, kurz vor 18.30 Uhr, in einem Sturm ein Bein der Förderinsel »Alexander Kielland« abbrach, sie umkippte und innerhalb weniger Minuten kopfstand. Die meisten Arbeiter saßen damals nach Feierabend im Bordkino und konnten sich nicht mehr retten.

Statistisch gesehen ist die Arbeit auf einer Ölbohrinsel zehnmal gefährlicher als die Arbeit in einem Bergwerk. Allein in den Jahren zwischen 1990 und 2006 haben sich auf norwegischen Ölplattformen mehr als 2500 große und kleinere Unfälle ereignet. Umweltschützer warnen deswegen vor einem Ausbau der Ölförderung im

Norden. Nicht nur für die Menschen, auch für die Umwelt droht Gefahr. Ein einziges Unglück könnte riesige Naturgebiete zerstören. Und selbst wenn – was unwahrscheinlich ist – nie etwas passieren sollte, Ölbohrplattformen vor der Kulisse der Lofoten kann man sich nur schwer vorstellen.

Denn die Inselgruppe vor der nordnorwegischen Küste gehört zum Schönsten, was die Natur auf diesem Planeten gezaubert hat. Besonders beeindruckend sind die steilen Berge, die riesig aus dem Meer ragen. Weil sie aus der Ferne einer unbezwingbaren Wand ähneln, werden sie auch Lofotenwand genannt. Die Inselgruppe hat aber auch ihre sanften Seiten, weite Sandstrände mit glasklarem Wasser etwa, bei denen im Grunde nur die Palmen fehlen, um es mit einem Südseeparadies aufnehmen zu können.

Die Frage, ob und wann die Ölförderung im Norden aufgenommen werden soll, wird immer wieder aufgeschoben, denn eindeutige Mehrheiten in dieser Frage gibt es nicht. Lediglich die konservative Høyre und die rechtspopulistische Fortschrittspartei sprechen sich klar dafür aus, die Lofoten für die Ölsuche zu öffnen. Die Arbeiterpartei, die traditionell die stärkste Partei im Land ist, ist in dieser Frage gespalten.

Dabei bräuchte Norwegen das Öl für die eigene Energieversorgung ohnehin nicht unbedingt. 98 Prozent der norwegischen Elektrizität werden aus Wasserkraft gewonnen.

Schnelle Krone auf der Plattform

Einen weitere Schattenseite hat die Ölförderung: Auf den Plattformen kann man (zu) viel Geld verdienen. Was soll daran schlecht sein?, werden viele jetzt fragen. Für den Einzelnen gar nichts. Für die Gesellschaft hat das aber zwei unangenehme Folgen – die Preise steigen, und für viele Arbeitsplätze fehlt das Personal.

Und das kommt so: Viele Männer (und inzwischen auch immer mehr Frauen) werden von den hohen Löhnen angelockt und arbeiten auf den Plattformen. Besonders Menschen aus ohnehin schon strukturschwachen Gegenden abseits der Großstädte nutzen die Chance, viel Geld zu verdienen. Für den Einzelnen ist die gut bezahlte Arbeit in der Ölindustrie ein Segen, für die Gemeinschaft wirft diese Entwicklung aber Probleme auf.

Die Menschen verlassen ihre Bauernhöfe und legen ihre Schiffe an die Kette, schließen ihren Malerbetrieb oder machen die Autowerkstatt zu, kündigen ihre Stelle im Krankenhaus oder an der Universität.

Der Job auf der Ölbohrinsel wurde zum Traum vieler Norweger. Zehn, fünfzehn Jahre richtig ranklotzen und dann die Beine hochlegen. So sah plötzlich die Lebensplanung vieler Norweger aus. Das mit dem Beinehochlegen beschränkten die meisten dann doch auf den Urlaub in Spanien. Es wäre auch völlig unnorwegisch, so einfach nichts mehr zu tun. Geld aber haben sie alle verdient, die Leute von der Bohrinsel.

An Land hat das zur Folge, dass viele Stellen nicht mehr besetzt werden können. Besonders in sozialen Berufen sucht man händeringend nach Personal. Kindergärtner, Sozialarbeiter, Lehrer, Arzt und Krankenpfleger sind längst Mangelberufe.

Viele Stellen können nur noch durch Arbeitskräfte aus dem Ausland besetzt werden. Besonders viele Polen kamen in den letzten Jahren ins Land, aber auch arbeitsuchende Deutsche flüchten vor der hiesigen Wirtschaftskrise in den hohen Norden. Wer gut ausgebildet ist, der findet dort meist problemlos eine Arbeitsstelle.

Die ohnehin hohen Preise in Norwegen steigen unter dem Ölboom weiter. Denn eines gilt: Wer auf den Bohrinseln arbeitet, kann sich mehr leisten und auch höhere Preise bezahlen. Für diejenigen, die an Land geblieben sind, wird das Leben teurer, denn ihre Löhne steigen nicht im selben Maße wie die Preise.

Dass in Norwegen so viele Frauen arbeiten wie in kaum einem anderen Land, liegt nicht nur an der »Gleichberechtigung der Geschlechter«, sondern schlicht daran, dass vielen Familien ansonsten das Geld fehlen würde. Mit nur einem Gehalt können nur noch die Wenigsten den gewohnt hohen Lebensstandard halten.

Nummer eins – auch beim Preisniveau

Norwegen liegt in vielen Statistiken auf den Spitzenplätzen – bei der Schulbildung, bei der Lebenserwartung und der Lebensqualität, und, und, und. Auf einen der statistischen Spitzenplätze würden die Norweger aber sicher gerne verzichten. Auch in der Rangliste der teuersten Länder der Welt steht ihr Land ganz oben. Oslo und die Ölmetropole Stavanger gehören sogar zu den teuersten Städten der Welt.

Eine Studie des Beratungsunternehmens »ECA International« ergab bereits 2006, dass die Kosten für Kleidung, Elektrogeräte, Auto, Lebensmittel, Dienstleistungen in keiner Stadt Europas so hoch sind wie in Oslo. Im selben Jahr schrieb die britische Zeitschrift *Economist*, dass nach der Analyse ihres eigenen Forschungsinstituts Oslo die teuerste Stadt der Welt sei und Tokio nach 14 Jahren vom Spitzenplatz verdrängt habe.

Das bestätigte auch die Schweizer USB-Bank im September 2012. Auch nach ihrem Ranking ist das Leben nirgends so teuer wie in Norwegens Hauptstadt, die nach den Erkenntnissen der Schweizer Zürich und Tokio auf die Plätze zwei und drei verweist. Für die Studie wurde ein Warenkorb mit 122 Gütern und Dienstleistungen verglichen. Ihren Spitzenplatz auf der »Teuerliste« verlieren die Norweger allerdings, wenn man die Mieten in den Warenkorb mit einberechnet – wohnen kann man in Norwegen nämlich verhältnismäßig günstig. In diesem Fall ziehen New York, Hongkong und Dubai an den Norwegern vorbei. Wer es billig will, muss nach der Studie der Schweizer übrigens nach Indien ziehen – Delhi und Mumbai sind angeblich die billigsten Großstädte der Welt. Allerdings verdienen die Menschen dort im Vergleich auch am wenigsten. Apropos: Bei der Lohnstatistik liegt Oslo nicht an der Spitze. Am meisten verdient man in Zürich und Genf. Oslo folgt hier hinter Kopenhagen auf dem vierten Platz.

Das hohe Preisniveau des Landes ist gut für den Nachbarn. Schweden, das hier niemand im Verdacht hat, ein Billigeinkaufsland zu sein, ist das Shoppingparadies der Norweger. Die Grenzorte werden von einkaufswütigen norwegischen Sparfüchsen geradezu überschwemmt. Laut »Statistic Norway« gaben die Norweger 2011 insgesamt umgerechnet 1,6 Milliarden Euro in schwedischen Geschäften aus. Fünf Prozent ihrer Lebensmittelkäufe machen die Norweger inzwischen schon beim östlichen Nachbarn.

In Nordby, einer Gemeinde unmittelbar jenseits der norwegisch-schwedischen Grenze, liegt – direkt an der Autobahn – eines der größten schwedischen Einkaufszentren. Zum Shopping kommen vor allem Norweger aus Oslo. Für viele ist die Einkaufsfahrt am Wochenende schon fester Bestandteil der Terminplanung. Das *systembolaget*-Geschäft in der schwedischen Grenzstadt Strömstad wiederum erzielt die mit Abstand höchsten Umsätze aller Alkoholgeschäfte in Schweden.

Systembolaget heißen die Läden des staatlichen schwedischen Alkoholmonopols, die sündhaft teuren Alkohol verkaufen. Niemand – außer Norwegern – würde auf die Idee kommen, freiwillig dort einzukaufen. Doch in den staatlichen Alkoholgeschäften in Norwegen – im *vinmonopol* – sind Schnaps, Sekt, Wein und Bier noch viel teurer.

Die Schweden selbst füllen ihre Alkoholvorräte übrigens am liebsten bei kleinen Ausflügen nach Dänemark auf. Oder sie packen sich den Kofferraum noch mal schön mit Alkohol voll, bevor sie nach dem Urlaub im Süden die Heimreise antreten. Deutsche Supermärkte, die in Hafenstädten liegen, in denen Fähren Richtung Schweden ablegen, können davon ein freudiges Lied singen.

Die grenzüberschreitenden Einkäufe würden zu Arbeitslosigkeit im eigenen Land führen, warnt Thomas Angell, der Direktor des norwegischen Handelsverbandes Virke. Die Politiker müssten das Problem ernst nehmen, sagt er, und dürften die Mehrwertsteuer nicht noch weiter erhöhen.

Wasserkraft, die Aufschwung schafft – von der Fischernation zum Industrieland

Eigentlich könnten alle Norweger heute bequem in ihren Ferienhäusern sitzen und den Ölquellen beim Sprudeln zuschauen. Momentan wäre genug Geld für alle da – nichts zu tun, das könnten sich die Norweger problemlos leisten.

Dass sie genau das nicht machen, sondern ihr Ölgeld für zukünftige Generationen ansparen, mag auch an der Vergangenheit des Landes liegen. Reich war man in Norwegen nicht immer. Dass die Wikinger Island, Grönland und später auch Amerika entdeckten, lag auch daran, dass es zu Hause nicht für alle genug zu essen gab. Und dass in manchen Bundesstaaten des amerikanischen Ostens die meisten Bewohner norwegische Vorfahren haben, hat seinen Grund darin, dass große Hungersnöte im 19. Jahrhundert die Menschen forttrieben.

Lange Zeit war Norwegen ein Land der Fischer und Bauern. Vor allem der Fischer. Städte entstanden nur entlang der Küste, überall dort, wo Schiffe anlanden konnten. Im Landesinneren fehlte die Infrastruktur. Straßen durch das schroffe Land zu bauen, war lange Zeit nicht möglich. Und wo keine Straßen sind, da entstehen weder Dörfer noch Städte.

Die Bauern lebten weit verstreut auf ihren schwer zugänglichen Höfen. Mehr oder weniger produzierten sie für den Eigenbedarf. Die Fänge der Fischer dagegen gingen zu großen Teilen in den Export. Die Kaufleute der Hanse kauften schon ab dem 14. Jahrhundert ganze Fänge auf und exportierten sie in den Süden Europas.

Industrie entwickelte sich nur zögerlich. Erst um 1900 herum begannen die Fabrikschlote wirklich zu qualmen in Norwegen. Wie heute spielte auch damals schon der Zugang zu billiger Energie eine große Rolle für die industrielle Entwicklung.

Die Rolle, die heute das Öl für die Wirtschaft Norwegens spielt, spielte zu Beginn des 20. Jahrhunderts das Wasser. Man staute die Flüsse auf und nutzte die Wasserkraft zur Energiegewinnung. Auf einfache Wassermühlen und Hammerwerke folgten wassergetriebene Generatoren zur Gewinnung elektrischer Energie. In der Folge entwickelten sich Betriebe der metallverarbeitenden Industrie und des Maschinenbaus, der Kunstdünger- und der Aluminiumproduktion.

Seit gut einhundert Jahren wird in Norwegen Aluminium produziert. Zunächst waren die norwegischen Firmen im Vergleich zur ausländischen Konkurrenz winzig. Die Rohstoffe aber lagerten in der norwegischen Erde, und an denen waren die Nazis interessiert, als sie im Zweiten Weltkrieg in das Land einmarschierten. Schnell bauten die Deutschen Aluminiumfabriken auf – das Material brauchten sie dringend für die Produktion ihrer Flugzeuge.

Nach der Befreiung waren diese Fabriken zu wichtigen Fundamenten für den Aufbau einer eigenständigen norwegischen Aluminiumindustrie geworden. Innerhalb kürzester Zeit wurde Norwegen zu einem der größten Aluminiumproduzenten Europas und Deutschland zu seinem wichtigsten Abnehmer. Heute ist die norwegische Firma Hydro die mit Abstand größte Aluminiumgesellschaft Europas und die drittgrößte der Welt.

Trockenfisch und Lachszucht

Auf den Klippeninseln lagen mehrere kleine Hütten mit Rasendach, überragt von der Kirche, dem Krankenhaus, dem Seemannsheim, sowie dem weißen Wohnhaus des ›Platzkönigs‹. In den Sunden und im Hafen wiegte sich ein Wald von Masten, da lagen Dampfer, Segelschiffe, große und kleine Boote. Mehr als dreißig solcher Fischerplätze gab es auf den Lofoten, in dieser Jahreszeit waren sie alle wimmelnden Städten gleich.
Johan Bojer (1872–1959) in seinem Roman *Die Lofotfischer*

Fischfang war schon immer von großer Bedeutung für Norwegen, und er ist es noch heute. Das Land gehört zu den größten Fischerei-nationen der Welt. Fisch und Fischprodukte nehmen 5,7 Prozent des Gesamtexports des Landes ein und sind somit der drittgrößte Exportartikel, nach Öl, Gas und Metall. So weit die Fakten.

Das Leben der Fischer begegnet einem bei einem Besuch auf den Lofoten – der Inselgruppe, die fast schon zum Synonym für den norwegischen Fischfang geworden ist. Jedes Jahr im Februar tauchen dort riesige Dorschschwärme im Meer auf, und Fischer aus ganz Norwegen stechen dann zum Lofotfischfang in See.

So stellt man sich einen Fischer vor: Steinar Larsen trägt Nor-weger-Pulli und eine blaue Arbeitshose, der man ihr Alter ansieht. Sein Vollbart ist schon etwas ergraut, das Haar schütter. Obwohl er nicht mehr der Allerjüngste ist, wirkt er fit und durchtrainiert. Man spürt, dass er viele Jahre seines Lebens draußen auf hoher See verbracht hat. Inzwischen ist es zwar schon mehr als 15 Jahre her, dass er selbst zum Fischfang hinausfuhr, die gesunde Gesichtsfarbe ist ihm aber geblieben.

Larsen, Spross einer Fischerfamilie, ist der König des Stock-fischs. Als Fischer war er beim Dorschfang mit dabei, als Fisch-händler hat er den Fisch nach Italien exportiert, und weil der Stockfisch sein Leben bestimmt hat, hat er ihm sogar ein Museum gewidmet. Das *tørrfiskmuseum* ist die größte Sehenswürdigkeit der kleinen Ortschaft Å ganz im Süden der Lofoten. Bis in die 1960er Jahre hinein war das rote Holzgebäude eine Fischannahmestation, an der die Fischer ihre Fänge ablieferten und die Großhändler sie aufkauften. Frischer Fisch aus Å war damals auch auf dem Londo-ner Fischmarkt gefragt.

Mit Frischfisch hat Larsens Museum aber nichts zu tun. Es widmet sich ausschließlich der getrockneten Variante – dem Stockfisch. Um aus einem Fisch einen Stockfisch zu machen, braucht es Zeit, Sonne und Wind: Zum Trocknen werden je zwei Fische an den Schwänzen zusammengebunden und auf Holzgestellen aufgehängt. So weit, so scheinbar einfach. Wie guter Wein braucht guter Stockfisch aber ganz bestimmte Klimabedingungen, um sein Aroma optimal entfalten zu können. Und diese Bedingungen herrschen nur auf den Lofoten. Wind brauche man, erklärt Larsen, und kalt müsse es sein, dann allerdings dürfe auch nicht zu viel Wind wehen, und allzu oft unter null dürfe das Thermometer auch nicht fallen. Und zu viel regnen sollte es sowieso nicht.

Künftig könnte die Klimaerwärmung zum größten Feind des Stockfisches werden. Früher habe man die Fische bis in den April hinein zum Trocknen aufhängen können, heutzutage müsse man sie schon im März von den Stangen herunterholen, so Larsen. Danach wird es nämlich zu warm, und die Fliegen machen sich über den Fisch her.

Noch aber ist der Winter auf den Lofoten lang genug, um die Fische trocknen zu können, und so findet die in der Wikingerzeit begonnene Tradition der Stockfischherstellung zumindest in der näheren Zukunft ihre Fortsetzung. Der Winter ist auf den Lofoten die Zeit des Fischfangs, dann lebt die Insel drei Monate auf Hochtouren, und die Trockengestelle füllen sich allmählich mit Fisch – dann hängt auf den Lofoten der Himmel voller Fische.

Larsen sieht das weniger poetisch, sondern nennt, ganz Praktiker, konkrete Zahlen: 300 000 bis 400 000 Quadratmeter Inselfläche seien mit Stockfisch bedeckt. Und dann liegt auch ständig ein leichter Fischduft über der Insel. Larsen stört das nicht. Er lacht und spricht »vom Geruch des Geldes«.

Wie lange man diesen Duft auf den Lofoten noch riechen kann, hängt auch davon ab, wie sorgsam der Mensch mit der Ressource Fisch umgeht. Steinar Larsen erzählt, dass man früher, als er zum Fischen hinausgefahren sei, bestenfalls 500 Kilo Fisch pro Stunde habe fangen können, heute schafft man mit dem Schleppnetz ein Vielfaches: Der Rekord liege bei 33 Tonnen in einer einzigen Stunde, sagt er. Schleppnetz oder nicht? In Larsen scheinen in dieser Frage zwei Herzen zu schlagen: das des Fischhändlers, der den kurzfristigen Profit sieht, und das des traditionellen Fischers, der die Grundlage seines Berufes allmählich schwinden sieht. »Die Schleppnetze sind so effektiv geworden, dass sie gefährlich sind«, sagt er und fährt dann fort »aber solange die Wissenschaftler sagen, es geht …« Den Satz beendet er nicht.

Fakt ist: Durch die Überfischung sind die Dorschbestände in den letzten Jahrzehnten stark zurückgegangen und Stockfisch, einst ein Armeleuteessen, ist zur Luxusware geworden. In Italien, Portugal und Spanien zahlt man aber gerne den hohen Preis. Dort war der getrocknete Fisch aus dem Norden schon im Mittelalter sehr beliebt. Frischer Fisch verdarb in dem heißen Klima schnell, und so war Stockfisch für Menschen, die nicht unmittelbar am Meer lebten, die einzige Möglichkeit, Fisch zu essen. Auch der strenge Katholizismus im Süden Europas trug zur Beliebtheit des Stockfisches bei. Den Gläubigen wurde für den Freitag und die Fastenzeit generell Fleischlosigkeit auferlegt, und so bürgerte sich Stockfisch als Festtagsmenü ein.

Die Norweger selbst mögen Stockfisch gar nichts so besonders. Das mag daran liegen, dass man hier genügend hervorragenden Frischfisch bekommt. Lutefisk, eine Weiterverarbeitung des Stockfisches, isst man allerdings auch im Norden gerne. Der kommt besonders zu Weihnachten auf den Tisch. Um Lutefisk herzustellen, muss man den getrockneten Fisch mehrere Tage in kaltes Wasser und Natronlauge einlegen. Eine ziemlich geruchsintensive Prozedur, die noch dazu zu einem Ergebnis führt, das die meisten mitteleuropäischen Gaumen nicht goutieren. Aber vielleicht sind es ja auch die Beilagen, die Lutefisk für Steinar Larsen und seine Landsleute zu einem Festtagsessen werden lassen: Speck, Erbsenpüree, Kartoffeln und Aquavit. Sehr viel Aquavit.

Fischer wie Steinar Larsen wird es vielleicht bald nicht mehr geben. Die Zukunft der Fischerei liegt in Norwegen in Zuchtbecken und riesigen Fischtanks im Meer. Das Land ist weltweit führend in der Zucht von Speisefischen.

Seit Anfang der 1960er Jahre züchtet man in Norwegen Lachse. Deren Zucht ist »big business« – 2011 exportierte Norwegen Zuchtlachs im Wert von mehr als drei Milliarden Euro.

Das Leben eines Zuchtlachses beginnt in einem Tank, in dem er mit Zehntausenden anderer Fische im Kreis schwimmt. Viel von der Welt sieht er da nicht. Immerhin hat er den Vorteil, dass er nicht von anderen Fischen gefressen werden kann. Später dann wird er zusammen mit seinen Kollegen erst in ein Becken und dann in riesigen, im Meer schwimmenden Zuchtkästen ausgesetzt. Dort bleibt er, bis er etwa zwei bis drei Jahre alt ist. An Futter mangelt es ihm in dieser Zeit nicht. Im Gegenteil: Er wird gemästet wie die sprichwörtliche Weihnachtsgans. Schließlich soll er schnell an Gewicht zunehmen und so seinem Besitzer einen möglichst hohen Profit einbringen. »Den Fischen in einer Zucht muss es gut gehen, und sie müssen nach tierethischen Regeln behandelt werden. Dies ist für die Fische ebenso wichtig wie für die Verbraucher, da gestresste Fische von schlechterer Qualität sind.« Das jedenfalls steht auf der Webseite des Norwegian Seafood Council. Wenn man das liest, sieht man sie förmlich vor sich, die übers ganze Gesicht lachenden, glücklichen Lachse. Ganz so ist es allerdings nicht. Massentierhaltung ist immer problematisch, und das ist auch im Falle der Lachse nicht anders.

Wo es eng zugeht, da werden die Tiere krank. Um das zu verhindern, muss man sie mit Antibiotika behandeln. Inzwischen hat man das Problem zwar besser im Griff als in den 1990er Jahren; die Antibiotikagaben haben seitdem stark abgenommen. Trotzdem: Ganz ohne kommt die Massentierzucht nicht aus.

Ein anderes Problem ist die Verschmutzung der Fjorde durch die Zuchtanlagen. Da auch Zuchtfische mal müssen und sie zu Hunderttausenden in den Zuchtkästen herumschwimmen, wird der darunterliegende Meeresboden extrem belastet. Um diesen Effekt zu minimieren, schleppt man die Zuchtkästen in regelmäßigen Abständen von Standort zu Standort. Doch leider gilt hier nicht: Problem verschoben, Problem behoben.

Ab und an büchsen einige Fische aus den Zuchtanlagen aus – statistisch gesehen gelingt einem von tausend Tieren die »Flucht«. Dem einzelnen Lachs mag man seine Freiheit gönnen. Für die Wildlachspopulation aber birgt das Gefahren – Zuchttiere können Krankheiten auf wilde Lachse übertragen.

Trotz aller Kritik: Die Auflagen des norwegischen Fischereiministeriums sind so streng, dass man Fisch aus norwegischen Zuchtanlagen, wenn man Massentierhaltung nicht prinzipiell ablehnt, bedenkenlos essen kann.

Die Vorschriften machen die Lachszucht aber auch teuer. Und weil auch norwegischen Firmen der Profit näher liegt als das Wohlergehen von Fischen, verlegen manche ihre Produktion ins

Ausland. Der norwegische Konzern Marine Harvest züchtet seine Lachse beispielsweise vor der Küste Chiles – deutlich billiger und mit allen negativen Folgen der Massentierhaltung.

Um welche Problematik es da geht, zeigt der deutsche Dokumentarfilmer und mehrfache Grimmepreisträger Wilfried Huismann in seinem Film *Lachsfieber*. Wer ihn in den Programmkinos oder im Fernsehen verpasst hat, kann den Film auch auf YouTube ansehen. In einem Interview mit dem *Greenpeace Magazin* sagt Huismann: »Das Geschäft mit norwegischen Lachsen läuft gut. Aber jemandem, der Profitraten von zehn, zwölf Prozent anstrebt, ist das nicht genug. In Norwegen gelten strenge nationale Gesetze und europäische Umweltauflagen. Deswegen hat Marine Harvest in den letzten Jahren stark in Chile expandiert, wo es kaum Beschränkungen gibt. Selbst wenn Umweltgesetze existieren, werden sie oft nicht eingehalten.« So ist die Lachszucht vor der Küste Chiles als Profitstreben »Made in Norway«.

Stadt, Land, Fluss – Oslo und die Provinz

Zwischen Hügeln und Felsen draußen am Meer hat der Norweger seine Heimat gefunden, wo er selbst seine Grundstücke ausgegraben und auch selbst seine Häuser hat gebaut.
Aus dem Gedicht *Der Norweger* des Dichters Ivar Aasen (1813–1896)

Nord for Sinsenkrysset – nördlich des Sinsenkreuzes – beginnt die Provinz. So jedenfalls sehen es die Osloer. Das Sinsenkrysset, das ist eine große Autobahnkreuzung am Rand der norwegischen Hauptstadt, an der der Stadtring und die Autobahn Richtung Trondheim aufeinanderstoßen. 100 000 Autos sind hier jeden Tag unterwegs.

Jeder Norweger kennt den Ausdruck *Nord for Sinsenkrysset* und weiß, dass damit keine Ortsangabe, sondern eine Zustandsbeschreibung gemeint ist. Norwegen ist ein langes Land, in dem man 2500 Straßenkilometer zurücklegen muss, bevor man von Oslo nach Kirkenes kommt, der Grenzstadt zu Russland hoch oben im Norden. Da verwundert es, dass die Provinz schon zehn Kilometer vom Stadtkern der Hauptstadt entfernt beginnt.

Die deutliche Unterscheidung zwischen Zentrum und Peripherie ist den Norwegern nicht fremd. Früher war das ganze Land Peripherie, das Zentrum lag in Dänemark – genauer gesagt in Kopenhagen. Dort residierte der König, und für die gebildeten Norweger war die Stadt ohnehin der Bezugspunkt, denn wer studieren wollte, konnte das bis 1811 nur in Kopenhagen. Später verrutschte dann die Perspektive ein wenig, Oslo wurde zum Zentrum. Zwar nicht geografisch, doch politisch und kulturell.

Stadt und Land unterschieden sich ab der Mitte des 19. Jahrhunderts sogar im Gebrauch der Sprache – hier sprach man das ans Dänische angelehnte Bokmål, dort das aus verschiedenen norwegischen Dialekten zusammengesetzte Nynorsk. Eine gewisse Rivalität – der überlegene Blick der Städter auf Bauern und Fischer und deren Verachtung für die versnobten Städter – das gab es (auch) in Norwegen. Und ein bisschen pflegt man die Gegensätze heute noch.

Wirklich beschweren können sich aber vor allem die nördlichen Provinzen nicht. Ein wichtiges Anliegen der norwegischen Politik ist nämlich die Stärkung der Provinzen, der *fylker*. Das beginnt schon damit, dass das flache Land im Verhältnis zu seiner Einwohnerzahl im norwegischen Parlament, dem Storting, deutlich überrepräsentiert ist.

Der Staat investiert überdurchschnittlich viel im Norden des Landes – Kasernen von Militär und Marine werden mit Vorliebe in Nordnorwegen angesiedelt. Nach dem Zweiten Weltkrieg steckte man das Geld vor allem in den Ausbau der Infrastruktur. Eine Straße nach der anderen wurde durch die norwegischen Berge gebaut und ein Tunnel nach dem anderen gebohrt. Seit den 1970er Jahren investiert man vor allem in die Verbesserung der Ausbildungsmöglichkeiten, so wurde 1972 die Universität in Tromsø gegründet. Damit wollte man verhindern, dass die jüngeren Nordnorweger zum Studieren ihre Heimat verlassen müssen. Es hatte sich nämlich gezeigt, dass die meisten nach Abschluss des Studiums nicht mehr zurückkamen. Der Norden verlor so viele Menschen, besonders die Jungen und gut Ausgebildeten zogen in den Süden.

Mit 8800 Studierenden ist die Universität von Tromsø inzwischen die viertgrößte in Norwegen und gleichzeitig die nördlichste der Welt. Wichtiger aber: Sie gehört zu den besten Unis Europas, und die Universitätsklinik wiederum zählt zu den führenden Krankenhäusern in Nordeuropa. In einem Artikel lobte *Spiegel online* die Universitetet i Tromsø 2008 als »versteckte Uni-Perle«. Wie international die Uni mittlerweile ist, zeigt die Tatsache, dass bei Vorlesungen generell Englisch gesprochen wird, sobald auch nur ein einziger Student im Saal sitzt, der kein Norwegisch versteht.

Um Leute in den Norden zu locken, bietet der Staat allen, die dort leben, ein paar Vergünstigungen. Um gleich bei den Studenten zu bleiben – wer in Nordnorwegen studiert, muss von seinem Ausbildungskredit, dem *studielån,* einen geringeren Anteil zurückzahlen als jemand, der im Süden des Landes studiert. Das Kindergeld im Norden ist höher, der Spitzensteuersatz geringer, und die Arbeitgeber müssen weniger Abgaben zahlen. Trotzdem muss man in Nordnorwegen nicht mit einer Bevölkerungsexplosion rechnen, im Gegenteil wertet es die Regierung schon als Erfolg, wenn sie die Abwanderung verlangsamen kann.

Mit den Bauern meint es der norwegische Staat generell sehr gut. Sie erhalten die höchsten Subventionen aller 34 Länder, die der OECD, der Organisation für wirtschaftliche Zusammenarbeit und Entwicklung in Europa, angehören. 60 Prozent des Einkommens eines norwegischen Bauern kommen aus dem Staatssäckel. Im OECD-Schnitt beträgt der Anteil 22 Prozent. Tendenz steigend. Unter dieser Entwicklung leiden vor allem die Bauern aus ärmeren Ländern, deren Staaten kein Geld für großzügige Unterstützung haben.

Aber selbst der OECD ist das norwegische »Sponsoring« seiner Bauern zu hoch. 2012 forderte sie das Land auf, nun endlich den Rotstift anzusetzen und den eigenen Markt für Produkte aus dem Ausland zu öffnen.

Im Sommer und im frühen Herbst werden in Norwegen Obst und Gemüse teuer. Was auf den ersten Blick paradox erscheint, hat durchaus eine Logik – eine norwegische zumindest. Sind draußen die Erdbeeren reif, kann der Salat geerntet werden, und stehen die Äpfel in voller Pracht, dann leidet der Geldbeutel. Denn sobald die (teure) einheimische Ernte eingefahren ist, muss das (billigere) Obst und Gemüse aus dem Ausland aus den Regalen verschwinden. Der Salat aus Holland und der Apfel aus Südtirol unterliegen dann Importsperren, sie müssen erst mal wieder zu Hause bleiben. Dank ihrer Subventions- und Zollpolitik bringen es die Norweger auf eine Selbstversorgungsrate von zirka 50 Prozent.

Aber nicht nur die Politik macht es ausländischen Produkten und Firmen schwer, in Norwegen Fuß zu fassen. Genauso wie die Norweger glauben, dass ihr Land das beste auf der Welt ist, denken sie auch, dass es nirgends so gesunde Lebensmittel gibt wie in ihrer Heimat. Hat er die Wahl, kauft der Norweger norwegisch. Obwohl die Preise in einheimischen Lebensmittelmärkten mit dem Wort »teuer« noch euphemistisch beschrieben sind, tun sich ausländische Billigketten schwer. Lidl beispielsweise hat sich 2008 nach vier Jahren wieder aus Norwegen zurückgezogen – zu wenig norwegisch und (deswegen) zu unsympathisch war der Discounter dem dortigen Konsumenten. Eine norwegische Handelshochschule hat damals die Beliebtheit von 183 in Norwegen ansässigen Unternehmen untersucht – Lidl kam auf Rang 176. Aber nicht nur der deutsche Lebensmittelschnäppchenmarkt fiel durch. Beispiele für gescheiterte Positionierungsversuche ausländischer Marken auf dem norwegischen Markt gibt es reichlich. In den 1990er Jahren versuchte die schwedische Eismarke GB den norwegischen Markt zu erobern. Der einheimische Hersteller Diplom appellierte flugs an die nationalen Gefühle der Norweger, machte den damaligen Fußballnationaltrainer zu seinem Werbeträger und argumentierte damit, dass nur Diplom Is echt norwegisch schmecke.

Ein Werbespot zeigte die Manager der schwedischen Eisfabrik, wie sie verzweifelt herauszufinden versuchten, worin das Geheimnis für das gute norwegische Eis lag. Schließlich mühten sie sich ab, eine norwegische Kuh zu melken (natürlich versuchten das die »dummen« Schweden, indem sie den Kuhschwanz auf und ab bewegten), um an den wertvollen Rohstoff zu kommen. Die Norweger aber blieben ganz ruhig, und der Werbespot endet mit dem Satz: »Versucht es ruhig. Echte norwegische Eiskrem kriegt ihr sowieso nicht hin.« In einem anderen Werbespot wurde gar die Figur des norwegischen Nationaldichters und Verfassers der Nationalhymne bemüht. Diplom Is schleckend, fordert Bjørnstjerne Bjørnson seine Landsleute auf, dem schwedischen Eis den Rücken zuzuwenden – und macht es selbst gleich vor, als ihm ein aufdringlicher schwedischer Eisverkäufer ein GB-Eis andrehen will.

Bald gaben die Schweden die Schlacht um die norwegischen Tiefkühltruhen auf und zogen sich nach drei Jahren und zehn Millionen Euro Verlust aus dem Nachbarland zurück.

Das Land ohne Butter

Kuriose Auswirkungen zeigte die norwegische Abschottungspolitik bei der Butterkrise des Winters 2011. Damals bekam man im reichsten Land der Welt kaum noch Butter – und wenn, dann nur zu Schwarzmarktpreisen.

Im Sommer des Jahres hatte es in Norwegen extrem stark geregnet, die Kühe bekamen weniger nahrhaftes Futter und gaben weniger Milch. 20 Millionen Liter, um genau zu sein. Andererseits aber stieg die Nachfrage nach Milch an. Warum, das weiß keiner. Vielleicht hatten die Norweger einfach Lust auf das eine oder andere gesunde Glas Milch mehr. Das »Rohmaterial« zur Butterproduktion jedenfalls ging aus. Mitte Dezember, als das Weihnachtsbackgeschäft auf Hochtouren lief, war es dann so weit. Es gab keine Butter mehr. Wenn in irgendeinem Laden noch Vorräte auftauchten, bildete sich vor dem Eingang sofort eine Schlange. Mangelwirtschaft wie in DDR.

Eine 250-Gramm-Packung norwegische Butter wurde für umgerechnet 40 Euro gehandelt. Hier nur zur Sicherheit der Hinweis: Falls jemand jetzt denkt, die Zahl sei ein Druckfehler und in Wirklichkeit seien immer noch teure vier Euro gemeint – nein, ich rede tatsächlich von 40 Euro.

Eine findige norwegische Zeitung versuchte aus der Krise Kapital zu schlagen und bot als Werbeprämien für neue Abonnenten ein halbes Kilo Butter an. Ob die Zeitung ihre Leserzahlen durch das Angebot wirklich steigern konnte, weiß ich nicht. Funktioniert hat jedenfalls die Werbung eines grenznahen schwedischen Supermarktes. Dort bekamen norwegische Kunden eine Packung Butter umsonst, wenn sie für 200 Kronen einkauften. In Strömstad, der ersten schwedischen Stadt jenseits der Grenze, musste man für Butter zwar bezahlen, doch die dortigen Supermärkte konnten sich über einen ums Zwanzigfache gesteigerten Butterverkauf freuen.

In einer dänischen Satiresendung wurden die Zuschauer aufgefordert, Butter für die notleidenden Norweger zu schicken. Einige Zuschauer verstanden den Humor wohl nicht oder nahmen es mit der Nachbarschaftshilfe besonders ernst. Der Fernsehsender erhielt 4000 Packungen Butter, die er dann an soziale Einrichtungen in Norwegen weiterreichte.

Falls hierzulande deutsche Butter knapp werden sollte, würde man einfach dänische oder irische kaufen. Zur Not auch holländische oder österreichische. In Norwegen ist das aber nicht so einfach. Der norwegische Staat schützt seine Bauern nämlich durch enorme Importzölle und legt zudem per Gesetz fest, dass 90 Prozent der in Norwegen verkauften Butter einheimisch produziert sein muss.

Auf dem Höhepunkt der Butterkrise reagierte die Regierung dann doch. Sie senkte vorübergehend die Schutzzölle von 3,20 Euro pro Kilogramm auf 50 Cent und erlaubte den großzügigen Import. Doch nicht alle ausländischen Butterlieferanten reagierten auf die Senkung der Abgaben mit Begeisterung.

So zitierte die *Frankfurter Allgemeine Zeitung* damals den Exportchef einer dänischen Molkerei mit folgenden – trotzigen – Worten: »Mehr als zehn Jahre lang haben wir uns an der Zollmauer den Kopf blutig gestoßen, jetzt sollen die Norweger anderswo nach Butter suchen.« Die Butterkrise hielt damals Norwegen einige Monate lang in Atem, und deswegen waren in der Vorweihnachtszeit 2011 vor allem Plätzchenrezepte mit Margarine gefragt.

Subventioniert wird in Norwegen übrigens auch die Waljagd. Das jedenfalls behauptet die Umweltstiftung World Wide Fund for Nature, WWF.

»In Zeiten der globalen Wirtschaftskrise ist es weder strategisch klug noch nachhaltig, wertvolle Steuergelder für eine Branche zu verschwenden, die aus eigener Kraft nicht überlebensfähig ist«, so WWF-Artenschutzexperte Volker Homes.

Die Norweger bestreiten, Walfang zu subventionieren. Ob man die Befreiung von der Treibstoffsteuer, die allen Fischern zugestanden wird, als Subvention für Walfang sehen will, darüber lässt sich streiten. Wie über so vieles bei diesem Thema, das deswegen ein eigenes Kapitel bekommt.

Käpt'n Ahab aus Norwegen

Intelligent people need intelligent food.
Slogan auf einem T-Shirt von norwegischen Walfangbefürwortern

Als die norwegische Regierung zu Beginn des Jahres 1993 bekannt-
gab, sie werde die kommerzielle Jagd auf Zwergwale wieder zulassen, brauste ein Sturm der Entrüstung durch die Welt. Innerhalb kürzester Zeit trugen sich Hunderttausende Menschen in
Protestlisten ein, und vor vielen norwegischen Botschaften wurde
lautstark demonstriert. Das Land war von einem Augenblick zum
anderen vom Liebling der Umweltschützer zu deren Buhmann geworden.

In Norwegen selbst sah man die Situation ganz anders. Selten
stand dort die Bevölkerung so geschlossen hinter einer Entscheidung der Regierung. Für die Argumentation der Umweltschutzorganisationen in Mitteleuropa und den Vereinigten Staaten, dass
der Wal ein besonders intelligentes Tier sei, welches man unter
keinen Umständen töten dürfe, hat man in Norwegen nur wenig
Verständnis. Man hält dies für sentimentales Gerede von Groß-
stadtmenschen, die den Kontakt zur Natur schon lange verloren
haben. Deshalb verwundert es nicht, dass sich mit Ausnahme von
Greenpeace alle norwegischen Umweltschutzorganisationen für
den Zwergwalfang aussprechen.

Verweise auf inhumane Tötungsmethoden beim Walfang und
darauf, dass manche der angeschossenen Tiere einen Todeskampf
von einer halben, ja einer Stunde zu bestehen haben, kontert das
norwegische Außenministerium. Dort weist man darauf hin, dass
die Tötungsmethoden bei der Jagd auf Zwergwale so gut wie bei jeder anderen Form von Großwildjagd sind – oder sogar noch besser.
Bevor die Jagdsaison beginnt, müssen alle Schützen eine Schieß-
prüfung mit Harpune und Gewehr ablegen. Jedes Walfangschiff
hatte auch lange Zeit einen Tierarzt an Bord, der sicherstellte, dass
die harpunierten Wale nicht allzu lange leiden mussten. Diese Regelung wurde jedoch inzwischen aus Kostengründen abgeschafft.

Ohnehin zieht man in Norwegen gern den Vergleich zur »normalen« Jagd. In Deutschland schieße man schließlich auch Rehe
und Hirsche, und damit habe ja auch niemand ein Problem. Oder
man verweist auf das Leiden in Stierkampfarenen, in Legebatterien

oder Schweinemästereien. Im Gegensatz zu diesen Tieren genieße der Wal bis zuletzt seine Freiheit und lebe unter optimalen Bedingungen, heißt es aus Oslo nicht ganz zu Unrecht.

Georg Blichfeldt, ehemaliger Vorsitzender der »Allianz des hohen Norden« – einer Vereinigung zur Unterstützung des Walfangs –, wirft Greenpeace vor, dass es den Wal zum Symboltier erhoben habe und sein Budget hauptsächlich aus Spenden von Walfanggegnern finanziere. Eine wissenschaftlich begründbare Unterscheidung zwischen bedrohten und nicht bedrohten Walarten fände deswegen nicht mehr statt.

Da hat Blichfeldt vermutlich recht, denn kaum ein Walfanggegner außerhalb Norwegens weiß, dass man dort nicht die von der Ausrottung bedrohten Walarten wie Blau- oder Pottwal jagt, sondern lediglich Zwergwale. Sogar nach Zahlen des WWF leben von dieser Art allein auf der Nordhalbkugel zwischen 100 000 und 200 000 Tiere. Dazu kommen noch zwischen einer halben und einer Million Zwergwale, die sich auf der Südhalbkugel im Meer tummeln. Damit ist der Zwergwal die häufigste Walart der Welt.

Im Jahr 2012 wurden laut Greenpeace 460 Zwergwale von norwegischen Walfängern getötet. Das sind wesentlich weniger, als es die von der norwegischen Regierung festgelegte Quote von 1286 Tieren zugelassen hätte, und es entspricht einer Abschussrate von weit weniger als einem halben Prozent der Zwergwalpopulation. Von einer Bedrohung der Art durch die Jagd kann keine Rede sein.

Dass die Walfänger nicht einmal die maßvolle Quote ihrer Regierung ausnützen, hat einen einzigen Grund: Der Walfang lohnt sich nicht. 2012 fuhren gerade einmal 19 Boote hinaus, um Zwergwale zu harpunieren. Norwegische Walfangschiffe sind ganz normale Fischerboote, die lediglich mit Ausguck und Harpune zum Walfänger getunt wurden. Die Boote sind kaum größer als die gut neun Meter langen Zwergwale selbst. Tötet man ein Tier, kann man es deswegen nicht als Ganzes an Bord ziehen. Der Wal muss quer über das Boot gelegt werden und auf hoher See Stück für Stück zerlegt werden.

Greenpeace macht in seinen Spendenkampagnen allerdings mit Vorliebe mit abschreckenden Bildern der japanischen Walfangboote bzw. deren schwimmenden Walverarbeitungsfabriken »Yushin Maru« und »Nisshin Maru« Reklame. Mit Bildern der weit über hundert Meter langen Schiffe, die aggressive Manöver gegen kleine Schlauchboote fahren, lässt sich eben viel leichter die vermeintliche Brutalität des Walfangs zeigen. Was meist nicht gesagt wird, ist, dass Walfang in Norwegen in der Regel als Familienbetrieb organisiert ist, Väter mit ihren Söhnen und vielleicht dem Nachbarn zum Walfang hinausfahren.

Ironischerweise haben Walfanggegner und Walfangbefürworter in ihrer Argumentation dasselbe Problem – es werden zu wenige Tiere getötet. Die einen können nicht wirklich erklären, worin die Bedrohung für eine Tierart bestehen soll, wenn man weniger als ein halbes Prozent der Population tötet, die anderen ebenso wenig, warum sie unbedingt einen hoch umstrittenen Wirtschaftszweig am Leben erhalten wollen, der schon lange nicht mehr rentabel ist und von dem kaum jemand lebt.

Das norwegische Außenministerium unternimmt auf seiner Internetseite den folgenden, tapferen Erklärungsversuch. Dort heißt es:»Norwegen ist es gelungen, eine dezentrale Siedlungsstruktur zu erhalten, bei der viele kleine Gemeinden entlang der Küste verstreut sind. Dies ist das Ergebnis einer wohlüberlegten Politik, die breite Unterstützung findet. Der Fischfang, die Robbenjagd und der Walfang gehören zu den Hauptbestandteilen der Existenzgrundlage der Küstenbevölkerung, insbesondere in den nördlichsten Teilen des Landes. Wenn diese Küstengemeinden eine Zukunft haben sollen, so sind sie abhängig von der Akzeptanz ihres althergebrachten Rechts auf Nutzung der lebenden, erneuerbaren Ressourcen des Meeres.«

Eine Argumentation, die auf den ersten Blick überzeugt, weil das Außenministerium Fisch- und Walfang in einem Atemzug nennt. Schaut man genauer hin, fällt schnell der »Trick« in der Argumentation auf. Ohne Fischfang könnten die norwegischen Küstengemeinden in der Tat nicht überleben, den Wegfall des Walfangs würden sie finanziell noch nicht einmal bemerken. Sehr (!) hochgeschätzt leben allenfalls 150 der fünf Millionen Norweger vom Walfang – und das auch nur für wenige Wochen im Jahr. Schon immer war der Walfang für die norwegischen Fischer nur ein Zubrot. Den Löwenanteil ihrer Jahreseinnahmen erzielen die Besatzungen der Walfangboote mit dem Fischfang – reine Walfänger kann es aufgrund der Wanderbewegung der Zwergwale gar nicht geben. Die tauchen nämlich nur zwischen Juni und September in norwegischen Gewässern auf.

Der Walfang hat in Norwegen eine lange Tradition, und das ist – laut seiner Befürworter – ein weiteres Argument, warum er beibehalten werden muss. Noch Mitte der 1920er Jahre war fast jeder Walfänger Norweger, und das Land produzierte rund vier Fünftel des weltweiten Trans.

»Es war schon immer so, deswegen soll es so bleiben« – das ist generell ein Argument, das man schwer akzeptieren kann. Wenn denn Walfleisch wenigstens die Leibspeise aller Norweger wäre und es damit einen triftigen Grund gäbe, Wale zu jagen, könnte man die blutige Traditionspflege ja vielleicht noch durchgehen lassen. Aber das ist nicht der Fall. Walfleisch ist out. Die jungen Norweger essen es nicht, und selbst bei Familien in Nordnorwegen kommt es nicht mehr regelmäßig auf den Tisch.

Und das ist nicht nur für die Wale gut. Deren Fleisch ist nämlich so dioxin- und quecksilberbelastet, dass es schon lange nicht mehr als gesund gelten kann. Schwangere und Frauen, die sich noch ein Kind wünschen, sollten nach dem Rat vieler Ärzte überhaupt kein Walfleisch essen. Die große norwegische Supermarktkette REMA 1000 nahm Walfleisch bereits 2010 aus ihrem Sortiment. Niemand wollte es mehr haben, obwohl es lange Zeit zu Spottpreisen verkauft wurde und den Kunden in aufwendigen Werbekampagnen als Ersatz für Rind schmackhaft gemacht werden sollte.

Viele Restaurants in Nordnorwegen haben Wal allerdings noch auf der Speisekarte. »Wir bieten es vor allem wegen der Touristen an«, sagte mir ein Restaurantbesitzer auf den Lofoten. Die Urlauber würden es aus Neugier probieren und dann überrascht sein, wie gut es schmecke, meinte er weiter. Und dann setzte er ein verschmitztes Grinsen auf und sagte: »Eigentlich seid ihr es doch, die uns den Walfang verbieten wollen.«

Schließlich führen Walfangbefürworter immer noch gern das Argument ins Feld, dass der Zwergwal den Fischern die Fische wegfressen würde. Das klingt ähnlich, als würde man die Löwen der afrikanischen Savanne für die Hungersnöte auf ihrem Kontinent verantwortlich machen. Das Grundproblem der Fischerei ist die industrielle Überfischung – mit den Fangmengen, die die Trawler in ihren Schleppnetzen mit nach Hause bringen, kann auch der hungrigste Zwergwal nicht mithalten

Warum also setzt Norwegen weiterhin auf den Walfang, obwohl sich der finanziell schon lange nicht mehr lohnt?

Beim Walfang ging es eigentlich von Anfang an gar nicht um das Fleisch, sondern um die Eigenständigkeit eines kleinen Volkes. »Niemand darf uns vorschreiben, was wir zu tun und zu lassen haben.« Das war schon in den 1990ern das vollmundige Credo aus Oslo. Ganz am Anfang, also 1993, lösten die Politiker ein Wahlversprechen ein. Der Einfluss der nördlichen Regionen auf die Politik in Oslo ist groß, weit größer, als es die Einwohnerzahlen rechtfertigen würden. Gegen den Widerstand der Fischer kommt auch heute in Norwegen keine Partei an die Macht. Obwohl schon damals die wenigsten Fischer noch selbst zum Walfang hinausfuhren, hatte das Thema für Nordnorwegen eine große symbolische Bedeutung. Die Wiederzulassung des Walfangs war also ein kleines Wahlkampfgeschenk.

Vermutlich hätten Fischer und Regierung aber schnell eingesehen, dass die Wiederaufnahme des Walfangs im Grunde eine Schnapsidee war. Vermutlich wären die Fischer nach einigen verlustreichen Jahren einfach nicht mehr zur Waljagd hinausgefahren. Da aber Tierschutzorganisationen aus aller Welt und sogar befreundete Staaten gegen den Beschluss Sturm liefen, wurde der Walfang plötzlich zu einer Sache der nationalen Ehre.

Nahezu zeitgleich mit der Wiederaufnahme des Walfangs stand die Abstimmung über den norwegischen EU-Beitritt ins Haus. Die damals regierende Arbeiterpartei wollte das Volk davon überzeugen, dafür zu stimmen. Deshalb musste man den Menschen die Angst nehmen, dass von nun an die Bürokraten in Brüssel das Schicksal des kleinen Landes bestimmen würden. Man musste also den starken Mann markieren. So bekam das eigentlich völlig unwichtige Thema Walfang eine Bedeutung, als hinge die Weiterexistenz Norwegens davon ab.

Auf der Internetseite einer deutschen Walschutzorganisation habe ich folgendes Zitat gefunden, das das norwegische Selbstverständnis durchaus treffend beschreibt. Dort heißt es: »Der internationale Druck aus dem Ausland hat die Norweger zusammengeschweißt. Spricht man die Norweger auf den Walfang an, dann reagieren sie sehr aggressiv. Ich selbst wurde fast einmal von norwegischen Urlaubern verprügelt.«

Letzteres kann ich mir zwar kaum vorstellen – einen wirklich tobenden Norweger habe ich jedenfalls noch nicht erlebt. Eines aber stimmt: Wer sehen will, wie es einem Norweger die Zornesröte ins Gesicht treibt, sollte behaupten, er sei Greenpeace-Mitglied und finde Walfang barbarisch. Bei jedem Norweger weckt das einen automatischen Verteidigungsreflex, und er wird sein Land und seine Walfänger mit Leidenschaft in Schutz nehmen. Wirklich jeder Norweger wird so reagieren, auch einer, der noch nie Walfleisch gegessen hat und auch nicht vorhat, das je zu tun. Wie gesagt: In der Walfangfrage gilt es für die Norweger, die nationale Ehre zu verteidigen.

Trotzdem wage ich die Vorhersage, dass Norwegen in einigen Jahren den Walfang aufgeben wird. Die offizielle Begründung wird dann aber keinesfalls das Eingeständnis sein, man habe sich in dieser Frage verrannt. Nein, die Regierung wird ein Papier veröffentlichen, in dem steht, dass man aus gesundheitlichen Gründen vom Verzehr von Walfleisch abrate und deswegen den Walfang einstelle. Das wäre dann ein vernünftiges Argument – und deswegen sehr norwegisch.

Wal in Sicht – Waljagd mit der Kamera

Dass man mit Walen aber doch Geld verdienen kann, zeigt man seit fast drei Jahrzehnten auf den nordnorwegischen Vesterålen-Inseln.

Erwin Fulterer ist zufrieden, denn er schickt seine Kunden mit »der Erinnerung an ein einmaliges Erlebnis« nach Hause. Der geschäftsführende Direktor der Hvalsafari AS weiß, dass es nur einen Weg gibt, seine Kunden wirklich glücklich zu machen – sie müssen möglichst viele Wale sehen. Von der kleinen Ortschaft Andenes aus erreicht man mit dem Schiff in nur zwei Stunden den Kontinentalsockel. In dieser nährstoffreichen Meeresregion sind die Wale besonders gern unterwegs. Näher vor der Küste kann man nirgends auf dem europäischen Festland große Wale beobachten, und nirgends ist die Wahrscheinlichkeit so hoch, sie bei den Ausfahrten auch wirklich zu Gesicht zu bekommen. In Andenes liegt die Erfolgsquote bei 95 Prozent.

Dass man hauptsächlich Pottwale zu Gesicht bekommt, erzählt mir eine dänische Biologiestudentin, die auf den Walschiffen einen Sommerjob macht und Touristen auf den Ausfahrten begleitet. Neben den bis zu 20 Meter langen Pottwalen leben vor der nordnorwegischen Küste auch verschiedene Delfinarten, Buckel-, Schwert- und Zwergwale. »Von denen gibt es allein im Nordatlantik an die 100 000 Tiere«, erklärt die Studentin. Sie weist aber gleich darauf hin, dass die Touristen solche Tiere auf den Walsafaris nur selten zu sehen bekommen. Das liegt daran, dass die bis zu neun Meter langen Zwergwale nur für wenige Sekunden an der Wasserober- fläche auftauchen, um dann wieder in den Tiefen des Meeres zu verschwinden. Vielleicht scheinen ihnen die Meerestiefen sicherer, weil sie wissen, dass sie im Gegensatz zu ihren größeren Vettern in Norwegen gejagt werden dürfen. Von den »Whalewatchern« will ich wissen, was sie über den norwegischen Walfang denken. Die aber halten sich bedeckt. Nur einer der Wissenschaftler der Forschungsstation will sich äußern – aber das auch nur vage und wenn es geht ohne Namensnennung: »Wir hier sind natürlich neu- tral«, sagt er lächelnd und fügt nach einer kleinen Pause hinzu, dass nach seiner Ansicht die Kritiker im Ausland herzlich wenig über den Walfang wüssten und deswegen mit ihren Argumenten meist das Ziel verfehlten.

Erst 1988 begann man auf den Vesterålen-Inseln mit den Tou- ristentouren. Damals ging den Forschern das Geld aus, und sie konnten sich die Fahrten aufs Meer hinaus nicht mehr leisten. Deswegen entschlossen sie sich, zahlende Gäste auf ihre Beobach- tungsfahrten mitzunehmen. Heute gehören die Walsafaris zu den beliebtesten Touristenattraktionen in Nordnorwegen.

»Es wird dringend empfohlen, diese zu nehmen«, ermahnt uns die dänische Studentin in gebrochenem Deutsch und deutet auf die Tabletten gegen Seekrankheit. »Geht ja schon gut los, die Wal- safari«, denke ich. Seekrankheit gibt es also kostenlos mit dazu. Die ersten zwei Stunden der Fahrt konzentrieren sich die meisten Pas- sagiere darauf, ihren Mageninhalt bei sich zu behalten. Die ganz Mutigen holen sich Tee und Gebäck – schließlich ist das im Preis inbegriffen. Die eher Vorsichtigen verzichten auf Speis und Trank, sitzen etwas verkrampft auf ihren Plätzen und schauen versonnen auf den Horizont. Vor der Abfahrt wurde uns nämlich erklärt, dass genau dies gegen aufkommende Seekrankheit helfen solle.

Doch plötzlich unterbricht ein Schrei vom Ausguck die Mutigen beim Teetrinken und die Vorsichtigen beim Meditieren: »Hval, hval«, schallt der Ruf über das Boot. Alle versuchen, mit Kame- ras bewaffnet, so schnell wie möglich an die Reling zu rennen. Bei

100 Touristen ist es gar nicht so leicht, auf dem kleinen Boot einen Fotoplatz zu bekommen. In etwa 300 Meter Entfernung schießt eine Fontäne in die Höhe. An der Blasrichtung der Fontäne kann man angeblich die Walart erkennen. Wir natürlich nicht. Aber von unserer Führerin erhalten wir bald Aufklärung, dass es sich um einen Buckelwal handelt und dass wir glücklich sein sollten, denn einen solchen Wal sehe man hier nicht alle Tage. Obwohl sich unser Kapitän alle Mühe gibt, kommen wir nicht näher an den Wal heran. Nur die Fotoprofis mit ihren 500-mm-Objektiven haben ihn einigermaßen aufs Bild bekommen. Doch fürs Erste sind alle zufrieden. Bald darauf stören wir ein paar Weißnasendelfine bei ihrem Mittagsmahl. Doch die nehmen uns das nicht weiter übel und begleiten unser Schiff für eine Weile. Nach einiger Zeit hat jeder seinen Delfin im Kasten – auch die Reisegäste ohne Teleobjektiv.

Als wir bereits wieder auf dem Rückweg sind, werden wir erneut fündig. Endlich bekommen wir den versprochenen Pottwal zu Gesicht. »Dort drüben«, ruft unser Guide, und erneut stürzen wir zur Reling. Der Pottwal scheint zu wissen, dass er die Hauptattraktion der Fahrt ist, und lässt das Schiff bis auf 30 Meter herankommen. Jetzt klicken die Kameraverschlüsse wie wild. Auch die Italienerin mit ihrer kleinen Digitalkamera hat endlich »ihren Wal« fürs Familienalbum bekommen. Nach etwa einer Minute wird es dem Wal dann doch zu dumm, und er taucht ab. Zum Abschied winkt er aber noch mit seiner riesigen Schwanzflosse in die Kameraobjektive der begeisterten Touristen … und die nehmen, wie von Erwin Fulterer versprochen, »die Erinnerung an ein einmaliges Erlebnis« mit nach Hause.

Brave Norweger, böse Norweger

Im Umwelt- und Naturschutz sind die Norweger ganz vorn … oder ganz weit hinten. Je nachdem, wie man es interpretiert und welche Prioritäten man setzt.

Schweden, die Schweiz und Norwegen sind die umweltfreundlichsten Länder Europas. Das sagt jedenfalls eine Studie aus dem Jahre 2010 des Magazins *Readers Digest*. Die Redakteure des Heftes werteten für die Studie mehrere internationale Umweltberichte aus und schauten sich das ökologische Engagement der Länder genauer an.

Und im Vorfeld der UN-Klimakonferenz von Kopenhagen im Dezember 2009 meldete das Potsdam-Instituts für Klimafolgenforschung, Norwegen und Japan seien die einzigen Industrieländer, die ihre Emissionen von Treibhausgasen ausreichend reduzierten, um so ihren Beitrag zum Klimaschutzziel, die globale Erderwärmung auf maximal zwei Grad Celsius zu beschränken, zu leisten. Norwegen forscht übrigens auch intensiv daran, das Treibhausgas CO_2 unterirdisch zu lagern. Man will es in ausgepumpten Ölfeldern deponieren. Platz dafür hätte man ja genügend.

Die Mülltrennung geht den meisten Norwegern völlig entspannt von der Hand. Wie bei uns werden Glas, Biomüll und Plastik vom Restmüll getrennt. Beim Papier unterscheidet man nochmals zwischen Zeitungen, Zeitschriften und Pappe. Anders als bei uns gehen Zeitung und Pizzakarton also getrennte Wege. Allerdings funktioniert die perfekte Mülltrennung nur in den Städten. Auf dem Land sieht man das gezwungenermaßen etwas laxer. Hier würde wahrscheinlich der erhöhte Aufwand, den der Abtransport verursacht, die Energieersparnis durch die Wiedergewinnung der Rohstoffe zunichtemachen.

Nicht jeder sieht die norwegische Umweltbilanz aber so positiv. Das Thema Walfang wurde schon angesprochen, in der Frage der Robbenjagd werden zwischen Befürwortern und Gegnern im Prinzip ähnliche Argumente ausgetauscht. Hier spricht man von einer traditionellen Jagd, die zum Überleben der Bevölkerung des Nordens notwendig sei, dort verweist man auf brutale Tötungsmethoden und darauf, dass die Nachfrage nach Produkten aus Robbenfell ständig zurückgeht.

Der sorgsame Umgang mit der Natur hat eine lange Tradition im Land der Bauern und Fischer. Allerdings hat sich aufgrund der unterschiedlichen Lebensumwelten auch ein ganz anderes Umweltverständnis entwickelt als in Mittel- und Südeuropa, wo es unberührte Natur kaum noch gibt.

Die Norweger leben mehr in und mit der Natur als wir in Mitteleuropa. Egal, ob im Sommer zum Wandern oder im Winter zum Skilanglauf – ein richtiger Norweger ist immer draußen. So hat sich zum einen eine besondere Wertschätzung für die Natur entwickelt, die unter allen Umständen geschützt und erhalten werden muss; gleichzeitig aber auch ein realistischer und nüchterner Blick auf die Dinge.

Daraus ist auch das »Jedermannsrecht« entstanden, das überall im Norden gilt und Norwegern, Schweden und Finnen den uneingeschränkten und verantwortungsbewussten Zugang zu Wald und Flur gewährt. Es erlaubt das Wandern, Zelten, Feuermachen, Beerenpflücken und Pilzesammeln in der Natur, und zwar nicht nur an ausgewählten Stellen, sondern überall.

Die Norweger sehen die Natur als eine Art riesigen Garten, aus dem man sich verantwortungsvoll bedienen darf – eben so, wie das ein Bauer auf seinem Hof auch macht. Eine Argumentation in der Art »Oh wie sind die Zwergwale doch schön und klug, deswegen darf man sie nicht töten« zieht bei den Norwegern nicht. Könnte man allerdings nachweisen, dass Zwergwale durch die Jagd in ihrer Existenz bedroht sind, würden die Norweger sofort die Harpune in die Ecke stellen. In der norwegischen Sprache kann man Wildtiere übrigens nicht nur »jagen«, sondern auch »ernten«. Schon das zeigt den unterschiedlichen Blick auf die Dinge.

Was den Energieverbrauch angeht, stehen die Norweger weltweit ganz oben – auf der Liste der Länder mit dem höchsten Verbrauch. Allerdings haben sie dafür auch eine gute Ausrede: Wer schon einmal einen dunklen Winter in Norwegen verbracht hat, versteht, warum dort niemand gern das Licht ausmacht, wenn er das Haus verlässt. Licht ist nicht nur eine Beleuchtungsquelle, sondern eine Art Fixpunkt in der Dunkelheit – im wörtlichen und übertragenen Sinn ein Hoffnungsschimmer in der Nacht.

Außerdem können die Norweger mit gutem Recht behaupten, dass sie ihre Energie sauber produzieren. Kernkraft gibt es keine, fast der komplette Strom wird aus Wasserkraft produziert – so viel wie in keinem anderen Land der Welt.

Allerdings ist das mit der Wasserkraft so eine Sache. Die ist ja nur dann umweltfreundlich, wenn man sie ausschließlich unter dem Energiegewinnungs-Aspekt betrachtet. Durch den Bau der Staudämme werden mitunter wertvolle Naturräume zerstört. Über diese negativen Begleiterscheinungen machte man sich lange Zeit keinerlei Gedanken. Wasserkraft war definitionsgemäß gut, und das wurde auch nicht hinterfragt. Das liegt daran, dass das Land eine lange Tradition bei der Nutzung der Wasserkraft hat und Strom aus Wasser die Entwicklung des modernen Norwegens erst möglich gemacht hat. Hohe Berge und viele Seen und Flüsse sind nun mal die idealen Voraussetzungen für den Bau von Wasserkraftwerken.

Schon im 16. Jahrhundert schnitten die Menschen mit von Wasser betriebenen Sägen Holz. Zwei Jahrhunderte später stand vor fast allen Bergbauernhöfen eine Wassermühle. Bereits 1880 wurde das erste Wasserkraftwerk eröffnet, und bald stand hinter jeder Flussbiegung ein kleines Kraftwerk – rund 2000 zählte man zu Beginn des 20. Jahrhunderts. Heute arbeiten in Norwegen wesentlich weniger Kraftwerke, dafür sind sie aber auch um ein Vielfaches größer.

Erst in den 1970er Jahren protestierten die Norweger erstmals gegen einen Staudammbau. Südlich von Alta, einer Gemeinde ganz im Norden an der Barentssee, liegt der 15 Kilometer lange und bis zu 500 Meter tiefe Savtso-Canyon. Für die einen ist dieser eine unvergleichliche Naturschönheit, für die anderen der perfekte Ort für den Bau eines riesigen Staudamms. »Die anderen«, das waren in diesem Fall Ingenieure im Auftrag der Regierung. Dass in dem größten Canyon Nordeuropas Sami siedelten, deren Lebensgrundlage man vernichten würde, störte erst einmal wenig. Gut, das Dorf, in dem sie lebten, würde in den Fluten versinken, und die Weidegründe ihrer Rentiere würden schließlich am Grund des Stausees liegen. Doch wer sollte sich schon darüber beschweren – es waren ja allenfalls ein paar hundert Menschen betroffen, und die würden allesamt ordnungsgemäß entschädigt werden. Man hatte sich also wirklich nichts vorzuwerfen.

Und zunächst protestierten auch nur die ortsansässigen Sami gegen den Staudamm. Bald aber weitete sich der Widerstand aus, und Umweltschützer aus ganz Norwegen liefen Sturm gegen die Zerstörung des Naturparadieses im Norden ihres Landes. Über ein Jahrzehnt zog sich der Kampf hin und endete, typisch norwegisch, mit einem Kompromiss. Gebaut wurde trotzdem, aber kleiner. Die Höhe der Staumauer wurde reduziert, und das Dorf der Sami blieb von der Überflutung verschont. Teile der ehemaligen Weidegebiete liegen heute jedoch unter Wasser.

Im Nachhinein hat sich auch der Bau des verkleinerten Staudamms als völlig unnötig erwiesen; in Nordnorwegen braucht niemand die am Altafjord gewonnene Energie. Die wird jetzt via Überlandleitungen in den Süden des Landes transportiert. Dort aber hat man seine eigenen Wasserkraftwerke.

Eine Nebenwirkung des Alta-Protestes war, dass sich die Sami untereinander solidarisierten und ihre Interessen fortan gemeinsam vertraten. Es war letztlich die Staudammfrage, die sie politisch mobilisierte und bewog, die Bildung eines eigenen Parlaments durchzusetzen.

Die Sami – Minderheit mit Einfluss

Wenn der Lappe in einen geschlossenen Raum kommt, dann versteht er nicht recht viel, wenn der Wind ihm nicht um die Nase wehen kann. Seine Gedanken können nicht rinnen, wenn da Wälder sind und wenn es über dem Kopf zu ist. Auch ist es nicht gut für ihn, in dichten Wäldern zu sein, wenn es warm in der Luft ist. Aber wenn der Lappe auf hohen Bergen ist, dann hat er einen klaren Verstand [...].
Der Same Johan Turi im Jahre 1908 in seinem Buch
Erzählung vom Leben der Lappen

Man kennt sie von Postkarten, bewundert ihre Trachten und bringt vielleicht ein Rentierfell als Souvenir mit nach Hause. Aber nicht nur für ausländische Touristen, sondern auch für die Norweger sind die Sami weitgehend »unbekannte Wesen«. Im Allgemeinen stellt man sie sich als naturverbundene Menschen vor, die bei Wind und Wetter hinter ihren Rentierherden herziehen. In der Realität sind aber nur noch etwa zehn Prozent von ihnen Rentierzüchter. Und auch die haben aufgehört, im Rentierschlitten mit ihren Herden umherzuwandern. Sie rasen längst auf Motorschlitten hinter ihren Tieren her und wohnen auch nicht mehr im Lappenzelt, sondern im Reihenhaus mit Farbfernseher. Die Mehrheit der Sami geht ganz normalen Berufen nach. Auch bei ihnen kommt der Papa am Abend vom Büro nach Hause, und die Mama arbeitet als Lehrerin oder im Krankenhaus. Ihre Postkarten-Trachten haben die Rentierzüchter abgelegt. Sie holen sie nur noch an Feiertagen aus dem Kleiderschrank – oder eben, um für Touristen Fotomodell zu spielen. Die bunten Farben des Kittels – die Sami nennen ihn »Kolt« – sehen aber nicht nur auf den Bildern gut aus, sie haben auch eine Bedeutung: Blau, die Farbe, die in den meisten Trachten vorherrscht, symbolisiert den Himmel, Gelb steht für die Sonne, Rot für das Feuer und Grün für die Erde.

Etwa 90 000 bis 140 000 Sami leben in Nordeuropa, die meisten von ihnen, zwischen 60 000 und 80 000, in Norwegen. Meist werden diese Zahlen mit dem Zusatz »zirka« angegeben. Der Grund dafür ist einfach. Die Definition, wer Same ist, ist schwierig. Über Jahrhunderte hinweg wurden die Sami diskriminiert und durften ihre eigenen Sprachen – Plural deswegen, weil es eine einheitliche samische Sprache nicht gibt – nicht sprechen. Um keine beruflichen oder gesellschaftlichen Nachteile zu haben, sind viele Sami in der norwegischen, schwedischen oder finnischen Gesellschaft »untergetaucht«, haben ihre Kultur aufgegeben und nicht länger Samisch gesprochen.

Erstmals erwähnt wurden die Sami in den Aufzeichnungen des römischen Geschichtsschreibers Tacitus (55–116 n. Chr.). Der beschrieb in seiner Schrift *De origine et situ Germanorum* ein Volk mit dem Namen *fenni*. Aufgrund der Beschreibung ist aber klar, dass damit nicht die Finnen, sondern die Sami gemeint sein mussten. Erste regelmäßige Kontakte zu Wikingern sind fürs 9. Jahrhundert belegt. Zwar trieben die beiden Völker miteinander Handel, doch in alten Chroniken wird beschrieben, dass es auch zu heftigen Streitigkeiten kam. Dabei parierten die Sami die Kraft und waffentechnische Überlegenheit der Wikinger oft mit List und Hinterhalt – was ihnen schon bald den Ruf einbrachte, ein Volk von Zauberern und Hexern zu sein, ein Ruf, der ihnen bis in die Neuzeit hinein erhalten blieb.

Lange Zeit machten sich vor allem Pelzhändler auf den strapaziösen Weg nach Norden. Im Laufe des Mittelalters entwickelten sich zu diesem Zweck richtiggehende Handelsgesellschaften. Etwas später entdeckten auch die jeweiligen Herrscher der dänisch-norwegischen bzw. schwedisch-finnischen Königreiche die Sami als neue Untertanen und (weit wichtiger) Steuerzahler. Da sich keine der königlichen Herrschaften die Einnahmequelle im Norden nehmen lassen wollte, konnte man sich lange nicht über die Grenzziehung einigen. Viele Sami wurden während dieser Zeit von beiden Königen mit Steuern belegt. Erst 1751, als man endlich eine Grenze festlegte, hörte die Doppelbesteuerung auf. Im 16. und 17. Jahrhundert wanderten immer mehr Siedler vom Süden her in das Samengebiet ein. Zunächst vertrug man sich gut, und beide Volksgruppen profitierten jeweils vom Wissen der anderen.

Doch Mitte des 19. Jahrhunderts gewann der Sozialdarwinismus auch in Norwegen und Schweden immer mehr Anhänger. Diese Evolutionstheorie versuchte, die menschliche Entwicklung analog der von Charles Darwin aufgestellten Auslese- und Anpassungstheorien für Pflanzen und Tiere zu erklären und teilte dementsprechend Menschen in weiterentwickelte und primitive Rassen ein. Die Sami oder Lappen, wie sie damals verächtlich genannt wurden, galten als »Primitive«, und ihre Kultur wurde als nicht überlebenswert eingestuft. »Zu ihrem eigenen Besten« verbot man ihnen den Gebrauch ihrer Sprache. Die samischen Traditionen sollten in Vergessenheit geraten. Während dieser Phase der »Norwegisierung« wurde unter anderem ein Gesetz erlassen, nach dem es verboten war, Land an jemanden zu verkaufen, der die norwegische Sprache nicht beherrschte. Die Sami wurden zu Fremden im eigenen Land!

Erst allmählich formte sich Widerstand gegen die Unterdrückung. Im Februar 1917 kamen in Trondheim erstmals Sami aus Norwegen, Schweden und Finnland zusammen, um über ihre Anliegen zu beraten. Doch die Menschen lebten weit verstreut über ein riesiges Gebiet, und daher war die Zusammenarbeit zwischen den einzelnen Samigruppen schwierig.

Nach dem Zweiten Weltkrieg änderte sich allmählich die Politik der norwegischen Regierung. Grund dafür war unter anderem, dass sich die Sami während des Krieges als »gute Norweger« erwiesen und sich am Widerstand gegen die Deutschen beteiligt hatten. Die Diskriminierung hörte auf, die samische Kultur konnte sich aber trotzdem nicht entwickeln. Die damalige sozialdemokratische Regierung wollte einen einheitlichen Wohlfahrtsstaat schaffen, in dem alle gleich sind. Kulturelle Besonderheiten – wie etwa die samische Kultur – wurden deswegen nicht gefördert.

Kurz nach Kriegsende gründete sich der erste Interessenverband der Sami, der »Verband der Rentierzüchter«. Aus genannten Gründen war das aber offiziell keine samische Vereinigung, sondern eine Art Gewerkschaft der Rentierzüchter. 1956 bildete sich dann der Nordische Samenrat, ein Kooperationsorgan aller Sami in den nordischen Ländern. Die Organisation verfügte über keinerlei Rechte, war aber trotzdem ein entscheidender Meilenstein in Richtung politischer Anerkennung der Samirechte. Erstmals arbeiteten Sami aus allen nordischen Ländern grenzübergreifend und dauerhaft zusammen.

Erst 1978 aber erkannte der norwegische Staat die Rechte der samischen Urbevölkerung an, wirklichen Einfluss gewannen die Sami allerdings erst 1989, als in Karasjok das erste Samenparlament eröffnet wurde. Wie groß der Respekt war, den man den Sami inzwischen entgegenbrachte, zeigte sich auch darin, dass kein Geringerer als König Olav V. das Parlament einweihte. Das *Sámediggi* entscheidet über »samische Angelegenheiten«. Seine Beschlüsse haben allerdings nur beratenden Charakter. In der Regel aber übernimmt die Regierung in Oslo die Entscheidungen des Samenparlaments.

1990 schließlich eröffnete man in Kautokeino die *Sami Allaskuvla*, die samische Hochschule, und in Tromsø gibt es mittlerweile eine Grundschule, in der die Kinder nicht nur in norwegischer Sprache, sondern auch auf Samisch unterrichtet werden.

Wie gesagt, arbeiten nur zehn Prozent aller Sami noch im Hauptberuf als Rentierzüchter. Aber jeder hat Freunde oder Verwandte, die Rentierzüchter sind. Außerdem ist das Rentier ein wesentlicher Bestandteil der samischen Kultur.

Vor diesem Hintergrund kann man sich vorstellen, welchen verheerenden Einfluss die Atomkatastrophe im ukrainischen Tschernobyl im Frühjahr 1986 auf das Leben der Samen in Norwegen hatte. Der Wind transportierte die radioaktive Wolke auch in die entlegenen Gebiete Nordeuropas. Die Rentiere nahmen die Strahlung über Flechten auf. Als man im Herbst 1986 erstmals nach dem Atom-Gau Tiere schlachtete, musste über ein Viertel des Fleisches vernichtet werden. Die Strahlung machte es für den menschlichen Verzehr gefährlich. Dabei hatte die norwegische Regierung schon »ihr Möglichstes« getan, um eine Massenvernichtung des Fleisches zu verhindern – sie hatte den zulässigen Grenzwert für radioaktive Strahlung bei Rentierfleisch deutlich erhöht!

Tickende Zeitbombe auf der Kolahalbinsel

In Norwegen steht kein einziges Kernkraftwerk, und doch ist das Land mehr von einer atomaren Katastrophe bedroht als die meisten anderen Länder Europas. Schuld daran ist Russland, das auf der benachbarten Kolahalbinsel ein marodes Kernkraftwerk betreibt und Atomschrott aus der Zeit der Sowjetunion lagert.

Das folgende Kapitel beginnt mit einem Artikel, den ich 1994 als Norwegenkorrespondent für die *Rheinische Post* geschrieben habe. Ich habe ihn bei den Recherchen zu diesem Buch in meinem Archiv entdeckt und gebe ihn hier wieder. Nein, nicht weil ich zu faul bin, etwas Neues zu schreiben – der Grund ist noch viel schlimmer. Die im Text erwähnten Probleme sind auch 20 Jahre später nicht gelöst. Im Gegenteil. Doch zunächst einmal der Artikel von 1994:

Andrey I. Tumparow gehört zu den wenigen Experten, die eine atomare Bedrohung durch die russischen Kernabfälle auf der Kolahalbinsel bestreiten. Der etwa 60 Jahre alte Ingenieur ist Direktor der »Reparatur- und Technologieabteilung der Atomeisbrecherflotte« in Murmansk, und er behauptet, dass es in den 30 Jahren, in denen er das Werk leitet, noch keinen Unfall gegeben habe. »Ganze Familien arbeiten hier«, sagt er und versichert, dass »bei besonders gefährlichen Arbeiten vor- und nachher die radioaktive Belastung gemessen werde«. Der freundliche ältere Herr lässt sich gern hinter seinem Schreibtisch und vor den Porträts von Marx und Lenin fotografieren. Er bestätigt lächelnd, dass er nach wie vor Kommunist sei. Schließlich lebe man ja in einer Demokratie, sagt er, und da dürfe jeder für die Partei sein, die er am besten finde. Tumparows Laune verschlechtert sich erst ein wenig, als er auf die angeblich unsachgemäße Lagerung des radioaktiven Mülls aus den Atomeisbrechern angesprochen wird. »Alles journalistische Phantasiegebilde«, erklärt er unwirsch und fügt hinzu, dass die Umweltschützer aus dem Westen keinerlei Beweise für Atomverschmutzung hätten.

Direkt vor Tumparows Büro liegen drei solcher Beweise vor Anker. »Imandra«, »Lotta« und »Lepse« sind Schiffe zur Lagerung gering- und mittelaktiven radioaktiven Abfalls. Nach Auskunft der norwegischen Umweltorganisation Bellona, die in Fragen der atomaren Sicherheit auf der Kolahalbinsel sogar von der Murmansker Stadtregierung als erste Informationsquelle genannt wird, droht auf der 1936 erbauten »Lepse« eine Katastrophe. Das Schiff dient seit 1962 als Zwischenlager für radioaktiven Abfall. Als vor einigen Jahren beim Beladen Brennstäbe beschädigt wurden, wurden diese mit einem Betonmantel überzogen. Dadurch konnte damals zwar das Entweichen von Radioaktivität verhindert werden, die betonversiegelten Brennstäbe können aber nicht mehr aus dem Schiff entfernt werden und müssten nach Auskunft von Bellona 20–30 000 Jahre an Bord der »Lepse« bleiben. Da der altersschwache Kahn aber schon jetzt auseinanderzubrechen droht, ist es nach Einschätzung der norwegischen Umweltschützer nur noch eine Frage der Zeit, bis es im Hafen von Murmansk zu einem Atomunglück kommt.

Andrey I. Tumparow sieht dies aber ganz anders und lädt zu einem baldigen Umtrunk auf dem Schiff ein. In ein bis zwei Jahren solle man sich wiedertreffen und dann könne man gemeinsam ein Tässchen Tee an Bord der »Lepse« einnehmen. Ob dieser freundlichen Einladung viele Gäste folgen werden, ist fraglich. Denn auf Teetrinken in Schutzkleidung dürften nur wenige Lust haben, anders aber kann das Schiff nicht betreten werden.

Im Vergleich zur »Lepse« sind die beiden anderen Atomlagerschiffe in hervorragendem Zustand. Laut Bellona wurden am Rumpf der »Lotta« zwar leicht erhöhte Strahlungswerte gemessen, doch ansonsten sind die beiden Schiffe noch gut in Schuss. Allerdings sind die Lagerkapazitäten an Bord völlig erschöpft und daher stellt sich die Frage, wo in Zukunft der anfallende Atommüll zwischengelagert werden kann. Bisher wurden die Brennstäbe, nachdem sie drei Jahre im Bauch der beiden Schiffe verbracht hatten, in die Wiederaufbereitungsanlage Majak, jenseits des Urals, gekarrt. Jetzt fehlt für diesen langen und gefährlichen Transport das Geld und deswegen muss man sich nach langfristigen und billigen Lagermöglichkeiten umsehen.

Zu Lagern gibt es genug. Außer den alten Brennstäben aus den Atomeisbrechern müssten auch die radioaktiven Abfälle aus den Atom-U-Booten und dem Kernkraftwerk von Polarni Zori entsorgt werden. Allein in den Buchten nordwestlich und östlich von Murmansk rosten derzeit 43 Atom-U-Boote vor sich hin. Bei den meisten von ihnen befinden sich die radioaktiv verseuchten Reaktoren noch an Bord. Das gleiche gilt auch für die übrigen 28 U-Boot-Wracks, die in den einsamen Fjorden der Kolahalbinsel auf Entsorgung warten.

Die technischen Probleme bei der Lagerung radioaktiver Abfälle würde man schon in den Griff bekommen, versichert Ludmilla Amozomowa vom Murmansker Umweltkomitee, einer Art lokalem Umweltministerium. Allerdings, so fügt sie hinzu, fehle es am Geld, um die Pläne in die Tat umzusetzen. »Immerhin hat jetzt die Regierung in Moskau einige Rubel für die Erforschung von möglichen Endlagerstätten auf der Insel Nowaja Semlja zur Verfügung gestellt«, so die Wissenschaftlerin. Auf diesem Eiland war eines der Atomtestgelände der ehemaligen Sowjetunion und auf dem verstrahlten Versuchsgelände soll nach dem Willen der Regierung ein Endlager für radioaktiven Abfall eingerichtet werden. Doch bis es soweit ist, werden wohl noch einige Jahrzehnte ins Land gehen. Bisher weiß nämlich noch niemand, ob die Erdschichten der Insel eine dauerhafte sichere Lagerung der Abfälle zulassen. Außerdem würde die Anlieferung des Abfalls per Schiff erfolgen müssen. Wer die durchgerosteten russischen Atommüllfrachter schon einmal gesehen hat, dem wird bei dem Gedanken, dass sie auf ihrem Weg nach Nowaja Semlja den Stürmen der eisigen Kara- und Barentssee trotzen müssten, mulmig. Trotz aller Schwierigkeiten hält aber Ludmilla Amozomowa die technischen Probleme für lösbar. Da es an Geld fehlt, wird dies aber nur mit ausländischer Hilfe möglich sein.

Wie schwer es aber ausländische Helfer haben, die von der russischen Bürokratie aufgebauten Hindernisse zu umsteuern, zeigt folgendes Beispiel: Vor einigen Jahren kam es im Atomkraftwerk von Polarni Zori beinahe zu einem GAU – das Kühlsystem war ausgefallen. Da das Kraftwerk nur 250 Kilometer von der norwegischen Grenze entfernt liegt, bestand auch für die norwegische Bevölkerung eine akute Gefahrensituation. Deswegen reagierte die Regierung in Oslo prompt und stellte Russland zwei Notstromaggregate für das Kühlsystem des Kernkraftwerks zur Verfügung. Wer nun gedacht hatte, die Russen würden sich über die Hilfe aus dem Ausland freuen, sah sich getäuscht. Einfuhren nach Russland werden mit 40 Prozent Einfuhrsteuer belegt und die wollte man auch im Falle der geschenkten Notstromaggregate eintreiben. Da die Norweger für das von ihnen gemachte Geschenk nicht auch noch Zoll bezahlen wollten, weigerten sich die russischen Behörden, die Aggregate an das Kernkraftwerk Polarni Zori auszuliefern. Die dort dringend benötigten Notstromaggregate lagerten zwei Jahre lang in einem Schuppen der russischen Grenzstation in Nikel. Erst vor einigen Monaten einigten sich die Zollbehörden und die Kernkraftwerksbetreiber auf einen Kompromiss. Die Leute vom Zoll bleiben jetzt so lange Eigentümer der Notstromaggregate, bis die Steuer bezahlt wird. Bis dahin werden diese aber an das Kernkraftwerk ausgeliehen!

Polarni Zori, das Kernkraftwerk, das auf den malerischen Namen »Sonnenaufgang über der Polarlandschaft« getauft wurde, sorgt seit einigen Jahren immer wieder für negative Schlagzeilen. Ragnar Pedersen vom norwegischen Umweltzentrum Svanhovd bei Kirkenes betont, dass das Kraftwerk trotz seiner Anfälligkeit vor einigen Jahren zu den besseren in der ehemaligen Sowjetunion gehörte. Grund war die ausgezeichnet ausgebildete Technikermannschaft, die dort beschäftigt war.

Für den Dienst im Norden des Landes wurden hohe Löhne bezahlt und daher war Polarni Zori für hochausgebildete Wissenschaftler ein beliebter Arbeitsplatz. Inzwischen habe sich, so Pedersen, die Lage aber dramatisch verschlechtert. Viele Angestellte seien entlassen worden und das verbliebene Personal habe schon seit Monaten keinen Lohn mehr erhalten. Pedersen beruft sich bei seinen Aussage auf Informationen russischer Kontaktleute, die zum Teil selbst in dem Werk arbeiten. Am 13. September 1994 soll es beispielsweise zu einer spontanen Arbeitsniederlegung gekommen sein, durch die der Reaktor mehrere Stunden unbeaufsichtigt blieb.

Die Anlage von Polarni Zori besteht aus vier Druckwasserreaktoren, deren ältester bereits 1973 ans Netz ging. Seitdem ist das Kernkraftwerk kontinuierlich in Betrieb. Da es mehr als 60 Prozent des auf der Kolahalbinsel benötigten Stroms produziert, muss es auch nach Störfällen ohne größere Überprüfungen schnell wieder ans Netz gehen.

Routinemäßige Wartungsarbeiten können ohnehin nicht geführt werden. Nach Einschätzung der norwegischen Strahlenschutzbehörde befinden sich die Reaktoren in einem »höchst bedenklichen Zustand« und zumindest die beiden ältesten müssten so schnell wie möglich abgeschaltet werden. Im »Bericht Nummer 34 über Atomsicherheit und Chemische Waffen in der nördlichen Grenzregion«, stellt das norwegische Außenministerium fest, »dass es technisch durchaus möglich ist, die von den Reaktoren in Polarni Zori produzierte Energie durch Naturgaslieferungen aus Norwegen zu ersetzen«. Da aber erst teure Gasleitungen gebaut werden müssten, würde es zehn Jahre dauern, bis zumindest der älteste Reaktor abgeschaltet werden kann. »Damit kann aber eine eventuelle Gaslieferung auf die Kolahalbinsel nicht erfolgen, bevor die Lebenslänge der beiden älteste Rektoren beendet ist«, so der Bericht des Außenministeriums.

So weit mein Text von 1994. Seitdem sind fast zwei Jahrzehnte vergangen. Viel Zeit, um Probleme zu lösen. Immerhin – die Technik hat sich inzwischen weiterentwickelt. Heutzutage muss man die Atomwracks nicht mehr an irgendwelche Endlagerstätten auf Nowaja Semlja schleppen. Die Entsorgung des Atommülls kann vor Ort stattfinden. Oder sagen wir »könnte«.

Die »Lepse«, Sie erinnern sich, das Schiff, das schon 1994 in einem bedrohlichen Zustand war, lag bis zum September 2012 an genau der Stelle, an der ich mich im Sommer 1994 von ihr verabschiedet hatte, nur wenige Kilometer vom Zentrum der gut 300 000 Einwohner zählenden Stadt Murmansk entfernt.

Dann aber geschah ein kleines Wunder – so jedenfalls schien es. Die Europäische Bank für Wiederaufbau und Entwicklung hatte im Lauf der Jahre die 30 Millionen Euro zusammengesammelt, die man braucht, um die Entsorgung des Atommülls auf der »Lepse« zu finanzieren. Und die norwegische Umweltschutzorganisation Bellona hatte alle bürokratischen Hürden aus dem Weg geräumt.

Mitte September 2012 bugsierten drei Schlepper die »Lepse« nach Nerpa, einer Werft vier Kilometer nördlich von Murmansk. Dort soll der Atommüll Stück für Stück aus dem Rumpf der »Lepse« entfernt und das Schiff verschrottet werden.

Doch die »Lepse« darf nicht rein in die Werft. Sie dümpelt im Wasser des Nordmeers und ist dort schutzlos den Unbilden des arktischen Wetters ausgesetzt. Der Grund – der Liegeplatz im Trockendock der Werft ist von der Leninsky Komsomol besetzt, dem Wrack des ersten Atom-U-Boots der Sowjetunion. Das Schiff ist eine Art nationale Ikone.

Die »Leninski Komsomol«, die schon seit 2005 wartend in der Werft liegt, ist selbst hochgradig verseucht. 1967 brach an Bord ein Brand aus, bei dem 39 Besatzungsmitglieder getötet wurden. Den Untergang des U-Boots konnte man damals zwar verhindern, doch seitdem rostet auch die »Leninski Komsomol« vor sich hin. Nun könnte man sagen – dann soll man halt erst mal das U-Boot von seinem Atommüll befreien und verschrotten, und dann kommt die »Lepse« dran. Doch das wäre zu einfach gedacht. Denn das

U-Boot, wie gesagt eine Art nationale Ikone, soll zu einem Museum umgewandelt werden … vielleicht. Es ist nämlich völlig unklar, wer die extrem teure Restaurierung bezahlen soll. Die kostet erheblich mehr als die vier bis fünf Millionen Euro, die man normalerweise für die Entsorgung eines Atom-U-Boots veranschlagt. Und so liegt die »Leninski Komsomol« einfach da und wartet … vermutlich noch Jahre.

Und so lange muss auch die »Lepse« warten – vor den Toren des Trockendocks im Nordmeer. Dabei würde sich nach Ansicht vieler Experten allein dadurch, dass man die »Lepse« »trockenlegt«, die Gefahr für einen nuklearen Unfall um 90 Prozent verringern.

Im Atomkraftwerk von Polarni Zori hat sich seit 1994 einiges getan – leider aber ebenfalls nichts Positives. Sie erinnern sich, schon damals sagte die norwegische Strahlenschutzbehörde, dass sich die Reaktoren in einem »höchst bedenklichen Zustand« befänden und die beiden ältesten so schnell wie möglich abschaltet werden müssten.

Die ältesten Reaktoren wurden 1973 bzw. 1974 erbaut und haben eine Betriebserlaubnis für 30 Jahre. Zumindest die beiden unfallträchtigsten Altanlagen sollten also längst außer Betrieb sein. Sind sie aber nicht. Vielmehr hat die russische Atomaufsicht die Betriebserlaubnis um weitere 15 Jahre verlängert, so dass die Blöcke 1 und 2 in Polarni Zori nun bis 2018/19 weiterproduzieren. Norwegen hat gegen die Laufzeitverlängerungen umgehend protestiert – was man in Moskau bzw. Murmansk achselzuckend zur Kenntnis genommen hat. Als hilflose Gegenaktion haben die Norweger deswegen in der Grenzstadt Kirkenes Jodtabletten verteilt. Die sollen die Einwohner einnehmen, wenn es jenseits der Grenze zu einer Atomkatastrophe kommt.

Die Zustände im Innern des Kernkraftwerks haben sich seit 1994 ebenfalls nicht verbessert. Störfälle gehören weiterhin zur Tagesordnung, und nach wie vor wird man sie, wenn immer möglich, vertuschen. Dass am 15. Januar 2010 ein Transformator explodierte und 80 Meter durch die Luft flog, erfuhr man beispielsweise erst mit mehreren Wochen Verspätung. Und das auch nicht von den Kernkraftwerksbetreibern, sondern durch den lokalen Fernsehsender TV Murmansk. Von dessen Webseite verschwand die Nachricht übrigens bereits nach einem Tag wieder.

Arbeiter aus dem Kernkraftwerk Polarni Zori berichten von

dem maroden Zustand der Anlage. Leitungen und Rohre seien nur notdürftig zusammengeschweißt, die Kommunikation im Falle eines Störfalls liefe über Kurbeltelefone ab, die schon im Normalbetrieb oft nicht funktionierten, und ein Brandschutz sei kaum noch existent. Handfeuerlöscher gibt es in der Anlage schon lange nicht mehr. Sie wurden von den schlecht bezahlten Arbeitern geklaut, die sie in der Stadt verkauften, um ihre Löhne aufzubessern.

Probleme mit dem Brandschutz kennt man zwar auch vom Neubau des Berliner Flughafens BER – in dem Fall ist es aber »nur« peinlich und extrem teuer, im Fall von Polarni Zori könnte der fehlende Brandschutz aber im Ernstfall zu einer atomaren Katastrophe führen und Tausende Menschen das Leben kosten.

Juri Kolomtsew, der Leiter der Anlage, sieht das natürlich anders. Er sagt: »Seit dem Bau vor mehr als 30 Jahren ist die Anlage trotz der erschwerten Wetterbedingungen im hohen Norden stabil gelaufen.« Dass die Anlage 1993 kurz vor der Kernschmelze stand, hat er offenbar vergessen.

Zum Schluss dieses Kapitels aber ein kleiner Hoffnungsschimmer aus dem verstrahlten Norden. Seit kurzem helfen deutsche Techniker dabei mit, die russischen Atom-U-Boote, die bisher in den Fjorden um Murmansk vor sich hinrosten, von ihren Atomreaktoren zu befreien und die Schiffe anschließend zu verschrotten. Das Projekt wird zum großen Teil von der deutschen Regierung finanziert – ebenso wie das Zwischenlager in der Saidabucht, das gegenwärtig gebaut wird. Dort müssen die strahlenden Reaktoren, die man aus den U-Booten ausgebaut hat, erst einmal 70 Jahre lagern. Erst dann ist die Strahlung so weit abgeklungen, dass man sie weiter verschrotten kann.

Von dem Kapitel über drohende Umweltkatastrophen ohne Überleitung zu einem über die norwegischen Frauen – hoffentlich ist das kein Fall für den Gleichstellungsbeauftragten.

Ein Paradies für Frauen!?

Und schon wieder steht Norwegen ganz oben. Laut dem Weltwirtschaftsforum gehört es zu den Ländern, in denen die Gleichberechtigung der Geschlechter am weitesten fortgeschritten ist. Auch der »Index für menschliche Entwicklung« der Vereinten Nationen sieht Norwegen an der Spitze, wenn es um die wirtschaftliche und politische Gleichstellung von Mann und Frau geht.

Manche Wissenschaftler begründen die starke Stellung der Frau aus der Historie heraus – in dem Land der Fischer und Seefahrer seien die Männer immer unterwegs gewesen, die Frauen also völlig selbständige Chefinnen über Haus und Familie gewesen. Und bei den Bauern habe man ohnehin gleichberechtigt arbeiten müssen, um dem kargen Boden mit vereinten Kräften das Lebensnotwendige abzuringen.

Ich hege an der Begründung meine Zweifel, fallen mir doch genügend Seefahrernationen ein, in denen die Frauen nicht gleichberechtigt sind, und die Schweiz, lange Zeit eine Bauernnation, ist sicherlich nicht als Hort der Gleichberechtigung bekannt.

Im 19. Jahrhundert waren die Frauen auch in Norwegen mehr oder weniger ein Anhängsel ihres Ehegatten. Ohne dessen Erlaubnis konnten sie, wie wir von Ibsens *Nora* wissen, keine Geldgeschäfte tätigen. 1885 wurde die Bevormundung einigen Frauen zu dumm – die »Norwegische Suffragetten-Vereinigung« gründete sich. Frauen, die sich gegen die Männerherrschaft auflehnten und womöglich lautstark ihre Rechte forderten, waren selbst ihren Geschlechtsgenossinnen suspekt. Von denen wurden sie wie Wesen von einem anderen Stern betrachtet. Trotzdem konnte die Bewegung bald erste Erfolge vorweisen. 1888 wurde das Ehegesetz geändert und den Frauen das Recht auf eigenen Besitz zugestanden. Von da an war die norwegische Nora nicht mehr zu Fälschung von Unterschriften gezwungen, um sich Geld zu beschaffen – der erste Schritt zum Ausbruch aus dem Puppenheim war gemacht.

1895 waren Frauen erstmals zur Wahl aufgerufen. Bei einer Abstimmung über das Verbot des Alkoholverkaufs durften sie, auf ausdrücklichen Wunsch der Behörden, ihre Stimme abgeben. Was war geschehen? Waren die norwegischen Männer ihrer Zeit vorausgeeilt und hatten sich zu Kämpfern für die Gleichberechtigung gemacht? Oder hatten die norwegischen Politiker über Nacht den Zug in die Neuzeit bestiegen? Nichts dergleichen.

Die Frauen waren schlichtweg Stimmvieh für die gute Sache. Die Obrigkeit wollte nämlich den Verkauf von Alkohol verbieten, und da Frauen in dieser Frage als vernünftiger galten, sollten sie mitwählen und ihren versoffenen Ehemännern die Mehrheit für den Alkohol vermiesen. Und das gelang ihnen auch.

1901 durften Frauen dann bei lokalen Wahlen ihre Stimme abgeben, und ab 1907 konnten die reicheren Damen auch bei Parlamentswahlen abstimmen. Da es von denen aber nur wenige gab, bestand das Frauenwahlrecht eigentlich nur auf dem Papier. 1911 rückte die erste Frau ins norwegische Parlament auf. Das Wort »aufrücken« ist hier mit Bedacht gewählt. Anna Rogstad, der diese Ehre zuteilwurde, bekam ihren Platz nämlich nur, weil ein gewählter Parlamentarier verstorben war.

1913 wurde in Norwegen das allgemeine Stimmrecht für Frauen eingeführt. Nur die Finninnen – sie erhielten das Wahlrecht bereits 1906 – waren in Europa früher dran. Eine Erfolgsstory war der Kampf um Gleichberechtigung aber auch in Norwegen nicht von Anfang an. Ab 1922 konnten Frauen zwar laut Gesetz Ministerinnen werden, doch es dauerte bis 1945, bis Kristen Hansteen der Sprung auf die Kabinettsbank gelang. Sie war damals eine typische Alibifrau, und damit sie nicht allzu viel Schaden anrichten konnte, ernannte sie der damalige Ministerpräsident Einar Gerhardsen vorsichtshalber nur zur »konsultativen Ministerin ohne Geschäftsbereich«. Trotzdem war die Berufung einer Frau in ein Ministeramt ein wichtiger Schritt in Richtung Gleichberechtigung. Drei Jahre später rafften die alten Herren in der regierenden Arbeiterpartei schließlich allen Mut zusammen und übertrugen einer Frau ein richtiges Ministeramt – Aslaug Aasland wurde Gesundheits- und Sozialministerin.

1959 wurde der »Rat für gleichen Lohn« eingesetzt. Dessen Aufgaben wurden bald von einem »Gleichstellungsrat« übernommen, der schließlich 1961 das »Rahmenabkommen über gleichen Lohn« vereinbarte. Doch selbst das Informationsblatt des Norwegischen Außenministeriums muss zugeben: »Das Problem des unterschiedlichen Lohns bei gleicher Arbeit war damit jedoch nicht ganz aus der Welt geschafft.« Überhaupt waren die 1960er Jahre nicht gerade ein Traumjahrzehnt für die Frauen. Gleichstellungsfragen spielten keine Rolle, und die Männer hatten nach wie vor das Zepter – und die Staatsführung – in der Hand.

Der Quantensprung der Emanzipation ereignete sich dann in den 1970ern. Durch verbesserte Sozialleistungen erhielten immer mehr Frauen die Chance zu einer höheren Ausbildung. Auf den Universitäten wurde die männliche Dominanz allmählich gebrochen. Nach den Kommunalwahlen 1971 meldeten die norwegischen Zeitungen halb bewundernd, halb geschockt: »Die Frauen kommen auf breiter Front« oder »Frauen erzielen einen K.O.-Sieg bei der Stadtratswahl«.

Na ja, ganz so »schlimm« war es damals für die Männer noch nicht. Nur 15 Prozent der kommunalen Abgeordneten waren Frauen. Aber in den beiden Großstädten Oslo und Trondheim hatten die Frauen wirklich die Macht übernommen. 1981 wurde dann Gro Harlem Brundtland das erste Mal (damals nur für ein paar Monate) Ministerpräsidentin, und seitdem wird Norwegen weltweit als das Vorzeigeland der Gleichberechtigung gefeiert. Wenige Jahre später war Brundtland dann wieder dran – und diesmal für länger. Ihre zweite Amtszeit gilt als Durchbruch für die politische Gleichberechtigung der Frau – acht der achtzehn Ministerposten besetzte sie mit Frauen. Das änderte sich auch in den folgenden Kabinetten nicht. Seit damals gehörten jeder norwegischen Regierung mindestens 40 Prozent Frauen an.

Brundtland gab in einem Interview zu Protokoll, dass sie auch die deutsche Politik inspirieren wollte. Sie sagte: »Ich habe damals auch schon den deutschen Sozialdemokraten gepredigt, dass sie mehr Frauen ins Parlament holen müssen.« Mit diesem Appell hatte sie nur wenig Erfolg.

Alle großen norwegischen Parteien – mit Ausnahme der rechtspopulistischen Fortschrittspartei – haben sich einer freiwilligen Quotenregelung unterworfen. Angefangen mit der Quote haben in den 1970er Jahren die Sozialistische Linkspartei und die Liberale Partei.

Eigentlich braucht man sich nicht zu wundern, dass es in Norwegen mit der Gleichstellung der Geschlechter so gut klappt. Denn wie in ganz Skandinavien wacht auch hier ein Ombudsman darüber, dass Mann und Frau auch gleiche Möglichkeiten haben.

Doch halt – ein Ombudsman? Ombudsmänner sind eigentlich eine schwedische Erfindung, dort gibt es sie schon seit 1809, als direkte Ansprechpartner für die Bürger (und Bürgerinnen!). Fühlt man sich beispielsweise als Verbraucher übervorteilt, schreibt man einen bösen Brief an den Verbraucherombudsman, wird einem in der Presse übel mitgespielt, tritt der Presseombudsman auf den Plan, und so weiter und so weiter. Der Ombudsman ist eine sehr erfolgreiche Institution und hat zur Bürgernähe der skandinavischen Demokratien beigetragen.

Aber ein Ombuds*man* für Gleichstellungsfragen? Bevor man 1978 eine solche Position einführte, stritt man zunächst um die politisch korrekte Bezeichnung. Dass jemand, der die Endung »man« im Titel trug, unmöglich für die Gleichberechtigung eintreten konnte, wurde schnell klar. Es wurde also diskutiert und beraten, und schließlich wurde das Ombud (sächlich!) geboren. Das Ombud geht den Beschwerden von Bürgerinnen und Bürgern nach, die sich aufgrund ihres Geschlechts benachteiligt fühlen, und soll die Einhaltung des Gleichstellungsgesetzes überwachen. Darin heißt es in Paragraf 1: »Dieses Gesetz dient der Förderung der Gleichstellung der Geschlechter und zielt besonders darauf ab, die Situation der Frau zu verbessern.«

In der Wirtschaft ist man zwar beim Thema Gleichberechtigung wesentlich weiter als in Deutschland, doch da haben auch die Norweger – und Norwegerinnen – noch einen weiten Weg zu gehen.

Die Frauenerwerbsquote liegt in Norwegen bei fast 80 Prozent, ein im internationalen Vergleich enorm hoher Wert. Allerdings sollte man sich hüten, den Prozentsatz der arbeitenden Frauen als alleinigen Maßstab für die Gleichberechtigung zu sehen. In fast allen europäischen Ländern stieg die Frauenerwerbsquote in den Krisenjahren zu Beginn des neuen Jahrtausends an. Dies gilt auch und besonders für Deutschland. 2011, so die Statistik, hätten fast 72 Prozent der Frauen gearbeitet. Allerdings, und das ist der Haken, handelt es sich dabei meist nicht um qualifizierte Anstellungen, sondern um ungelernte Teilzeitjobs. Die Frauen müssen mitverdienen, um das Überleben ihrer Familien zu sichern.

In Norwegen ist das genauso – jedoch auf höherem Niveau. In dem extrem teuren Land reicht ein Einkommen pro Familie nicht aus, um einen gewissen Standard zu halten. Wenn sich eine Familie etwas Luxus leisten will, manchmal ausgehen oder einen Zweitwagen, dann muss auch die Frau arbeiten.

Wissenschaftliche Studien darüber gibt es meines Wissens noch nicht – aber wer weiß, vielleicht ist die Gleichberechtigung in Norwegen ja nur deswegen so weit fortgeschritten, weil das Leben im Land so teuer ist?

Obwohl der Grundsatz »Gleicher Lohn für gleiche Arbeit« gilt, verdienen Frauen im Schnitt nur 85 Prozent von dem, was Männer nach Hause bringen. Der Grund ist einfach: Frauen arbeiten vor allem in schlechter bezahlten Berufen. Bei der Berufswahl gibt es nach wie vor deutliche Unterschiede: Jungs entscheiden sich auch in Norwegen für typische Männerberufe und Mädchen für Frauenberufe. Mehr als 60 Prozent des Verkaufspersonals ist nach wie vor weiblich, über 80 Prozent der Reinigungsarbeiten und der Bürojobs werden von Frauen erledigt. Als Lastwagenfahrer, Maschinenführer und IT-Spezialisten arbeiten dagegen fast zu 100 Prozent Männer. Pflegeberufe wiederum sind eine weibliche Domäne.

Inga Marte Thorkildsen, die Ministerin für Kinder, Familie und Gleichstellung, fordert: »Ganz wichtig ist es beispielsweise, Jugendliche zu nichttraditioneller Berufswahl zu ermuntern.« Die Ministerin überlegt deswegen ein Belohnungssystem, so könnten beispielsweise Jungen, die in der Oberstufe soziale Fächer wählen, und Mädchen, die technische Kurse belegen, mit Stipendien belohnt werden.

Mitunter werden hier aber auch Krokodilstränen vergossen. Den einfachsten Weg, nämlich Frauenarbeit gerecht zu entlohnen, geht man auch in Norwegen nicht. Man bräuchte nur die Löhne in typischen Frauenberufen anzuheben, was dann auch gleich den Nebeneffekt hätte, dass sich mehr Männer für diese Berufe interessieren würden. Mehr Geld für Krankenschwestern, Kindergärtnerinnen oder Sekretärinnen – das will auch der Staat nicht. Gerade für diese Berufe ist er der Hauptarbeitgeber, und wie jeder Chef spart auch Vater Staat gerne Lohnkosten ein.

In den oberen Einkommensklassen sorgt ein Gesetz dafür, dass langsam Gleichberechtigung in die Chefetagen einzieht. Noch 1994 waren beispielsweise unter den Direktoren der 200 größten norwegischen Firmen exakt null Frauen. Um das zu ändern, versuchte es der Staat zunächst mit Appellen, doch als das nichts nützte, schwang man schließlich doch die Gesetzeskeule. Am 1. Januar 2006 trat ein Gesetz in Kraft, das allen börsennotierten Unternehmen eine Frauenquote von 40 Prozent verordnete. Bereits zwei Jahre vorher war eine entsprechende Regelung für Ausschussvertreter in staatlichen Unternehmen in Kraft getreten.

Trotzdem bleibt noch einiges zu tun. Das jedenfalls legt die Statistik nahe, laut der 2009 nur ein Drittel der leitenden Angestellten und Spitzenmanager Frauen waren. Vermutlich deshalb ist man auch im Königshaus für die Quote. In einem Interview mit der Tageszeitung *Die Welt* sagte Kronprinzessin Mette-Marit 2012: »Ich bin auch für eine Frauenquote. Studien belegen ja, dass es Unternehmen besser geht, wenn Frauen mit in den Führungsgremien sitzen.«

Bei so viel royaler Unterstützung sollte es ja klappen mit der Gleichberechtigung. Auch im norwegischen Königshaus ist die Gleichberechtigung übrigens inzwischen angekommen. Vor einigen Jahren wurde das Thronfolgegesetz geändert, so dass jetzt immer der bzw. die Erstgeborene den Thron besteigt, egal ob Mann oder Frau.

Das Land der vielen Kinder

Auch in Sachen Familienleben ist das Kronprinzenpaar Vorbild für das Land. Als idealer Patchworkpapa war Kronprinz Haakon selbstverständlich auch bei der Einschulung von Marius dabei, dem Sohn, der aus einer früheren Beziehung von Mette-Marit stammt. Und als perfekter Vater hat natürlich auch Haakon »Vaterurlaub« genommen, um seinen Teil zur Erziehung der gemeinsamen Tochter Ingrid Alexandra beizutragen.

Obwohl prozentual gesehen in Norwegen so viele Frauen arbeiten wie in kaum einem anderen Land der Welt, liegt die Geburtenrate bei 1,9 Kindern pro Frau. Europaweit bekommen die Frauen nur in Irland und Frankreich mehr Kinder. Über private Familienplanungen kann man ja nur spekulieren, aber man darf schon annehmen, dass das »Rundum-sorglos-Paket«, das der norwegische Staat für die Eltern geschnürt hat, dazu beiträgt, die Geburtenrate hoch zu halten.

Die Norweger können wählen: Entweder bleibt ein Elternteil 46 Wochen bei vollem Lohnausgleich zu Hause oder 56 Wochen bei 80 Prozent Elterngeld. Allerdings muss die Elternzeit zwischen Vater und Mutter aufgeteilt werden.

Schon ab 1977 gab es für Väter die Möglichkeit, sich die Elternzeit mit der Mutter zu teilen. Das war allerdings freiwillig, und entsprechend selten wurde die Option genutzt – nur zwei bis drei Prozent der Väter gingen in Elternzeit. 1993 wurde dann die »Väterquote« eingeführt. Seitdem ist ein Teil der Elternzeit und des Elterngeldes – zehn Wochen (eine Anhebung auf 14 Wochen ist geplant) – ausschließlich den Vätern vorbehalten. Verzichtet man(n) auf seinen Anteil der Elternzeit, verfällt der Anspruch.

2008 nahmen neun von zehn Vätern Elternurlaub, und jeder sechste Vater ließ sich für die Kinderbetreuung sogar länger als zehn Wochen beurlauben. Beate Gangås, die Beauftragte für Gleichstellung und Nichtdiskriminierung, geht das aber noch nicht weit genug. Sie hat angeregt, dass Mutter und Vater Anspruch auf je ein Drittel der Elternzeit haben und über das verbleibende Drittel frei verfügen können.

Auch mein norwegischer Bekannter Jens hat »Papa-Urlaub« genommen. Er arbeitet bei der Stadtverwaltung in Oslo und wurde dort problemlos freigestellt, obwohl er sogar für drei Monate den Schreib- mit dem Wickeltisch vertauschte. »Kein Arbeitgeber würde seinen Angestellten da irgendwelche Steine in den Weg legen«, sagt Jens und ergänzt: »Außerdem hat man ja auch ein Recht auf Vaterurlaub.« Bei ihm im Büro seien beispielsweise drei Männer gleichzeitig im Vaterurlaub gewesen – einer davon war sein Chef.

Inzwischen arbeitet Jens zwar wieder, aber er kann immer noch jederzeit freinehmen, wenn sein Kind krank ist und betreut werden muss. Jens und seine Frau haben inzwischen drei Kinder – zwei Jungen und ein Mädchen – und liegen damit deutlich über dem norwegischen Schnitt. Der Älteste geht schon in die Schule und wird nach Unterrichtsende im schuleigenen Hort weiterbetreut. Die beiden Kleineren sind ganztags im Kindergarten. »Das funktioniert perfekt für uns«, sagt Jens. Für deutsche Eltern ein Traum: In Norwegen garantiert der Staat allen Kindern einen Kindergartenplatz. Und das nicht nur auf dem Papier – wer einen Platz braucht, bekommt ihn auch.

Der Staat meint es offenbar besonders gut mit den Müttern, denn er sorgt sich bis ins kleinste Detail um deren Wohlergehen. Laut Gesetz steht stillenden Müttern nämlich zweimal täglich je ein halbe Stunde bezahlte Stillpause zu – und falls der Nachwuchs lieber einmal viel als zweimal wenig trinkt, dann geht auch das. Die einstündige Stillpause kann auch an einem Stück genommen werden. Auch das regelt das Gesetz.

Offenbar sind die Norwegerinnen auch was das Stillen angeht ganz vorn mit dabei. Das Internet hat es mir verraten: In keinem anderen europäischen Land stillen so viele Frauen ihre Babys. Für denjenigen, den es interessiert, hier der entsprechende, begeisterte Eintrag von der Seite der »Arbeitsgemeinschaft Freier Stillgruppen«: »Die aktuellen Stillzahlen in Norwegen sprechen für sich:

92 Prozent der Mütter stillen noch drei Monate nach der Geburt, 80 Prozent nach sechs Monaten, 65 Prozent nach neun Monaten. 40 Prozent der Einjährigen in Norwegen sind noch Stillkinder, und stolze 17 Prozent sind es auch noch nach 16 Monaten.« Als Mann enthalte ich mich hier jeder Meinungsäußerung, möchte aber noch erwähnen, dass ich bei der Recherche zu diesem Thema auf auffällig viele Seiten für stillende Mütter gestoßen bin, die allesamt von den norwegischen Stillverhältnissen schwärmen.

Eltern wie Jens und seine ebenfalls voll berufstätige Frau Hilde sind in Norwegen der Normalfall. Dass die Kinder dort ganztags in Kindergarten, Schule und Hort sind, ist nichts Ungewöhnliches. In Deutschland würden voll berufstätige Mütter, die ihre Kinder in Ganztagsbetreuung geben, vermutlich irgendwann mit dem Vorwurf konfrontiert, »Rabenmütter« zu sein. In Norwegen sieht man das anders. Dort glaubt man im Gegenteil, dass früher Kontakt mit anderen Menschen außer den Eltern die soziale Kompetenz fördert.

Betreuungsgeld auf Norwegisch

In Deutschland wird es im Sommer 2013 eingeführt – Norwegen hat es schon: das Betreuungsgeld. Dort soll es allerdings wieder abgeschafft werden. In einem ersten Schritt wurde die Finanzleistung von 24 auf 12 Monate verkürzt. Im Prinzip sieht das Betreuungsgeld hier wie dort vor, dass Eltern dafür Geld bekommen, wenn sie ihre Kinder nicht in den Kindergarten schicken. Das soll die Eltern-Kind-Bindung stärken, die Verantwortung für die Erziehung bei den Eltern belassen und, auch wenn das in der Diskussion nur selten erwähnt wird, dem Staat Geld sparen. Denn einen Kindergartenplatz zu schaffen kostet allemal mehr, als einem Elternpaar den Zuschuss auszuzahlen.

Deswegen lösten Norwegens Sozialdemokraten auch erst 2012, und damit um Jahre verspätet, ihr Wahlversprechen von 2005 ein, die Bezugszeit des Betreuungsgeldes zu kürzen.

In Norwegen wurde die *kontantstötte* bereits 1998 eingeführt. Wörtlich übersetzt bedeutet der Begriff einfach »Geldunterstützung« – was ebenso schlicht wie inhaltlich ehrlich ist. Als die *kontantstötte* eingeführt wurde, regierte eine konservative Minderheitsregierung unter Führung der Christlichen Volkspartei mit Ministerpräsident Kjell Magne Bondevik an der Spitze. Die Christliche Volkspartei ist gewissermaßen die letzte Festung der Moralkonservativen. Wer gegen Abtreibung und Homoehe ist, wählt Bondevik und seine Leute. Für die Christliche Volkspartei war es eine Herzensangelegenheit, durch das Betreuungsgeld die traditionelle Familie zu stärken.

Eltern können in Norwegen wählen, ob sie das volle Betreuungsgeld, derzeit umgerechnet etwa 680 Euro, in Anspruch nehmen wollen oder nur die Hälfte der Summe, um dann wiederum das Kind für 20 Stunden pro Woche in den Kindergarten zu schicken.

Als die *kontantstötte* eingeführt wurde, fürchteten deren Gegner – Sozialdemokraten und Linke –, dass die Unterstützung Frauen zurück in die Küche »locken« würde. Dies ist nicht geschehen. Im Gegenteil: Frauen mit guter Ausbildung sind die Einzigen, die in jeder Hinsicht vom Betreuungsgeld profitiert haben. Da es auch erlaubt ist, mit der *kontantstötte* eine Kinderfrau zu bezahlen, haben Familien des gehobenen Mittelstandes das Geld vom Staat als einen Zuschuss zur Finanzierung der Fremdbetreuung benutzt. Die Frauen sind also nach der Geburt des Kindes schneller als geplant wieder arbeiten gegangen. Eine Auswirkung, die von Bondevik und seiner Partei so weder gewünscht noch geplant war.

Frauen jedoch, die ohnehin wenig verdienen, können es sich gar nicht leisten, das Betreuungsgeld in Anspruch zu nehmen. Sie sind auf ihren vollen Lohn angewiesen.

Die wirklichen Verlierer aber sind Kinder aus Einwandererfamilien. Die sprechen jetzt nachweislich schlechter Norwegisch als vor Einführung der staatlichen Zulage und haben somit vom Start weg erheblich schlechtere Chancen auf eine gelungene Integration.

Einwandererfrauen sind unter den Beziehern des Betreuungsgeldes deutlich überrepräsentiert. Anders als von der Christlichen Volkspartei geplant, bleiben also nicht etwa die Norwegerinnen länger zu Hause, um sich dem Nachwuchs zu widmen, sondern Frauen aus Migrantenfamilien. In dieser Gesellschaftsgruppe ist der Anteil der berufstätigen Frauen seit Einführung der *kontantstötte* um 15 Prozent gesunken.

Selbst die Organisation für wirtschaftliche Zusammenarbeit und Entwicklung, OECD, empfahl Norwegen im Rahmen einer Forschungsarbeit aus dem Jahre 2009, das Betreuungsgeld wieder abzuschaffen, und in der Studie *Jobs for Immigrants* hieß es im Sommer 2012: »Subventionen, die Eltern gezahlt werden, deren Kinder nicht in einen Kindergarten gehen, können sich auf die Arbeitsmarktbeteiligung von Zuwandererfrauen höchst nachteilig auswirken. Dies gilt besonders für gering ausgebildete Frauen mit mehreren Kindern …«

Schulaufgabe am Netbook

Die Norweger stehen auf einer hohen Stufe der Bildung. Fast jedermann kann wenigstens lesen und schreiben, und gelehrte Norweger gibt es in allen Fächern des Wissens; auch als Künstler zeichnen sie sich aus.
Meyers Konversationslexikon von 1890

In Norwegen wurde die allgemeine Schulpflicht bereits 1739 eingeführt. Seither sind alle Kinder ab dem sechsten Lebensjahr verpflichtet, die Schulbank zu drücken.

Los geht's für die Kleinen in der Grundschule, der *barneskole*. In der siebten Klasse wechselt man auf die *ungdomsskole*. Die endet nach drei Jahren mit einer Abschlussprüfung, und mit der geht dann auch die zehnjährige Schulpflicht zu Ende.

Wer die entsprechenden Noten hat, besucht noch einmal für drei weitere Jahre die *videregående skole*, eine Art gymnasiale Oberstufe. Sie bietet zwei Richtungen an, einen Zweig, auf dem man die Hochschulreife erwirbt, und einen anderen, der aufs Berufsleben vorbereitet und mit einer Art Gesellenprüfung endet. Wer will, kann beide Richtungen miteinander kombinieren.

Bis zur siebten Klasse werden keine Noten verteilt. Die Lehrer müssen sich schon etwas Mühe geben, wenn sie die Leistungen ihrer Schützlinge bewerten und sehr ausführliche Beurteilungen schreiben, in die sie auch Vorschläge zur Verbesserung der Leistung einbauen müssen.

Später dann gibt es Noten, und zwar wie bei uns, von eins bis sechs. Allerdings ist in Norwegen die Sechs die beste und eine Eins die schlechteste Zensur.

Von der Ausstattung norwegischer Schulen können Schüler und Lehrer in Deutschland nur träumen, sowohl was die technische Infrastruktur als auch was das Personal angeht. Netbooks ersetzen schon seit einiger Zeit Schulhefte, selbst Prüfungen werden am Computer und nicht mehr auf Papier geschrieben. Und die Klassen sind wesentlich kleiner als bei uns. Tobias Werler von der Universität Leipzig, der sich in seiner Studie *Nation, Gemeinschaft, Bildung* intensiv mit dem Schulsystem in Skandinavien beschäftigt hat, schreibt: »Selbst wenn man in Norwegen eine ganz normale Schule oder auch Universität besucht, es quellen einem die Augen über ... Statt nach Leistung zu selektieren, richtet sich Bildung darauf, in die Schule und in die Gesellschaft zu integrieren.«

Integration versus Selektion, Einheitsschule versus Elitebildung – so stehen sich das norwegische und das deutsche Schulsystem gegenüber.

Norwegen investiert weit mehr Ressourcen in den Bereich Bildung und Schulen als die meisten vergleichbaren Länder. Laut Tobias Werler könnten wir von Norwegen lernen, »dass Bildung einen Wert hat und kein Kostenfaktor ist«.

Eigentlich machen die Norweger also alles richtig. Und trotzdem lassen die Ergebnisse zu wünschen übrig. Zumindest dann, wenn man die PISA-Studie zur Grundlage nimmt. Da haben sich norwegische Schüler in den letzten Jahren ständig verschlechtert und liegen in den meisten Kategorien inzwischen sogar hinter den deutschen Schülern. Und die sind ja im internationalen Vergleich auch nur Durchschnitt.

Sogar Kronprinzessin Mette-Marit macht sich Sorgen. In einem Interview mit der Zeitung *Die Welt* sagte sie: »Etwa jedes dritte Kind in Norwegen bricht die Schule ab. Wir dürfen keine Generation der Angst und Frustration heranziehen. Kinder und Jugendliche müssen sich ernst genommen fühlen und spüren, ein wichtiger Teil unserer Gesellschaft zu sein. Darum geht's.«

Der Bildungsforscher Helge Ole Bergesen von der Universität Stavanger glaubt, dass sich die Prioritäten in norwegischen Schulen verschoben hätten, Lernen nicht mehr wichtig sei und es nur noch darum gehe, dass sich die Schüler wohlfühlen.

Wiebke ist zwar keine Bildungsexpertin. Als deutsche Austauschschülerin hat sie das norwegische Schulsystem aber hautnah erlebt. In ihrem Blog schreibt sie: »Schule an sich ähnelt der deutschen Schule, außer dass es hier absolut keine Disziplin gibt ... Es kommt mehr darauf an, dass man sich auf eine vertrautere Art mit den Lehrern unterhält und (sich mit ihnen) versteht. Ich hab noch keinen beim ›Einschleimen‹ erlebt, also beim Einschleimen beim Lehrer. Irgendwie machen die das nicht. Die sagen alles direkt raus und meckern den Lehrer an.« Wohlfühlatmosphäre an norwegischen Schulen also.

Vielleicht rührt der mangelnde Ehrgeiz der norwegischen Schüler auch einfach daher, dass in dem reichen Land, in dem Vollbeschäftigung herrscht, ohnehin jeder eine Arbeitsstelle bekommt. Egal ob er sich anstrengt oder nicht. Der Bildungsexperte Svein Sjöberg von der Universität in Oslo sieht das jedenfalls so. Er sagt: »Norwegische Jugendliche können sich gemütlich zurücklehnen. Wir sind einfach ein wenig zu reich.«

Kleines Land, große Künstler

Ich ging mit zwei Freunden die Straße hinab. Die Sonne ging unter – der Himmel wurde blutrot, und ich empfand einen Hauch von Wehmut. Ich stand still, todmüde – über dem blauschwarzen Fjord und der Stadt lagen Blut und Feuerzungen. Meine Freunde gingen weiter – ich blieb zurück – zitternd vor Angst – ich fühlte den großen Schrei in der Natur ... Ich malte dieses Bild – malte die Wolken wie wirkliches Blut – die Farben schrien.
Tagebucheintrag Edvard Munchs, in dem er beschreibt, wie ihm die Inspiration zu dem Gemälde »Der Schrei« kam

Die Antwort fällt meist eindeutig aus. Fragt man einen Norweger nach dem bekanntesten Schriftsteller, Komponisten und Maler seines Landes, sagt er ziemlich sicher: Ibsen, Grieg und Munch.

Die Namen eines anderen Dreigestirns sind im Ausland vielleicht etwas weniger bekannt, zwei der folgenden drei Künstler sind aber auch im heutigen Norwegen noch enorm beliebt. Bjørnstjerne Bjørnson, Knut Hamsun und Sigrid Undset heißen die bisher einzigen norwegischen Literaturnobelpreisträger. 1903, 1920 und 1928 bekamen sie die begehrte Auszeichnung verliehen.

Interessant, dass jeder der Genannten auf die eine oder andere Weise eine Verbindung zu Deutschland hat.

Eine eigenständige norwegische Identität und damit auch eine eigenständige norwegische Kunst entwickelte sich erst im 19. Jahrhundert, als das Land seine Unabhängigkeit anstrebte – politisch von Schweden und kulturell von Dänemark. Regiert wurde das Land damals ja noch von Stockholm aus, und das Zentrum der Bildung und Kunst war auch für Norweger die dänische Hauptstadt Kopenhagen.

Eine zu Musik gewordene Suche nach der norwegischen Identität ist die berühmte Peer-Gynt-Suite von Edvard Grieg (1843–1907). Noch heute kommt kaum ein Film über Norwegen ohne »Die Morgenstimmung«, den ersten Satz der Peer-Gynt-Suite Nr. 1, aus. Edvard Grieg gilt als *der* norwegische Komponist, der unter Einbeziehung der norwegischen Volksmusik eine spezifische Musiksprache schuf. Grieg, der von 1858 bis 1862 am Konservatorium in Leipzig studierte, reiste viel in Europa umher.

In Rom lernte er Henrik Ibsen (1828–1906) kennen, und dort wurde Peer Gynt zum verbindenden Glied zwischen den beiden. Ibsen hatte damals bereits ein dramatisches Gedicht über den Aufschneider und Abenteurer Peer Gynt verfasst – eine Märchenfigur, die ursprünglich auf den Schriftsteller Peter Christen Asbjørnsen zurückgeht. Nach dem großen Erfolg des Gedichtes wollte es Ibsen zu einem Bühnenstück umarbeiten. Und dafür brauchte er Musik. Er beauftragte Grieg damit, die Bühnenmusik zu schreiben. Ibsens Drama und Griegs Musik sind beides Meisterwerke für sich, zusammengepasst haben sie aber nie – auf der einen Seite Ibsens modernes Drama, auf der anderen Griegs nationalromantische Kompositionen. Moderne Theaterproduktionen verzichten deswegen in der Regel darauf, die beiden Kunstwerke gemeinsam zu verwenden.

Interessant auch, dass Ibsen die meisten seiner Dramen nicht in Norwegen, sondern im Ausland geschrieben hat. Der norwegischste aller norwegischen Dramatiker verbrachte die längste Zeit seines schaffenden Lebens im Ausland. Unter anderem lebte er auch jahrelang in Dresden und München. Erst als 63-Jähriger kehrte er nach mehr als 20 Jahren im Ausland nach Norwegen zurück.

Henrik Ibsen schuf eine völlig neue Art des Dramas – neue Themen bestimmten sein Schaffen. Er schrieb gegen die Heuchelei der bürgerlichen Moral an und thematisierte als Erster die Frauenemanzipation. Mit seinem Ehedrama *Nora oder ein Puppenheim*, in dem sich eine Frau gegen ihren Mann auflehnt, gelangte Ibsen zu Weltruhm.

Als junger Mann lernte Ibsen Bjørnstjerne Bjørnson (1832–1910), den damaligen Dichterfürsten des Landes, kennen. Die beiden Männer blieben ein Leben lang Freunde und Bjørnson, der jünger als Ibsen war, aber zum damaligen Zeitpunkt deutlich bekannter, unterstützte am Anfang Ibsen in seinen Ambitionen, wo es nur ging.

Bjørnson war aber nicht nur als Schriftsteller tätig, sondern beschäftigte sich auch als Journalist mit allen wichtigen politischen Themen seiner Zeit. So setzte er sich beispielsweise für die Beendigung der politischen Union mit Schweden ein.

Unsterblich wurde Bjørnson, der im Übrigen ebenfalls mehrere Jahre in Deutschland gelebt hat, durch die Verleihung des Literaturnobelpreises im Jahre 1903 und als Dichter des Textes der norwegischen Nationalhymne.

Knut Hamsun (1859–1952) erhielt 17 Jahre später als zweiter Norweger den Nobelpreis für Literatur. Hamsun war einer der größten Schriftsteller des 20. Jahrhunderts, gleichzeitig aber auch eine verirrte Person, die sich auf geradezu peinliche Weise für den deutschen Nationalsozialismus engagierte. In Norwegen ist sein Name – trotz aller schriftstellerischen Erfolge – deswegen bis heute mit einem gewissen Tabu belegt. Seiner Person habe ich ein eigenes Kapitel gewidmet, das man anderer Stelle dieses Buches nachlesen kann.

Nur wenige Jahre nach Hamsun ging der Literaturnobelpreis erneut nach Norwegen. Sigrid Undset (1882–1949) erhielt die Auszeichnung 1928 für ihre Romantrilogie *Kristin Lavranstochter*. Das Hauptthema in Undsets Werk war immer die Stellung der Frau in der Familie und der Gesellschaft. Obwohl sich Undset stark für Frauenrechte einsetzte, war sie keine Anhängerin der Frauenbewegung. Für die konvertierte Katholikin spielte nämlich die Mutterschaft die zentrale Rolle im Leben einer Frau, hinter der alles zurückstehen musste. Mit ihrem Übertritt zum Katholizismus löste Undset im protestantischen Norwegen damals einen handfesten Skandal aus.

Nach dem Einmarsch der Nazis musste Undset, die sich bereits seit Beginn der 1930er Jahre im Widerstand gegen den Nationalsozialismus engagiert hatte, aus Norwegen fliehen. Bis zum Kriegsende lebte sie in den USA.

Edvard Munch (1863–1944) gilt zu Recht als einer der überragenden und bahnbrechenden Maler des Expressionismus. Viele seiner Werke gehören heute zu den am höchsten bezahlten Bildern weltweit. In Munchs »Schrei« sehen viele Kunstkritiker das erste expressionistische Gemälde überhaupt.

Und in Wikipedia kann man nachlesen: »Der Schrei gilt als das berühmteste Werk des norwegischen Malers Edvard Munch und neben Leonardo da Vincis Mona Lisa und Vincent van Goghs Sonnenblumen als eines der bekanntesten Gemälde weltweit.« Seinen künstlerischen Durchbruch erlebte Munch zunächst in Mitteleuropa – beliebt war er vor allem in Deutschland. Berlin wählte er deswegen später auch zu seiner zweiten Heimat.

Vom »Schrei« gibt es praktischerweise gleich vier Ausgaben und mehrere Lithografien. Zwei der Gemälde gehören dem Munch-Museum in Oslo, eines dem norwegischen Nationalmuseum, das vierte befindet sich in Privatbesitz.

Munchs »Schrei« scheint auch in Diebeskreisen gefragt zu sein. Bereits zweimal wurde das Gemälde gestohlen, allerdings jeweils eine unterschiedliche Version des Bildes.

Am Abend des 12. Februar 1994, an dem Tag, als die Olympischen Winterspiele in Lillehammer eröffnet wurden, stellte Pål Enger eine Trittleiter an die Außenwand des norwegischen Nationalmuseums. Ganz Norwegen saß vor dem Fernseher, und die meisten Polizisten waren nach Lillehammer abkommandiert. Ungestört öffnete Enger mit ein paar Handgriffen das Fenster und stieg ins Erdgeschoss des Museums ein. Eine Alarmanlage, die das Fenster gesichert hätte, gab es nicht. Nach ein paar Schritten stand er vor dem »Schrei« – Munchs bekanntestem Gemälde. Enger nahm das Gemälde von der Wand, und jetzt endlich ging der Alarm los. In aller Ruhe spazierte der Kunstdieb aus dem Museum hinaus und verschwand in die dunkle und klirrend kalte norwegische Nacht – Munchs »Schrei« unter dem Arm.

Die Einbruchsmethode war bewährt, auf ähnliche Weise hatte Enger bereits einige Jahre zuvor den »Vampir«, ein anderes bekanntes Munch-Gemälde, gestohlen – damals aus dem Munchmuseum am anderen Ende Oslos. Nach seinem ersten Kunstraub war er schnell erwischt worden und für ein Jahr in den Knast gewandert.

Pål Enger war in seiner Jungend ein begabter Fußballspieler und spielte 1986 für den Osloer Verein Vålerenga IF gegen SK Beveren aus Belgien sogar eine Partie im UEFA-Pokal. Später verlegte er sich dann auf Kunstdiebstähle. Im Gegensatz zu den meisten anderen Kunstdieben muss man Enger immerhin zugestehen, dass er sich auch für sein Diebesgut interessierte. Entsprechend vorsichtig behandelte er auch die geklauten Gemälde – sowohl der »Vampir« als auch der »Schrei« wanderten unversehrt an ihren Platz im Museum zurück. Neben diesen Diebstählen kam Enger wegen diverser Betrügereien, einem Überfall auf ein Juweliergeschäft und Alkohol am Steuer ins Gefängnis. Dort begann er dann selbst zu malen, im April 2011 eröffnete er eine eigene Kunstgalerie.

Deutlich brutaler als Engers Einbruch war der bewaffnete Raubüberfall im August 2004, bei dem am helllichten Tag maskierte und bewaffnete Täter in das Munchmuseum eindrangen und die hellorange Version des »Schreis« und gleichzeitig Munchs »Madonna« stahlen. Eine Museumsbesucherin gab zu Protokoll, dass sie zunächst gedacht hatte, es handle sich um einen terroristischen Überfall. Ein französischer Rundfunkredakteur, der an diesem Tag zufällig als Besucher im Museum war, vermeldete, dass die Bilder nur mit Drähten an der Wand befestigt gewesen seien, kein Alarm losschlug und die Polizei erst 15 Minuten nach dem Diebstahl vor Ort gewesen sei.

Immerhin: Anfang 2006 nahm die Polizei sechs der sieben »Schrei- und Madonnen-Räuber« fest. Die Bilder konnte man aber nicht sicherstellen. Die Täter kamen aus dem kriminellen Milieu und mussten sich bereits kurz nach der Festnahme für andere Schwerverbrechen vor Gericht verantworten. Einer der Beteiligten hat dann, so jedenfalls geht das Gerücht, das Versteck der Munchgemälde im Gegenzug für eine mildere Strafe verraten.

Deswegen konnte die Polizei Ende August 2006 die beiden Munch-Gemälde sicherstellen. Ganz so kunstsinnig wie Enger scheinen die Diebe aber nicht gewesen zu sein. Offenbar hatten sie den »Schrei« in einer Pfütze abgestellt. Das Bild wurde durch Wasser beschädigt und musste aufwendig restauriert werden. Für einige Jahre war es deswegen nicht zu sehen.

Die im Privatbesitz befindliche Version des »Schreis« machte dann im Mai 2012 Schlagzeilen, allerdings aus – zumindest für den Besitzer – erfreulicheren Gründen. Bei einer Auktion von Sotheby's in New York wurde es versteigert und wechselte für fast 120 Millionen US-Dollar den Besitzer. Das war die höchste Summe, die bis dahin jemals für ein Gemälde bezahlt wurde.

Norge oder Noreg?

Die Schriftsprache stimmt fast ganz mit der dänischen überein; dagegen nähert sich die Sprache der Landleute, besonders in entlegenern Gegenden, noch in hohem Grade dem Altnorwegischen.

Meyers Konversationslexikon, Leipzig 1890

Norwegen ist ein kleines Land, doch es leistet sich den Luxus zweier Sprachen. Das wirkt ein bisschen wie die Prasserei eines Neureichen. Und es verhält sich auch ungefähr so. Denn bis vor 150 Jahren hatte man in Norwegen noch gar keine eigene Sprache – man sprach Dänisch.

Während der Wikingerzeit, vom 8. bis zum 10. Jahrhundert, wurde in ganz Skandinavien eine mehr oder weniger einheitliche Sprache verwendet. Zwar gab es auch damals dialektale Unterschiede, doch die waren wesentlich geringer, als dies heute der Fall ist. Um die Jahrtausendwende veränderte sich die gemeinsame nordische Sprache allmählich. Die Dänen übernahmen damals Elemente aus anderen Sprachen, die »Hinterwäldler« aus Norwegen behielten, da sie kaum Kontakt zur Außenwelt hatten, die ursprüngliche Sprache noch lange bei.

In den folgenden Jahrhunderten wurde Dänemark immer mehr zur beherrschenden Macht im Norden und Norwegen allmählich zu seiner Kolonie. Dänisch wurde zur Verwaltungssprache, und Norwegisch verkam zu einem Dialekt, der nur noch auf dem Land gesprochen wurde. Dass Norwegisch damals so schnell von der Bildfläche verschwand, lag auch an der Pestepidemie von 1349/50. Damals fielen fast alle Priester dem Schwarzen Tod zum Opfer. Da sie zu den wenigen Lese- und Schreibkundigen im Land gehörten, starb mit ihnen auch die norwegische Schriftsprache.

Nach der Reformation wurde das verstaubte Kirchenlatein aus dem Kirchengebrauch verbannt und durch Dänisch ersetzt. Erstmals verstanden jetzt die Gläubigen, was ihnen der Priester erzählte. Was für das Seelenheil der Norweger gut gewesen sein mag, erwies sich als endgültiger Todesstoß für ihre Sprache. Das Dänische setzte sich mehr und mehr als Umgangssprache durch, und bald schon sprach man in Norwegen Dänisch … allerdings mit norwegischem Akzent.

Wenn der dänische König Frederik VI. 1807 bei den Napoleoni-

schen Kriegen nicht aufs falsche Pferd, bzw. den falschen Verbündeten, gesetzt hätte, spräche man in Norwegen vielleicht auch
heute noch Dänisch. Damals zog der Dänenkönig zusammen mit
dem Franzosenkaiser gegen England, Russland und Schweden in
den Krieg. Und als das Heer Napoleons 1813 in der Völkerschlacht
bei Leipzig vernichtend geschlagen wurde, stand auch Dänemark
auf der Verliererseite. Und, wie es bei verlorenen Kriegen nun mal
so ist – Strafe muss sein. Dänemark musste Norwegen an Schweden abtreten. Zunächst hatte das noch keine Auswirkung auf den
Sprachgebrauch. Da Schweden Norwegen weitgehende Autonomie zugestand, blieb Dänisch weiterhin die Behördensprache. Erst
in den dreißiger Jahren des 19. Jahrhunderts wurden Forderungen
nach einer eigenen norwegischen Sprache laut. Im Zuge der Natio-
nalromantik besann man sich damals auch in Norwegen auf die
eigenen kulturellen Wurzeln – und machte sich auf die Suche nach
einer eigenen Sprache. Von da an stritt man heftig darüber, wie die
norwegische Sprache aussehen sollte.

Schnell bildeten sich zwei Lager. Die einen, unter der Führung
des Dichters und Sprachforschers Ivar Aasen (1813–1896), forderten eine radikale Loslösung vom Dänischen. Sie wollten eine völlig
neue norwegische Sprache aus den noch bestehenden Dialekten
bilden. Auf der anderen Seite standen Knut Knudsen (1812–1895)
und seine Mannen. Sie favorisierten eine allmähliche Norwegisierung der dänischen Sprache. Dazu sollte zunächst die Schreibweise
der Aussprache angepasst werden. Schon immer hatten die Norweger die dänische Sprache mit »Akzent« gesprochen, und dieser
Akzent sollte jetzt ein maßgebliches Merkmal der Hochsprache
werden.

Während anderswo vielleicht die Waffen oder zumindest politische Intrigen über den Erfolg entschieden hätten, kam es im
norwegischen Sprachenstreit zu einer für das Land sehr typischen
Lösung: Beide Sprachformen wurden gleichberechtigt nebenein-
ander akzeptiert.

Während sich der Bauernsohn Aasen in Westnorwegen auf
Spurensuche machte und aus den dortigen Dialekten eine eigene
Sprache zusammenbaute, ergriffen Intellektuelle wie Ibsen und
Bjørnsen schnell für die andere Seite Partei und schrieben ihre
Stücke in »Knudsens Norwegisch«.

Aasens Kreation erhielt zunächst den Namen Landsmål. Knudsens Norwegisch wurde Riksmål genannt. Wobei der jeweilige Name der Sprache schon etwas darüber aussagt, wo sie gesprochen wurde.

Im Kampf der beiden Sprachen ging Riksmål – die »Reichssprache« – schnell in Führung. Im Süden, Osten und Norden des Landes und zudem in allen großen Städten setzte sich diese Sprachvariante durch. Landsmål – die »Landsprache« – wurde dagegen nur in den westnorwegischen Bauernprovinzen Hordaland, Sogn og Fjordane und Møre og Romsdal verwendet, und dort hauptsächlich als Schriftsprache. Zu Hause auf dem Hof sprach man nach wie vor seinen Dialekt. War ein offizieller Brief zu schreiben, bediente man sich Aasens Landsmål. Praktisch war der Gebrauch der neuen Sprache auch immer dann, wenn Bauern aus Westnorwegen zusammentrafen, die eigentlich verschiedene Dialekte sprachen. Dann redeten sie nicht länger in ihren Dialekten aneinander vorbei, sondern verstanden sich glänzend auf Landsmål.

Nachdem man sich so zwei Sprachen geschaffen hatte, war der nächste logische Schritt das Streben nach einer Vereinigung der beiden. Durch drei große Orthografiereformen zu Beginn des 20. Jahrhunderts wurden die Sprachen einander zwar ähnlicher, doch das angestrebte »Samnorsk«, eine gemeinsame Sprache für das ganze Land, entwickelte sich nicht. Dafür bekamen die beiden Sprachen neue Namen. Seit 1929 heißt Landsmål Nynorsk und aus Riksmål wurde Bokmål.

Bokmål war immer weiter verbreitet als Nynorsk. Doch zwischen der Wende zum 20. Jahrhundert und dem Zweiten Weltkrieg legte Nynorsk kräftig zu. Ende des Zweiten Weltkriegs lernten immerhin 34 Prozent der Schulkinder zuerst diese Version ihrer Sprache. Nach dem Krieg kehrte sich dieser Trend aber wieder um. Nynorsk war – wie bereits erwähnt – die Sprache des Landes und Bokmål die der Stadt. Der Niedergang von Nynorsk war somit vorprogrammiert. Mit der zunehmenden Industrialisierung zogen immer mehr Menschen in die Städte und übernahmen Bokmål als ihre Sprache. Heute lernen nur noch 17 Prozent der Kinder Nynorsk als erste Sprache.

Unerwartete Fürsprecher fand Nynorsk in den 1970er Jahren bei den linken Intellektuellen. Sie betrachteten Bokmål, das ja in direkter Linie vom Dänischen abstammt, als Sprache der Mächtigen, während Nynorsk als das ursprünglichere und deswegen bessere Norwegisch galt. Kleiner Schönheitsfehler am Rande: Viele Nynorskfans kamen aus Oslo und sprachen das vermeintlich »bessere Norwegisch« selbst nur unzureichend.

Auch der von ihnen gebrauchte Schlachtruf »Sprich Dialekt, schreibe Nynorsk!« hat der ländlichen Sprache nur wenige neue Anhänger gebracht. Jenseits aller Ideologie ist Bokmål nämlich deutlich einfacher und kann seinen Erfolg somit auf dem sicheren Fundament der menschlichen Faulheit bauen.

Von Anfang an waren beide Versionen der norwegischen Sprache gleichberechtigt. Jeder Bürger hat das Recht, im Schriftverkehr mit den Behörden eine Antwort in der von ihm gewünschten Sprache zu bekommen. Deswegen muss auch jeder Staatsangestellte beide Versionen seiner Muttersprache beherrschen – theoretisch jedenfalls. Wenn man einen Osloer Beamten schwitzen sehen will, muss man aber nur den Wunsch äußern, den Schriftverkehr in Nynorsk abzuwickeln. Umgekehrt hat man nicht so viel Glück. Die meisten Nynorsksprecher beherrschen nämlich die Mehrheitssprache Bokmål zumindest in der geschriebenen Form sehr gut.

Aber im Grunde ist alles halb so schlimm. Nynorsk und Bokmål sind einander so ähnlich, dass jeder Norweger die Sprache des anderen problemlos versteht. Doch ein Problem bleibt ihm: Soll er die Nationalmannschaft beim nächsten Länderspiel mit einem lauten *Norge* anfeuern, wie Norwegen auf Bokmål heißt, oder sein Team doch lieber auf Nynorsk nach vorne peitschen und *Noreg* brüllen?

Die Friedensmacher

Am 10. Dezember eines jeden Jahres schaut die Welt auf Norwegen. An diesem Tag wird in Oslo der Friedensnobelpreis vergeben.

Nach dem Willen des Stifters Alfred Nobel soll mit dem Preis derjenige geehrt werden, der »am meisten oder am besten auf die Verbrüderung der Völker und die Abschaffung oder Verminderung stehender Heere sowie das Abhalten oder die Förderung von Friedenskongressen hingewirkt und im vergangenen Jahr der Menschheit den größten Nutzen erbracht« hat.

Ganz so eng sieht man die Vorgaben inzwischen nicht mehr. Heutzutage kann auch den Preis bekommen, wer sich für die Einhaltung der Menschenrechte oder die Umwelt einsetzt. 2004 ging der Friedensnobelpreis beispielsweise an die Kenianerin Wangari Muta Maathai und damit erstmals an eine Umweltaktivistin.

Während alle anderen Nobelpreise in Stockholm verliehen werden, wird der Friedensnobelpreis in Norwegen vergeben. Warum er das so wünschte, hat Alfred Nobel nicht verraten. Es gibt viele Theorien darüber. Mir scheint die simpelste die logischste zu sein: Norwegen gehörte 1895, dem Jahr, als Nobel sein Testament verfasste, zu Schweden, und vermutlich wollte er einfach dem kleinen Nachbarn auch ein wenig Ehre zukommen lassen.

Wie die Nobelpreiszeremonie abläuft, ist in Stockholm und Oslo unterschiedlich. Während die Schweden den Preis von ihrem König verleihen lassen, sitzt der bei den Norwegern zusammen mit den übrigen knapp tausend geladenen Gästen einfach im Publikum. Die Preisübergabe nimmt der Vorsitzende des Nobelpreiskomitees vor.

Nur fünf Leute bestimmen darüber, wer den vermutlich prestigeträchtigsten Preis der Welt bekommt. Diese fünf wiederum werden vom norwegischen Parlament für einen Zeitraum von sechs Jahren gewählt – eine Wiederwahl ist jederzeit möglich. Theoretisch kann jeder Weltbürger ins Nobelpreiskomitee gewählt werden. Praktisch blieben die Norweger bisher unter sich.

Da das norwegische Parlament über die Besetzung des Komitees entscheidet, spiegeln sich in dessen Zusammensetzung naturgemäß auch die politischen Machtverhältnisse im Land wider.

So bestimmt gegenwärtig auch eine Vertreterin der ausländerfeindlichen rechtspopulistischen Fortschrittspartei über die Vergabe des Friedensnobelpreises mit. Neben dem ehemaligen Ministerpräsidenten und Vorsitzenden der Arbeiterpartei Thorbjørn Jagland, der ehemaligen Vorsitzenden der Konservativen Partei Kaci Kullmann Five, Berit Reiss-Andersen, der Präsidentin der norwegischen Rechtsanwaltskammer, und Ågot Valle, der innenpolitischen Sprecherin der Sosialistisk Venstreparti, gehört auch Inger-Marie Ytterhorn dem Nobelpreiskomitee an. Die 1941 geborene Politikerin war Stortingabgeordnete der Fortschrittspartei und ist stellvertretende Vorsitzende von FpS, der Seniorenorganisation der Rechtspopulisten. Ytterhorn gilt im rechten Lager als gemäßigt. Als 2011 ihr Sechsjahresturnus im Nobelpreiskomitee ablief, meldete der ehemalige Vorsitzende ihrer Partei Carl I.

Hagen Ansprüche an. Und bei dem gehören ausländerfeindliche Äußerungen im Stil eines Thilo Sarrazin zum Standardprogramm. Dass jemand, der drei Jahrzehnte lang eine ausländerfeindliche Partei geführt hat, maßgeblich bei der Vergabe des Friedensnobelpreises mitreden darf, ist ein nur schwer erträglicher Gedanke. Hagen wurde schließlich nicht in das Komitee gewählt. Das hatte aber nichts mit irgendwelchen Einsichten zu tun, sondern schlicht mit Machtspielen innerhalb der Fortschrittspartei.

Die Zusammensetzung des Nobelpreiskomitees gab aber schon früher Anlass zu Diskussionen – 1936 beispielsweise.

In jenem Jahr erhielt Carl von Ossietzky, der deutsche Schriftsteller, Journalist und Widerstandskämpfer gegen die Nazis, den Friedensnobelpreis – nachträglich verliehen für das vorhergehende Jahr.

Weil das Hitlerregime Druck auf die norwegische Regierung ausgeübt und mit Sanktionen gedroht hatte, wagten es die Norweger 1935 nicht, den Preis an von Ossietzky zu vergeben. Zunächst wurde in jenem Jahr gar kein Preis verliehen. Irgendwann fassten sich die Norweger dann doch ein Herz und sprachen 1936 von Ossietzky den Preis rückwirkend für 1935 zu. Die eigene Courage schien den Norwegern aber wohl nicht ganz geheuer. Und so beschloss man, dass Abgeordnete des norwegischen Parlaments nicht mehr dem Nobelpreiskomitee angehören dürfen. Damit wollte man sicherstellen, dass die norwegische Regierung nicht für Entscheidungen des Nobelpreiskomitees verantwortlich gemacht werden kann.

Das Komitee ist in seiner Entscheidung niemandem eine Rechtfertigung schuldig. Seine Sitzungen werden nicht protokolliert, und seine Entscheidungen können nicht angefochten werden. Ein einmal vergebener Preis kann auch nicht zurückgenommen werden.

Trotzdem ist die Verbindung mit der Politik schon deswegen augenscheinlich, weil das Parlament die Komiteemitglieder wählt. Und dabei geht man in etwa so vor wie früher hierzulande bei der Bundespräsidentenwahl. Verdiente Parteikämpfer, die sich weitgehend aus der Tagespolitik zurückgezogen haben, werden für ihr Lebenswerk belohnt. Die Qualifikation ist erst mal egal. Obwohl die Auszeichnung Friedensnobelpreis heißt, sucht man Experten in Sachen Frieden – einen Friedensforscher beispielsweise – in dem Gremium vergebens.

Deswegen wird der norwegische Staat immer wieder mal für die Entscheidung des Komitees verantwortlich gemacht.

Letztmalig 2010, als der chinesische Menschenrechtler Liu Xiaobo den Preis zugesprochen bekam. Die chinesische Regierung reagierte verschnupft und fuhr die Wirtschaftskontakte mit Norwegen zurück. Zunächst bestellten die Chinesen den norwegischen Botschafter ein, dann luden sie die norwegische Fischereiministerin, deren Chinabesuch schon lange geplant war, kurzerhand aus, schließlich legten sie ein Freihandelsprojekt auf Eis und sperrten die Internetseite des staatlichen norwegischen Fernsehsenders NRK in China. Diesmal hatten die Norweger deutlich weniger Angst als damals, als Hitler tobte. Der Kommissionsvorsitzende Thorbjørn Jagland gab zu Protokoll, dass ihn die chinesischen Sanktionen nur wenig beeindrucken. Das mag man ihm glauben, denn als Ölkönige sind die Norweger sicherlich eines nicht: wirtschaftlich erpressbar.

Der Staat passt auf beim Trinken

Wenn ein Bauer mit seiner Familie zu einer Hochzeit eingeladen war, nahm seine Frau normalerweise das Leichentuch für ihren Mann mit, denn bei diesen Gelegenheiten ging man meist erst dann auseinander, wenn man ganz trunken von berauschenden Getränken war, was böse Raufereien zur Folge hatte, die nicht selten mit einem Mord zu Ende gingen.
Eric Pontoppidan, 1775, in seiner Naturgeschichte Norwegens

Was den Alkohol angeht, ist der norwegische Staat streng. Alkohol kostet viel, und Getränke mit 4,8 oder mehr Volumenprozent bekommt man nur in den Geschäften des staatlichen Alkoholmonopols – *vinmonopol*. Solche Geschäfte gibt es zwar in allen Städten, auf dem Land ist es manchmal aber gar nicht so einfach, an Schnaps, Wein, Sekt oder Bier zu kommen.

Ich erinnere mich da an einen Skiurlaub, den ich vor vielen Jahren mit Freunden in Hovden verbrachte. Wir hatten uns ein Ferienhaus gemietet und wollten zwei Wochen lang Skilaufen. Die erste Woche war feuchter und fröhlicher als erwartet, und deswegen gingen auch unsere Alkoholvorräte schneller als geplant zu

Ende. Wem das in einem deutschen oder österreichischen Ferienort passiert, der geht in den Supermarkt um die Ecke und holt Nachschub. In Norwegen ist das nicht so einfach. Hovden ist zwar keine Großstadt, doch immerhin der wichtigste Ferienort im Setesdal. Ein *vinmonopol*-Geschäft gibt es dort trotzdem nicht.

So entwickelte sich der Einkauf von drei Flaschen Wein zu einem Tagesausflug. Mit dem Auto ging es die Passstraße hinauf auf die Hochebene der Hardangervidda und dann auf der anderen Seite wieder hinab nach Haugesund – insgesamt waren wir fünf Stunden unterwegs.

Immerhin, in Haugesund, einer 30 000 Einwohner zählenden Stadt, kamen wir zu unserem Wein. Denn dort gibt es ein *vinmonopol*-Geschäft. Das Erste, das wir sahen, als wir den Laden betraten, waren große Plakate, auf denen die Kunden über die Gefahren des Alkohols aufgeklärt wurden. Falls wir sie übersehen hätten, wäre das nicht weiter schlimm gewesen, denn der freundliche Verkäufer packte uns nach dem Einkauf noch eine Broschüre selbigen Inhalts in die – neutralweiße – Einkaufstüte.

Zum Glück waren wir nicht an einem Wahltag nach Haugesund gefahren. Denn dann und am Tag davor ist es generell verboten, Alkohol zu verkaufen. Schließlich will man, dass die Leute mit klarem Kopf ihre Stimme abgeben. Aber auch an einigen anderen Tagen ist Alkohol tabu. Der Paragraf 8 des norwegischen Alkoholgesetzes schreibt vor, dass der Ausschank von Spirituosen an Sonntagen, am 1. Mai, dem Tag der Arbeit, und am 17. Mai, dem Nationalfeiertag, nicht erlaubt ist. Außerdem am Neujahrstag, Karfreitag, Christi Himmelfahrt und am Ersten Weihnachtsfeiertag.

Wer jetzt fragt, warum wir, statt einen Tagesausflug zu machen, nicht einfach dem örtlichen Kneipier eine Flasche Wein abgekauft haben, outet sich als potentieller Gesetzesbrecher. Eine Flasche Alkohol aus einem Restaurant mitzunehmen, ist nämlich eine ganz schlimme Sache, und ein Kneipenbesitzer, der sich auf einen solchen Deal einlassen würde, spielt mit seiner Lizenz.

Restaurantbetreiber haben es ohnehin nicht leicht in Norwegen: Den Gast auf einen Aperitif zur Begrüßung einzuladen oder auf einen Digestif im Anschluss an ein üppiges Essen, das würde den Kneipier sofort die Lizenz kosten. Der norwegische Staat sieht darin nicht etwa Freundlichkeit, sondern die Verführung zum Alkoholkonsum.

Wird ein Autofahrer mit Alkohol im Blut festgenommen, wird er immer auch befragt, in welchem Restaurant er sich betrunken hat. Wird dasselbe Lokal des Öfteren genannt, droht dem Besitzer der Verlust der Lizenz. Klar, denn der hätte ja dem berauschten Gast gar nichts mehr ausschenken dürfen. Mehr noch: Ein Kneipenbesitzer darf an einem Tisch schon dann keinen Alkohol mehr ausschenken, wenn dort nur ein einziger Gast betrunken ist. Es ist allerdings schon eine Herausforderung, sich in einem norwegischen Restaurant zu betrinken. Wer das schafft, muss sehr reich sein.

Vereinfacht gesprochen sind die norwegischen Bierpreise mehr als doppelt so hoch wie hierzulande. Wein und Schnaps kosten mindestens dreimal so viel. Das liegt vor allem an der Alkoholsteuer, die nirgends in Europa so hoch ist wie in Norwegen.

Einen Liter Bier besteuert der norwegische Staat mit zwei Euro, der deutsche Fiskus gibt sich in diesem Fall schon mit neun Cent zufrieden. Und da die Steuer proportional zum Alkoholgehalt steigt, liegt der Steueranteil bei Wein und vor allem Schnaps noch deutlich höher.

Inzwischen hat sich ein regelrechter Alkoholtourismus in Richtung Schweden entwickelt – viele Norweger veranstalten regelmäßige »Ausflugsfahrten« ins Land ihrer östlichen Nachbarn und füllen in den dortigen staatlichen Alkoholgeschäften ihre Vorräte auf. Dass sie einmal zum Traumland für sparwillige Trinker werden würden, hätten sich die Schweden wohl nicht träumen lassen. Im Prinzip basiert ihr Alkoholsystem auf denselben Pfeilern wie das der Norweger: hohe Steuern und Verkauf der begehrten Alkoholika nur in staatlichen Monopolgeschäften – *systembolaget* heißen die in Schweden. Aber im Vergleich zu den norwegischen nehmen sich selbst die hohen schwedischen Steuern noch bescheiden aus. Außerdem sind dort die Alkoholpreise seit dem Beitritt des Landes zur EU auch deutlich gesunken.

Auf den ersten Blick scheinen die strengen norwegischen Gesetze und die hohen Preise den vom fürsorglichen Vater Staat gewünschten Effekt zu haben. In kaum einem anderen Land ist der Alkoholverbrauch so niedrig wie in Norwegen. Laut Statistik trinkt jeder Norweger pro Jahr nur 3,2 Liter Wein, 45,1 Liter Bier und 1,2 Liter Schnaps.

Zum Vergleich: Deutsche bringen es auf 22 Liter Wein, 148 Liter Bier und 4,1 Liter Schnaps, in Frankreich schlürft man sogar 101

Liter Wein und trinkt dazu dann noch 45,2 Liter Bier und dreieinhalb Liter Schnaps. Anderseits bildet diese Statistik nur einen Teil der Wahrheit ab. Wenn in Norwegen getrunken wird, dann richtig. Der Rausch ist dann das Ziel. Für das Besäufnis am Wochenende gibt es sogar ein eigenes Wort – *helgefyll* nennt man es. Die trinkfreudigen Norweger kennt man auch aus den Urlaubsorten in Mittel- und Südeuropa oder den Skigebieten der Alpen. Weil sie dort mit jedem Schluck Alkohol richtig Geld sparen können, schlucken sie so viel wie irgendwie geht und in der Regel viel mehr, als sie vertragen können. Deswegen kann man auch in den Skiressorts in Österreich Norweger beobachten, die es eigentlich gar nicht gibt – einen lauten oder gar randalierenden Norweger habe ich in den vielen Jahren, die ich in Norwegen verbracht habe, jedenfalls noch nie gesehen.

Wie schnell man mit einer Aussage zum Thema Alkohol in Norwegen für einen Skandal sorgen kann, erfuhr der Skispringer Tom Hilde im Winter 2011. In einem Interview mit dem Fernsehsender NRK hatte er gefordert, den Alkoholausschank bei Skisprungveranstaltungen in Norwegen zuzulassen. Und dann hatte er noch hinterhergeschoben, dass dann die Stimmung einfach besser sei.

Sicherlich kann man auch anderer Meinung sein als der junge Skispringer, aber dass eine harmlose Aussage wie diese ein ganzes Land in Aufregung versetzt, zeigt, dass Norwegen immer noch weit von einem entspannten Umgang mit Alkohol entfernt ist. Der Mittelweg zwischen Vollrausch und Verteufelung wird immer noch gesucht.

Vermutlich hat das spezielle Verhältnis der Norweger zum Alkohol auch ein bisschen mit der Vergangenheit zu tun. Im 17. und 18. Jahrhundert war der Rausch nämlich der Normalzustand vieler norwegischer Männer. Freikirchliche Wanderprediger zogen damals von Ort zu Ort, zeichneten in ihren Predigten ein Schreckensgemälde des Alkoholmissbrauchs und versuchten sich, in der Regel dennoch vergeblich, in der Bekehrung der Sünder. Die meisten Anhänger fanden sie unter den geplagten Ehefrauen der alkoholisierten Dörfler. Die Frauen waren zunächst auch die treibenden Kräfte bei der Gründung der »Nüchternheitsverbände«. Im 19. Jahrhundert wurden dann immer häufiger Stimmen laut, die ein Alkoholverbot forderten – in einigen Regionen wurde der Alkoholverkauf daraufhin untersagt.

Anfang des 20. Jahrhunderts zählte die Abstinenzlerbewegung fast 250 000 Anhänger – unglaubliche zehn Prozent der Gesamtbevölkerung. Während des Ersten Weltkriegs nutzten die Alkoholgegner dann ihre Chance. Mit dem Argument der schwierigen Versorgungslage verbot man den Verkauf von Spirituosen und starkem Wein. Am Ende des Ersten Weltkrieges fiel der offizielle Grund für das Verbot weg. Eine Versorgungskrise, die zum Teil ja auch nur vorgeschoben war, gab es nun nicht mehr. Im Oktober 1919 rief die Regierung die Wähler an die Urnen und ließ sie über die »gesetzliche Verankerung für das dauerhafte Verbot von Herstellung, Einfuhr und Umsatz von Spirituosen und starkem Wein« abstimmen. Und wirklich: Eine klare Mehrheit stimmte wie gewünscht für das Schnaps- und Weinverbot.

Weiterhin erlaubt blieb Alkohol lediglich zum medizinischen Gebrauch. Etwas, das später noch eine große Rolle spielen sollte.

Völlig unerwartet löste das Alkoholverbot eine außenpolitische Krise mit Frankreich, Spanien und Portugal aus. Die drei Länder waren zugleich die wichtigsten Lieferanten für Wein und Spirituosen und die bedeutendsten Abnehmer von norwegischem Fisch. Durch die Prohibition fiel für sie ein großer Absatzmarkt weg. Den Weinlieferländern war die norwegische Alkoholpolitik eigentlich egal, sie waren nur daran interessiert, ihre alkoholischen Waren loszuwerden. Sie verlangten deswegen, dass Norwegen weiterhin genauso viel Spirituosen und Wein kaufen müsste wie vor dem Krieg. Als die norwegische Regierung zunächst nicht reagierte, belegten sie norwegische Fischimporte mit riesigen Einfuhrzöllen. Die norwegische Fischerei kam in der Folge fast völlig zum Erliegen, die Fischer verloren einen Großteil ihrer Einnahmen, und das Land rutschte in eine Wirtschaftskrise.

Schließlich musste die Regierung in Oslo nachgeben und importierte riesige Mengen hochprozentigen Alkohols zur »medizinischen Anwendung«. Außerdem hob sie Ende 1922 das Verkaufsverbot für Wein wieder auf. Allerdings wollte der Staat trotzdem die Kontrolle über den Handel mit dem »Teufelszeugs« behalten. Deswegen gründete man eine staatliche Monopolgesellschaft, die den Verkauf von Wein kontrollierte. Das *vinmonopol*, zu Deutsch Weinmonopol, wurde ins Leben gerufen. Heutzutage kann man in den Läden neben Wein auch Schnaps, Likör und Sekt kaufen – der Name *vinmonopol* ist aber geblieben.

Während der Zeit der Prohibition wurde Schnapsschmuggel aus Schweden und vor allem Dänemark zu einem großen Geschäft, und Schwarzbrennerei wurde zum illegalen Hobby vieler Norweger. Alkohol zu brennen ist übrigens auch heute noch strengstens verboten. Das Zubehör für die Brennanlagen kann man aber ganz legal in jedem Baumarkt kaufen.

Die großen Gewinner der Prohibition waren damals die Schnapsärzte – die *brennevinsdoktorer.* Da das Gesetz den Alkoholverkauf zu medizinischen Zwecken zuließ, verdienten sich viele Ärzte durch das Ausstellen von Rezepten auf Alkohol eine goldene Nase. Einige *brennevinsdoktorer* stellten jährlich über 10 000 Rezepte aus. Der Rekord lag bei einem dafür verurteilten Arzt, der in einem Jahr 48 657 Rezepte verschrieben hatte. In dieser Zeit wurde also vermutlich nicht weniger gesoffen als vorher, sondern nur heimlicher.

Im Herbst 1926 hob man das Alkoholverbot auf. Import und Verkauf von Alkohol wird aber bis zum heutigen Tag vom *vinmonopol* geregelt.

Vorspiel vor dem Gartenzaun

Wer in Norwegen die Gemütlichkeit der Kneipe an der
Ecke sucht, sollte das am besten gleich wieder vergessen.
In Norwegen gibt es so etwas nicht.
Der Autor und Journalist Hans-Joachim Schilde im Vorwort
zu einem Bildband über Norwegen aus dem Jahre 1993

Die Freude am Vorspiel verbindet Deutsche und Norweger. Die einen machen es im Schlafzimmer, die anderen in der Küche oder im Wohnzimmer. Die einen meist paarweise, die anderen in einer größeren Gruppe.

Das norwegische Wort *vorspiel* beschreibt zwar auch etwas Lustvolles und manchmal Enthemmtes, mit Sex hat es aber nichts zu tun. Bei einem norwegischen *vorspiel* geht es um Alkohol.

Das *vorspiel* beginnt zu Hause oder bei Freunden, bevor man dann zusammen in eine Bar oder Kneipe geht. Gemütlich sitzt man zusammen, stimmt sich auf den Abend ein und trinkt sich schon einmal eine solide Grundlage an, um später möglichst wenige der teuren Drinks in der Bar ordern zu müssen. Allerdings gilt es hier, die Balance zu halten – wer zu viel trinkt und beschwipst wirkt, wird gar nicht erst in die Bar gelassen. Da passen in Norwegen die Türsteher auf, die dort vor fast jedem Lokal Wache halten.

In Deutschland kennt man dasselbe Phänomen unter dem Begriff »vorglühen«. Allerdings machen das hierzulande nur junge Leute mit wenig Geld, die sich das Bier in der Bar nicht leisten können. Die Motivation in Norwegen ist dieselbe – mit dem Unterschied, dass dort die Drinks nicht nur für junge Leute (zu) teuer sind.

In Norwegen kennt man übrigens auch den Begriff *nachspiel* – den Unterschied zum deutschen Nachspiel können Sie sich inzwischen vermutlich denken. Ein kleines *nachspiel* ist fällig, wenn man zwar immer noch Lust auf Alkohol hat, sich den in der Bar aber nicht mehr leisten kann. Dann geht man zu Freunden (oder mit Freunden zu sich nach Hause) und feiert dort weiter.

Oft mündet das *vorspiel* auch direkt ins *nachspiel*. Das ist schließlich billiger und macht oft auch mehr Spaß.

Sommer, Sonne, *utepils* – so stellen sich viele Norweger das perfekte Leben vor. Wenn das Wetter nicht mitspielt, geht es zur Not auch ohne Sonne – nie aber ohne Pils. Draußen sitzen und Bier trinken, das ist eines der großen Hobbys der Norweger. Weil das so ist, gibt es für das Bier draußen auch ein eigenes Wort – *utepils*. Wobei draußen auch wieder nicht zu sehr draußen sein darf, denn das verbietet das Gesetz. In der Öffentlichkeit Bier zu trinken ist strengstens verboten. Norwegische Touristen, die in meiner jetzigen (Wahl-)Heimatstadt Berlin freitagnachts mit der Straßenbahn fahren, müssen einen Kulturschock erleben und glauben, sie seien mitten in Sodom oder Gomorrha gelandet. Nahezu jeder Fahrgast ist dann nämlich lässig mit einer Flasche Bier in der Hand unterwegs. Das Bier in der Straßenbahn hat in Berlin inzwischen das *vorspiel* (siehe oben) ersetzt. In Norwegen könnte man eine solche Straßenbahn direkt ins Polizeihauptquartier umlenken. Alle Passagiere würden dort mit einer saftigen Geldstrafe belegt.

Aber auch in einem Restaurant darf man nicht einfach draußen trinken – irgendwie muss die wohlgeordnete Welt ja von der der Trinker getrennt werden. Deswegen stehen vor vielen Restaurants im Sommer ulkige Zäune, nur dahinter darf Alkohol ausgeschenkt werden. Offenbar werden mittlerweile auch andere Absperrungen akzeptiert, denn inzwischen habe ich auch schon mehrmals gesehen, dass eine dicke rote Kordel die Trinker, die vor dem Lokal sitzen, von den Nichttrinkern auf der Straße trennt.

Auch gewöhnungsbedürftig: Wer sich in einer norwegischen Bar ein Bier oder einen Cocktail bestellt, wird immer sofort zur Kasse gebeten. Am Ende des Abends die Gesamtrechnung zu bezahlen, das geht nicht. Wenn jemand Alkohol trinkt, dann ist das eine Person mit zweifelhaftem Ruf – und von so jemandem holt man sich sein Geld doch lieber gleich. So jedenfalls sieht das der norwegische Staat.

Die hohen Alkoholpreise wirken sich auch auf häusliche Partys aus. Niemand erwartet von seinem Gastgeber, dass er alle Eingeladenen mit Bier, Wein oder gar Schnaps versorgt. Es gehört deswegen zum guten Ton, dass man als Gastgeschenk ungefähr die Menge Alkohol mitbringt, die man im Laufe des Abends vorhat zu trinken.

Und zum Schluss noch ein Hinweis für den alkoholischen Souvenirkauf: Wer Aquavit mag, sollte unbedingt den »Linie Aquavit« aus Norwegen probieren. Der ist deswegen so besonders, weil jede Flasche, bevor sie verkauft wird, auf einem Frachtschiff die Reise über den Äquator – daher das Beiwort Linie – antritt. Durch die Lagerung an Bord und das ständige leichte Schaukeln soll der Aquavit ein ganz besonderes Aroma bekommen. Ob das der Grund dafür ist, weiß ich nicht – gut schmeckt er auf jeden Fall, der »Linie Aquavit«.

Doch kaufen Sie sich Ihre Flasche auf keinen Fall in Norwegen. Dort kostet der norwegische Schnaps fast dreimal so viel wie in Ihrem Supermarkt um die Ecke.

Gute Freunde kann keiner trennen

Keine Frage: Um unsere Welt wäre es erheblich besser bestellt, wenn die Beziehungen zwischen Völkern so aussähen wie in Skandinavien.
Norwegen, Beck'sche Reihe von 1989

Die Nordeuropäer können gut miteinander. Norweger, Schweden und Dänen sprechen ähnliche Sprachen. Wenn sie sich unterhalten, können sie einander verstehen und Zeitungen und Bücher aus dem Nachbarland lesen.

Außerdem verbindet sie eine viele Jahrhunderte während gemeinsame Geschichte. Norwegen beispielsweise gehörte lange zu Dänemark und Schweden. Schweden und Dänemark wiederum waren in einer Union verbunden. Auch Finnland war lange Zeit schwedisch. Deren Sprache hat aber nichts gemein mit denen der übrigen Nordmänner. In Europa ist Finnisch nur mit Ungarisch und Estnisch verwandt.

Schon bald nach dem Zweiten Weltkrieg strebten die Nordeuropäer eine enge Zusammenarbeit an. Bereits 1953 fand man sich im Nordischen Rat zusammen, einem übernationalen Organ, in dem Parlamentarier aus Norwegen, Schweden, Dänemark, Finnland und Island vertreten waren. Viel Macht hatte der Nordische Rat zwar nicht. Seine Aufgabe besteht in der »Koordinierung und Ausarbeitung von nichtbindenden Empfehlungen für die zwischenstaatlichen Beziehungen der Mitgliedsländer«. Aber seine Gründung war immerhin ein erster Schritt in Richtung gemeinsames Handeln. Lediglich ein Jahr später wurde ein gemeinsamer nordischer Arbeitsmarkt ins Leben gerufen. Damit konnte jeder Nordeuropäer in jedem nordischen Land arbeiten. Heute, wo in Norwegen die mit Abstand höchsten Löhne Europas gezahlt werden, nutzen viele Schweden die Möglichkeit und arbeiten in ihrem Nachbarland.

Der nächste Schritt in Richtung Zusammenarbeit war die Nordische Passunion. Schon ab 1954 konnte man so ohne Ausweisdokument von einem nordischen Land ins andere fahren. 1971 schließlich wurde der Nordische Ministerrat ins Leben gerufen – ein wirkliches Beschlussorgan; einstimmig gefasste Beschlüsse des zweimonatlich tagenden Rates sind seither bindend für die Regierungen.

Manchem Nordeuropäer mag es heute leidtun, dass die Pläne zur Schaffung einer gemeinsamen Nordwährung nie in die Tat umgesetzt wurden. Neben dem kränkelnden Euro hätte eine pan-nordische Krone alle Chancen gehabt, zu einer europäischen Leitwährung aufzusteigen.

Hauptsache besser als Schweden

Was hat der Schwede, was der Norweger nicht hat?
Antwort: Gute Nachbarn.
Warum sterben so viele schwedische Frauen beim Gardinenbügeln?
Sie fallen durchs Fenster.
Warum ertrinken so viele schwedische U-Boot-Fahrer?
Jedes Mal, wenn ein Schiff einen Maschinenschaden hat,
steigen die Seeleute aus und versuchen, es anzuschieben.
Norwegische Schwedenwitze

Eine ganz besondere Hassliebe verbindet Norwegen mit seinem direkten Nachbarn Schweden, mit dem das Land eine 1700 Kilometer lange Grenze teilt. Das zeigt sich schon allein daran, dass die Norweger den Schweden einen großen Teil ihres Witzpotentials widmen. Umgekehrt ist das ebenso: Norwegerwitze sind in Schweden ziemlich beliebt. Allerdings, ganz so ernst wie die Norweger nehmen die Schweden die Rivalität nicht. Als das größere Land sind sie vermutlich doch etwas souveräner.

Man kennt es ja vom deutsch-österreichischen oder deutsch-holländischen Verhältnis, dass der große Nachbar ganz automatisch zur Zielscheibe der Witze des kleineren wird. Allerdings ist es nicht allein die Nachbarschaft, die Anlass für Spott liefert, sondern auch eine gemeinsame – manchmal schmerzvolle – Geschichte. Das ist im Falle von Deutschland und seinen Nachbarländern so, aber auch im Falle von Norwegen und Schweden. Schweden war lange Zeit eine Weltmacht, Norwegen viele Jahrhunderte nicht einmal selbständig. Von 1814 bis 1905 befand sich das Land in einer nicht ganz freiwilligen Union mit Schweden. Die Herrscher in Stockholm gewährten den Norwegern zwar relativ umfassende Freiheiten, doch dass man die Verfassung von 1814 nicht einfach anerkannt und Norwegen in die Unabhängigkeit entlassen hatte, nimmt man den

Schweden immer noch ein bisschen übel. Auch ihre Haltung im Zweiten Weltkrieg trägt man den Schweden nach. Offiziell war Schweden neutral. Aber aus Angst, das Land könne ebenfalls besetzt werden, war die Regierung in Stockholm gegenüber Hitlerdeutschland zu großen Zugeständnissen bereit. Als die Deutschen Norwegen angriffen, erlaubten die Schweden der deutschen Armee den Durchmarsch durch Nordschweden in Richtung Narvik.

Ein klein wenig neidisch ist man in Norwegen vielleicht auch auf die Schweden. Das größte Land des Nordens war oft genug Vorreiter und auch Vorbild in der Region. Nach Ansicht der Norweger hat das den Nachbarn arrogant gemacht. Umgekehrt müssen die Norweger damit leben, dass die Schweden sie für Hinterwäldler halten. Doch inzwischen gibt es auch etwas, um das die Schweden die Norweger beneiden: Das Öl des Nachbarn hätten sie selbst schon auch gerne.

Als ich Mitte der 1990er Jahre in Norwegen lebte, war dort gerade ein Poster sehr populär, das man in jedem Souvenirgeschäft kaufen konnte. Es zeigte eine Landkarte Nordeuropas, auf der dort, wo sich normalerweise Schweden befindet, eine riesige Lücke klaffte. *Skandinavien uten Sverige* – »Skandinavien ohne Schweden« stand darüber. Ein Wunsch, der natürlich nicht ganz ernst gemeint war. Doch zumindest die Finnen werden über das Plakat geschmunzelt haben. Auch sie haben ihre Probleme mit dem großen Nachbarn. Immer wenn man den Schweden ein Schnippchen schlagen kann, ist das gut für die Volksseele. Die Finnen stärken ihr Selbstbewusstsein meist mit Eishockeysiegen. Im Sommer 2012, noch ein halbes Jahr, nachdem Finnland sensationell im Finale der Eishockeyweltmeisterschaft 6:1 gegen Schweden gewonnen hatte, lief halb Finnland mit einem T-Shirt durch die Gegend, auf dem nichts weiter stand als die Zahlen 6 und 1. Die Norweger wiederum sichern sich ihre Erfolgserlebnisse gegen Schweden im nordischen Skisport. Denn so schnell die auch laufen, meist kommt ein Norweger vor ihnen ins Ziel.

Man kann den Norwegern kaum vorwerfen, dass sie nicht faire Sportsleute wären. Den Gegner auszupfeifen und mit Häme zu überziehen, gilt als *unorsk* – unnorwegisch. Man feuert die eigenen Helden frenetisch an, Sportler aus anderen Ländern bekommen aber auch ihren Applaus. Ein klein wenig Schadenfreude, wenn Schweden verliert, darf aber schon sein.

Ich habe 1994 bei den Olympischen Winterspielen in Lillehammer als Übersetzer gearbeitet. Damals waren die einheimischen Sportler extrem erfolgreich und gewannen zehn Gold-, elf Silber und fünf Bronzemedaillen. Die Begeisterung darüber war riesig. Fast ebenso groß war die klammheimliche Freude darüber, dass die benachbarten Schweden mit nur drei Medaillen nach Hause fahren mussten. Noch wichtiger: Im nordischen Skisport, wo für Norweger der Ländervergleich wirklich zählt, gewannen sie selbst 14 Medaillen, während Schweden leer ausging. Von meinen norwegischen Übersetzerkollegen hörte ich damals oft den Spruch: »Wichtig ist nicht, zu gewinnen, sondern Schweden zu schlagen.«

Dass das alles nicht ernst gemeint ist, zeigt sich in der praktischen politischen Zusammenarbeit oder auch beim Eurovision Song Contest. Wenn es beim großen Schlagerfestival darum geht, die Punkte zu verteilen, bedenken sich die Nordländer traditionell gegenseitig mit den höchsten Punktzahlen.

Im Norden geht es eben zu wie in einer Familie. Klar ärgert man den großen Bruder gern und freut sich, wenn man ihn im Tennis besiegt oder das schönere Weihnachtsgeschenk für Mutter hat, aber wenn es gegen die Müllers von nebenan geht, dann steht man zusammen.

Zum Abschluss dieses Kapitels nochmals ein Witz, einer, den die Schweden aus verständlichen Gründen nicht einfach umgekehrt herumerzählen können:

»Warum arbeiten auf norwegischen Bohrinseln keine Schweden? Weil sie immer versuchen, die landenden Hubschrauber mit Brotstücken zu füttern.«

Nachwort: Warnung vor dem Troll!

Vorsicht bei Rundreisen in Norwegen! In keinem Land Europas leben so viele Fabelwesen wie hier. Aber was heißt hier Fabelwesen?
Selbstverständlich gibt es sie wirklich, die Trolle, Nissen und Huldren. Deswegen möchte ich dieses Buch mit einem Kapitel zum
richtigen Umgang mit ihnen abschließen. Keiner meiner Leser soll
schließlich auf der Fahrt durch Norwegen zu Schaden kommen.
    Am bekanntesten sind die Trolle. Sie sind groß, plump, nicht
besonders intelligent, können mehrere hundert Jahre alt werden
und leben im norwegischen Wald. Es sind ziemlich raue Gesel-
len, und deswegen ist es besser, wenn man ihnen als Tourist aus
dem Weg geht. Besonders blonde Frauen sollten vorsichtig sein.
Trolle haben eine Schwäche für Gold. Und deswegen verliebt sich
manchmal ein Troll in ein Mädchen mit goldblondem Haar. Die
entführt er dann und versteckt sie in seiner Höhle.
    Wer einen Troll verärgert, und dazu reicht es schon, seinen Weg
zu kreuzen, muss mit seinem Zorn rechnen. Es soll schon vorge-
kommen sein, dass erboste Trolle Glasscherben oder Reißnägel
auf die Fahrbahn gestreut haben. Wenn Sie also in Norwegen eine
Reifenpanne haben, dann überlegen Sie, ob sie nicht einen Troll
verärgert haben könnten. Menschen und Trolle gehen sich am
besten aus dem Weg. Deshalb hat die Regierung an gefährlichen
Orten, wie beispielsweise den Trollstigen, einer spektakulären Ge-
birgsstraße in Mittelnorwegen, Trollwarnschilder aufstellen lassen.
An solchen Orten muss der Besucher immer mit irgendwelchen
Racheakten der nachtragenden Waldbewohner rechnen.
    Trolle sind aber nicht die einzige Gefahr, die Sie auf Ihrem Nor-
wegenurlaub erwartet. Auch vor dem Draugen, der Personifika-
tion aller im Meer Ertrunkenen, muss man sich in Acht nehmen.
Er kündigt nämlich den Tod an. Wenn man ihn in seiner zerris-

senen ledernen Fischerkleidung sieht, heißt es schnell Reißaus zu nehmen. Falls es nicht schon zu spät ist!

Im Binnenland regiert der Nöck über die Gewässer. Er lebt in Seen, Flüssen und Tümpeln und erschreckt Wanderer und Spaziergänger. Wenn er besonders schlecht gelaunt ist, versucht er sie mit seinem bezaubernden Gesang ins Wasser zu locken und dann zu ertränken. Also allerhöchste Vorsicht, wenn Sie am Flussufer schöne Lieder hören!

Huldren leben unter der Erde, sind etwas kleiner als Menschen und kleiden sich meist in blauen oder grauen Farben, die Huldrenmädchen sind aber auch oft nackt. Dann kann man sie leicht erkennen, denn durch ihren Kuhschwanz unterscheiden sie sich von unseren Frauen. Huldren mischen sich nur selten in das Leben über der Erde ein. Da sie uns aber sehr ähnlich sind, kommt es trotzdem manchmal zu Hochzeiten zwischen Huldren-Mädchen und Menschen-Männern. Das ist nicht verwunderlich, Huldren sind nämlich überirdisch bzw. in diesem Fall wohl richtiger: unterirdisch schön – und ihrem Werben kann kein Mann widerstehen.

Mit Tussern will man lieber nichts zu tun haben. Das sind gehässige kleine Kobolde, die zu recht wilden und manchmal auch gefährlichen Späßen aufgelegt sind. Der Sage nach stammen sie von aus dem Paradies vertriebenen Engeln ab.

Ein freundlicher Geselle ist der Nisse. Er wohnt zusammen mit Menschen auf Bauernhöfen und sorgt dafür, dass alles auf dem Hof gelingt und es dem Vieh gut geht. Ist er besonders gut gelaunt, flicht er sogar einen Zopf in die Mähne der Pferde. Achten Sie mal darauf! Aber Achtung, wenn man den Nissen ärgert, wird er böse … sehr böse. Dann kann es schon mal passieren, dass das Herdfeuer auf das Haus übergreift und der Hof niederbrennt oder der Bauer mehrere Jahre hintereinander eine schlechte Ernte einfährt. Um Ungemach zu vermeiden, versuchen die Menschen die Nisser bei guter Stimmung zu halten und stellen ihnen am Weihnachtsabend eine Schüssel voll Grütze in die Scheune. Etwas kann man aber nicht verhindern: Auch wenn die Nissen zu ihrem Bauern freundlich sind, liegen sie doch fast immer im Streit mit ihren Artgenossen auf dem Nachbarhof. Solche Streitigkeiten werden meist nachts ausgetragen, und wer dann durch die Scheune geht und genau hinhört, der kann hören, wie sich die Nissen balgen und zanken.

Anhang

Lesetipps

Brandt, Rut: Freundesland, Hamburg 1999.
Bubenzer, Anna / Haefs, Gabriele: Lesereise Oslo, Wien 2010.
Bünz, Tilmann: Wer die Kälte liebt, München 2008.
Ders.: Wer das Weite sucht, München 2012.
Drolshagen, Ebba B.: Gebrauchsanweisung für Norwegen, München 2009.
Freydag, Nina: Lesereise Norwegen, Wien 2010.
Hamsun, Knut: Hunger, Berlin 2010.
Ders.: Auf überwachsenen Pfaden, Berlin 2002.
Löcker, Dorothea / Potyka, Alexander (Hg.): Trolle, Schnee und Saunakult. Skandinavische Lebensarten, Wien 2007.

Internetseiten (letzter Zugriff: 6.2.2013)

www.norwegen.no (offizielle Norwegenseite in Deutschland)
www.norwegen.no/Embassy (Norwegische Botschaft in Deutschland)
www.regjeringen.no (Norwegische Regierung, auch auf Englisch)
www.visitnorway.com (Visit Norway, das Norwegische Fremdenverkehrsamt)
www.norway.no (Wegweiser zu Informationen aus dem öffentlichen Sektor)

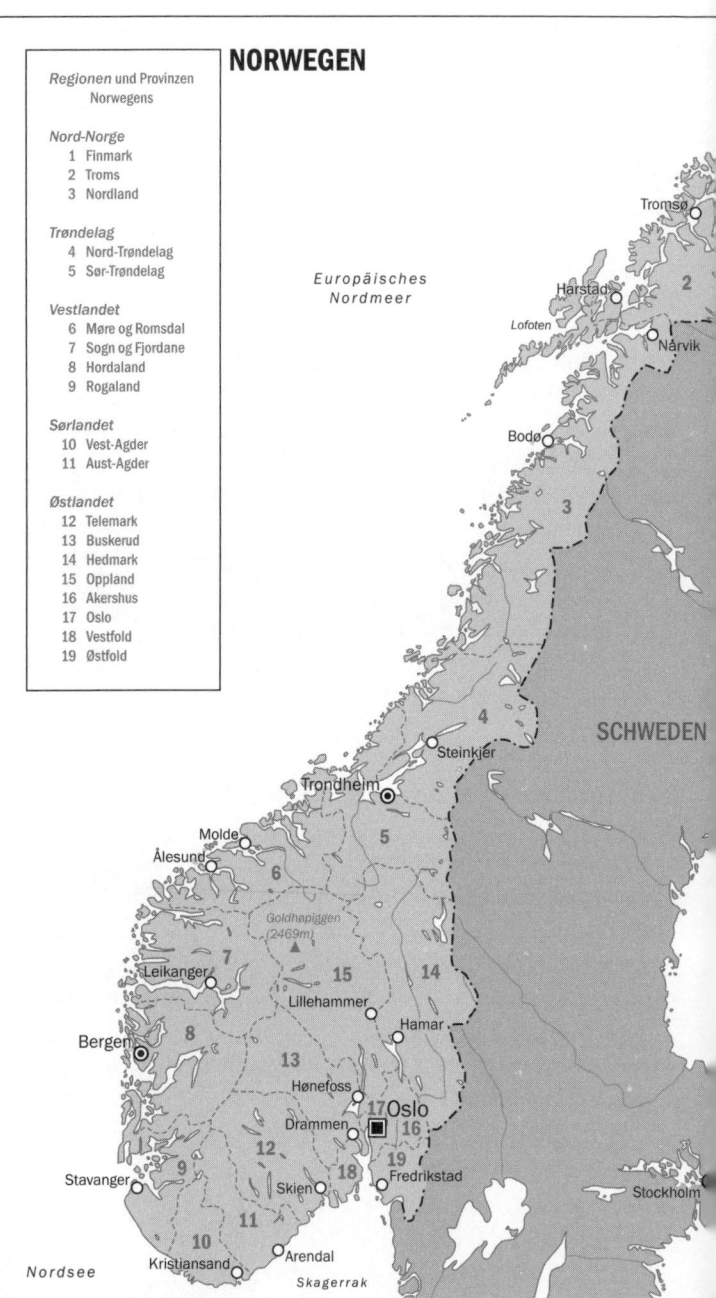

NORWEGEN

Regionen und Provinzen
Norwegens

Nord-Norge
1 Finmark
2 Troms
3 Nordland

Trøndelag
4 Nord-Trøndelag
5 Sør-Trøndelag

Vestlandet
6 Møre og Romsdal
7 Sogn og Fjordane
8 Hordaland
9 Rogaland

Sørlandet
10 Vest-Agder
11 Aust-Agder

Østlandet
12 Telemark
13 Buskerud
14 Hedmark
15 Oppland
16 Akershus
17 Oslo
18 Vestfold
19 Østfold

Europäisches
Nordmeer

Tromsø

Harstad

Lofoten

Nårvik

Bodø

SCHWEDEN

Steinkjer

Trondheim

Molde

Ålesund

Goldhøpiggen
(2469m)

Leikanger

Lillehammer

Hamar

Bergen

Hønefoss

Oslo

Drammen

16

Stavanger

Skien

18

19
Fredrikstad

Stockholm

Kristiansand

Arendal

Nordsee

Skagerrak

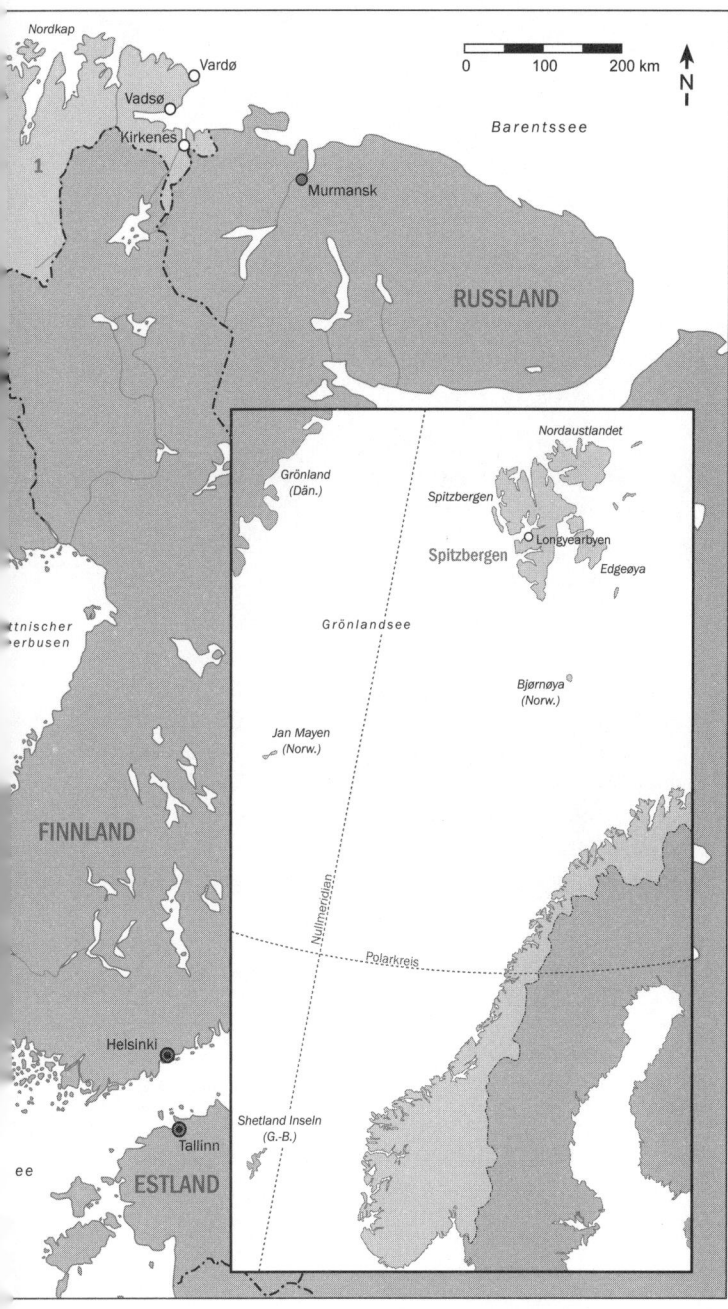

Nordkap

Vardø

Vadsø

Kirkenes

Murmansk

Barentssee

RUSSLAND

Nordaustlandet

Grönland
(Dän.)

Spitzbergen

Longyearbyen

Spitzbergen

Edgeøya

Grönlandsee

Bjørnøya
(Norw.)

Jan Mayen
(Norw.)

Nullmeridian

Polarkreis

tnischer
erbusen

FINNLAND

Helsinki

Tallinn

Shetland Inseln
(G.-B.)

ee

ESTLAND

0   100   200 km

N

Basisdaten Norwegen

Landesname: Kongeriket Norge (Bokmål), Kongeriket Noreg (Nynorsk)

Lage: in Nordeuropa zwischen 4° und 31° östlicher Länge sowie 58° und 71° nördlicher Breite. Landesgrenzen: 1619 km mit Schweden, 727 km mit Finnland und 196 km mit Russland. Länge der Küstenlinie: ca. 25 000 km. Größter See: Mjøsa, 365 km². Höchster Berg: Galdhøpiggen, 2469 Meter. Längster Fluss: Glomma, 601 km.

Fläche: 385 199 km² (Deutschland: 356 910 km²)

Staatsform: parlamentarische Monarchie

Hauptstadt: Oslo (614 000 Einwohner)

Einwohner: 5,04 Millionen; Bevölkerungsdichte: 16 Ew. / km² (Deutschland: 229 Ew. / km²)

Größte Städte: Bergen (264 000 Einwohner), Trondheim (176 500), Stavanger (127 500) und Tromsø (69 500)

Lebenserwartung: Frauen 83 Jahre, Männer 78 Jahre

Sprache: In Norwegen werden gleichberechtigt zwei Sprachen gesprochen. Bokmål wird vor allem in den großen Städten und im Süden des Landes benutzt, Nynorsk in den ländlichen Gebieten und den Regionen im Westen und Norden des Landes. Beide Sprachen sind einander sehr ähnlich und gehören der germanischen Sprachfamilie an. Samisch ist Amtssprache in einigen Kommunen Nordnorwegens.

Religion: evangelisch-lutherisch 76 %, bekenntnislos 12,2 %, Muslime 2,2 %, Katholiken 1,7 %

Flagge: Die Flagge zeigt ein dunkelblaues, in Richtung Flaggenmast verschobenes Skandinavisches Kreuz mit weißer Kontur auf rotem Grund. Die Farben der heutigen Flagge erinnern an diejenigen der dänischen (roter Grund) und der schwedischen (blaues Kreuz) Flagge; beides Unionsstaaten, zu denen Norwegen einst gehörte.

Nationalfeiertag: 17. Mai (Verfassungstag)

Bruttoinlandsprodukt: 349,1 Milliarden Euro; pro Kopf 70 500 Euro (Deutschland: 31 400 Euro pro Kopf)

Quellen: www.norwegen.no/Embassy; www.norway.no